História do tempo presente

Angélica Müller
Francine Iegelski
ORGANIZAÇÃO

História do tempo presente

MUTAÇÕES E REFLEXÕES

Copyright © 2022 Angélica Müller e Francine Iegelski

Direitos desta edição reservados à
FGV EDITORA
Rua Jornalista Orlando Dantas, 9
22231-010 | Rio de Janeiro, RJ | Brasil
Tel.: 21-3799-4427
editora@fgv.br | www.editora.fgv.br

Impresso no Brasil | *Printed in Brazil*

Todos os direitos reservados. A reprodução não autorizada desta publicação, no todo ou em parte, constitui violação do copyright (Lei nº 9.610/98).

Os conceitos emitidos neste livro são de inteira responsabilidade dos autores.

1ª edição – 2022; 1ª reimpressão – 2024.

Preparação de originais: Ronald Polito
Projeto gráfico de miolo e diagramação: Abreu's System
Revisão: Michele Mitie Sudoh
Capa: Estúdio 513

Dados Internacionais de Catalogação na Publicação (CIP)
Ficha catalográfica elaborada pela Biblioteca Mario Henrique Simonsen/FGV

História do tempo presente : mutações e reflexões / Angélica Müller e Francine Iegelski (orgs.). – Rio de Janeiro : FGV Editora, 2022.
272 p.

Inclui bibliografia.
ISBN: 978-65-5652-160-2

1. Historiografia. 2. História – Metodologia. 3. Tempo – Filosofia. 4. Historiadores. 5. Pesquisa histórica. 6. História oral. I. Müller, Angélica. II. Iegelski, Francine. III. Fundação Getulio Vargas.

CDD – 907.2

Elaborada por Rafaela Ramos de Moraes – CRB-7/6625

Sumário

Prefácio 7
  Marieta de Moraes Ferreira

História do tempo presente: mutações e reflexões 11
  Angélica Müller e Francine Iegelski

HTP E DESAFIOS EPISTEMOLÓGICOS

La historia del tiempo presente: composición, temporalidad y pertinencia 29
  Hugo Fazio Vengoa

BALANÇOS HISTORIOGRÁFICOS E CONTRIBUIÇÕES DA AMÉRICA LATINA PARA A HTP

La historia reciente en Argentina: apuntes sobre un campo de investigación
  en expansión 53
  Marina Franco e Daniel Lvovich

Memorias de violencia en América Latina: debates públicos y agendas académicas .. 79
  Eugenia Allier Montaño e Laura Andrea Ferro Higuera

Nas margens do tempo: a contribuição da Udesc para a história do tempo
  presente no Brasil 107
  Silvia Maria Fávero Arend e Reinaldo Lindolfo Lohn

PRESENTISMOS E DESORDENS CLIMÁTICAS

Os impasses do presentismo 133
François Hartog

A "catástrofe cósmica" do presente: alguns desafios do antropoceno para
a consciência histórica contemporânea 143
Rodrigo Turin

HTP, O POLÍTICO E OS HISTORIADORES

A indústria das *fake news* como um problema historiográfico: atualismo e política
em um presente agitado 169
Mateus Henrique de Faria Pereira, Thiago Lima Nicodemo e
Valdei Lopes de Araujo

Democracia e escrita histórica 187
Antoon De Baets

O passado no presente: historiografia e política 213
Christophe Prochasson

HTP E TEMPO BRASILEIRO

O tempo presente da Nova República: ensaio sobre a história do político brasileiro .. 235
Angélica Müller e Francine Iegelski

Sobre as organizadoras 265

Sobre os autores 267

Prefácio

Marieta de Moraes Ferreira

O lançamento do livro de Angélica Müller e Francine Iegelski, *História do tempo presente: mutações e reflexões*, em 2022, é um indicativo importante do novo status da história do tempo presente no Brasil. Se retornarmos a 1994, quando organizei o livro *Usos e abusos da história oral* (Amado e Ferreira, 1994), e publiquei em seguida o artigo "História, tempo presente e história oral" (Ferreira, 1996), podemos perceber quantos desafios foram enfrentados e quantas conquistas foram realizadas. Acionando a memória para relembrar aqueles tempos, podemos constatar todas as interdições que se apresentavam para o trabalho com a história recente a partir da vigência da concepção de história que defendia a necessidade da chamada visão retrospectiva.

Ancorado na tradição historiográfica do século XIX, em especial nas concepções de história de Langlois e Seignobos veiculadas pelo seu famoso manual *Introduction aux études historiques* (Reberioix, 1992), que definiu um conjunto de regras para a produção de uma história científica, ao estudo da história se atribuiu a interpretação do passado distante, tendo o passado recente sofrido uma interdição. Fundando-se numa concepção de que o afastamento temporal era uma condição para se obter uma maior objetividade na escrita da história e defendendo uma ruptura entre o passado e presente, sustentava-se que só os indivíduos possuidores de uma formação especializada poderiam executar corretamente essa tarefa.

Foi nesse quadro de afirmação dos historiadores profissionais que se formulou uma condição indispensável para se fazer uma história científica — a visão retrospectiva. A consolidação da concepção da história como uma disciplina que possuía um método de estudo de textos que lhe era próprio, que tinha uma prática regular de decifrar documentos, implicou a concepção da objetividade como uma tomada de distância em relação aos problemas do presente. Assim, só o recuo no tempo poderia garantir uma distância crítica. Se se acreditava que a competência do historiador se devia ao fato de que somente ele podia interpretar os traços materiais do passado, seu trabalho não podia começar verdadeiramente senão quando não mais existissem testemunhos vivos dos mundos estudados. Para que os traços pudessem ser interpretados, era necessário que tivessem sido arquivados. Os historiadores de profissão deveriam, portanto, rejeitar os estudos sobre o mundo contemporâneo, uma vez que nesse campo seria impossível garantir a objetividade de sua reflexão. A separação entre passado e presente proposta dessa forma radical e as competências eruditas exigidas para se trabalhar com os períodos recuados garantiram praticamente o monopólio do saber histórico aos especialistas.

Nas últimas décadas do século XX, registraram-se transformações importantes nos diferentes campos da pesquisa histórica que tiveram significativo impacto no Brasil. Ganhou novo impulso a história cultural, ocorreu um renascimento do estudo do político e incorporou-se o estudo do contemporâneo. Igualmente, foram resgatadas a importância das análises qualitativas e das experiências individuais.

O aprofundamento das discussões acerca das relações entre passado e presente na história e o rompimento com a ideia que identificava objeto histórico e passado, definido como algo totalmente morto e incapaz de ser reinterpretado em função do presente, abriram novos caminhos para o estudo da história do século XX. Por sua vez, a expansão dos debates acerca da memória, suas relações com a história como objeto de pesquisa, pode oferecer chaves para uma nova inteligibilidade do passado.

Essa perspectiva que explora as relações entre memória e história põe em evidência a construção dos atores de sua própria identidade e reequaciona as relações entre passado e presente ao reconhecer, de forma inequívoca, que o passado é construído segundo as necessidades do presente, chamando a atenção para os usos políticos do passado. Todas essas mudanças criaram um espaço novo para o estudo dos períodos recentes, começando pelo abalo das antigas resistências. Uma grande valorização da memória de eventos traumáticos, de maneira geral, e do dever de memória, em particular, provocou sem dúvida desafios e inovações nesse campo, estabelecendo uma forte conexão da história do tempo presente com as demandas sociais.

PREFÁCIO

No Brasil, ainda que possam ser localizados trabalhos dedicados à história recente em momentos anteriores, até os anos 1990, eram escassas as pesquisas que trabalhassem temáticas do que começou a ser denominado história do tempo presente. Ainda nos anos 1980, historiadores renomados reafirmavam os mesmos princípios, que estabeleciam que para garantir uma maior objetividade na análise histórica era de fundamental a existência de uma visão retrospectiva.

Esse quadro seria substancialmente alterado com o redobrado interesse pelo tempo presente trazido pela abertura dos cursos de pós-graduação e pelos jovens que desejavam fazer suas dissertações e tese sobre temas da atualidade. Com esse crescente e permanente interesse no presente, e com a afirmação desse novo campo de trabalho, a história do tempo presente passou a abordar novas temáticas e incorporar novas fontes, conquistando um novo estatuto.

No entanto, a conquista dessa nova condição inaugurava novos desafios. A despeito do reconhecimento cada vez maior da história do tempo presente, os desafios permanecem, se atualizam e exigem novas respostas. Além das questões teóricas e metodológicas de como trabalhar com eventos não terminados e, consequentemente, com variáveis para análise que não podem ser previstas ao estudar processos não finalizados, se torna urgente saber lidar com as demandas memoriais e midiáticas.

A guerra de memórias e o interesse crescente do grande público pelo passado têm ampliado o espaço dos historiadores nos meios de comunicação e nas publicações para o grande público, mas ao mesmo tempo colocam o desafio de ter de transpor e adequar seus conhecimentos para se comunicar com um público não especializado, o que muitas vezes o leva à tentação de recorrer a fórmulas simplistas e incompatíveis com os cânones universitários. Christophe Charle (2018) alerta para os perigos de interferências externas que podem colocar em risco a autonomia da história como disciplina científica e contaminar o julgamento científico pelo juízo midiático.

Nesse quadro, é preciso estar atento à instrumentalização da história pela demanda social e repensar o vínculo entre função do conhecimento e função social da história, especialmente quando se trata da análise de passados sensíveis, tais como as ditaduras na América Latina, bem como versões negacionistas que questionam interpretações consagradas pela historiografia. Se os pontos levantados são ameaças para os historiadores, a omissão ou o isolamento dos mesmos também pode acarretar consequências graves. Inúmeras vezes essas demandas sociais são veiculadas para um grande público que rejeita ou marginaliza os trabalhos científicos de pesquisa, que encontram assim dificuldades para publicação. Ampliando o debate sobre o lugar do profissional da história, Gérard Noiriel (1998:206) sustenta que "é necessária uma reflexão crítica e constante sobre a função social da história" e que os historiadores "devem refletir acerca dos motivos dessa demanda, historicizar sua própria ação".

O livro de Angélica Müller e Francine Iegelski reúne 10 artigos de 16 historiadores de diferentes países e instituições, que apresentam análises do estado atual dos estudos e de temas em pauta acerca da história do tempo presente dentro de suas respectivas agendas de pesquisa, oferecendo uma contribuição de grande relevância ao apresentar novas abordagens e problemas para os estudiosos desse campo.

Na atual conjuntura no Brasil, na qual o processo de polarização tem se radicalizado, inviabilizando o diálogo, os historiadores da história do tempo presente têm um grande desafio e um grande papel a desempenhar.

Referências

AMADO, Janaína; FERREIRA, Marieta de Moraes (Org.). Usos e abusos da história oral. Rio de Janeiro: FGV, 1994.

FERREIRA, Marieta de Moraes. História oral e tempo presente. In: ENCONTRO REGIONAL DE HISTÓRIA ORAL SUDESTE, 1, 1996. (Re)Introduzindo a história oral no Brasil. São Paulo: Xamã, 1996. (Série eventos).

CHARLE, Christophe. Homo historicus: reflexões sobre a história, os historiadores e as ciências sociais. Porto Alegre: UFRGS; Rio de Janeiro: FGV, 2018.

NOIRIEL, Gérard. Qu'est-ce que l'histoire contemporaine? Paris: Hachette, 1998.

REBERIOIX, Madeleine. Prefácio. In: LANGLOIS, Charles; SEIGNOBOS, Charles. Introduction aux études historiques. Paris: Editions Kimé, 1992.

História do tempo presente: mutações e reflexões*

Angélica Müller
Francine Iegelski

O interesse pelo tempo presente tem aumentado na medida em que sentimos, cada vez mais, que ele se dilata, se acelera e transforma a ideia que outrora tivemos sobre o que foi o passado e o que poderá ser o futuro. O tempo presente, em outras palavras, tem se tornado cada vez mais opaco para nós, um tempo que é difícil de compreender. Essa impressão de que o presente é algo onipresente e fugidio, avesso às explicações, não é exatamente novidade e foi sentida em vários momentos da história.

Este livro parte da indagação sobre o que é o tempo presente e como se escreve uma história do tempo presente (HTP), sem ignorar as contradições inerentes a esse desafio colocado para os historiadores. Assumimos, igualmente, a tarefa de pensar em caminhos para se seguir adiante, pois acreditamos que a escrita dessa história chegou a um novo momento, marcado por profundas alterações da própria disciplina histórica, que coincide com a conjuntura turbulenta das últimas décadas, com a passagem do século XX para o século XXI, as instabilidades políticas das primeiras décadas desse século, as crises do sistema capitalista, as mudanças climáticas e as intensas transformações nas relações humanas e sociais desencadeadas pela era digital. A internet, de fato, é um "análogo contemporâneo" do relógio — no sentido

---

* Agradecemos aos pesquisadores, particularmente aqueles em formação, que fazem parte do Observatório do Tempo Presente e que têm contribuído, nos últimos anos, para os debates das questões que aqui levantamos. As coordenadoras agradecem o apoio financeiro da Faperj por meio da Bolsa de Jovem Cientista Nosso Estado. Angélica Müller também agradece ao CNPq pela bolsa Produtividade.

HISTÓRIA DO TEMPO PRESENTE

de desencadear e ser a consequência de profundas mudanças —, invenção que governou as sociedades industrializadas nos dois últimos séculos. Os impactos da tecnologia de informação, como bem demonstrou Robert Hassan (2010:98), assumem padrões diferentes de outrora, uma vez que se mostram determinantes para entender as novas experiências sociais que são voláteis, imprevisíveis e flexíveis, assim como nossa percepção do tempo.

Não por acaso, a categoria "tempo" tem sido, novamente, objeto de inúmeros estudos nessa última passagem de século nas ciências humanas, a exemplo da história (Hartog, 2003; 2020a; Baschet, 2018; Chakrabarty, 2018), geografia (Harvey, 1997), sociologia (Elias, 1998; Rosa, 2019) e antropologia (Viveiros de Castro, 2011). Essa sensibilidade voltada para a interpretação do tempo como uma experiência, cuja forma foi variando em diferentes sociedades e momentos, foi lida pelo historiador australiano Christopher Clark (2019:17) como um "giro temporal",[1] comparado ao giro linguístico ocorrido nas ciências e filosofia dos anos 1960 (Rorty, 1992:1-39) e ao giro cultural dos anos 1970 nas ciências humanas e sociais. Também nas artes têm aparecido inúmeras reflexões sobre as mudanças em relação às experiências temporais.[2]

Dessa maneira, a história do tempo presente, em vez de ficar mergulhada nas águas turvas do presente, pode justamente contribuir para o entendimento das significativas perturbações das nossas relações com o tempo, assim como dos desdobramentos dos múltiplos acontecimentos que nos afetam em diferentes escalas de nossa vida social. São novos desafios para os historiadores, pois essa história requer, de um lado, que avancemos em nossas cronologias e coloquemos em questão periodizações consolidadas com as quais operam diferentes áreas de investigação e, de outro, ela não pode prescindir das reflexões epistemológicas acerca do significado de se analisar acontecimentos que se desenvolvem diante de nossos olhos, quando o historiador se torna testemunha e intérprete da história.

---

[1] Já preconizado por Robert Hassan (2010) nas reflexões publicadas na revista *Time and Society* desde 1992.

[2] A título de exemplo, citamos a exposição realizada em 2021 pelo artista plástico francês Olivier Ratsi em Paris, em que busca refletir sobre nossa relação com uma época tecnológica para a qual o futuro, por vezes, aparece como algo com pouca visibilidade, uma das decorrências desse momento de desorientação. Disponível em: https://gaite-lyrique.net/residence/olivier-ratsi. Outra expressão dessa preocupação com o presente é o livro de Natália Borges Polesso, *A extinção das abelhas*, em que a escritora apresenta o cenário apocalíptico do Brasil, sua crise econômica, social e ambiental, se valendo do noticiário e produzindo reflexões sobre o ressentimento, as eleições e a pandemia (Polesso, 2021).

HISTÓRIA DO TEMPO PRESENTE

Este livro partiu de algumas perguntas: quais são as contribuições do continente latino-americano para os estudos de história do tempo presente, campo construído originalmente pelos historiadores europeus? Quais são os desafios, nesse novo cenário em que vivemos, para se fazer uma história do tempo presente? Quais são os temas fundamentais para se pensar o nosso presente? O historiador consegue escrever uma história neutralizando suas paixões políticas? Como pensar os novos tipos de produção de conteúdo, informações e desinformações, veiculadas de forma massificada em diversos tipos de redes na era digital? Qual é o papel social dos historiadores e quais suas implicações éticas nesse novo contexto? Essas questões surgiram acompanhadas da seguinte indagação central: o que tornou possível o nosso presente? Em busca de refletir sobre esses problemas, reunimos historiadores brasileiros, latino-americanos e europeus que também contribuíram com outros temas a esses conectados.

Fazer uma história sobre eventos que estão se desenrolando requer do historiador colocar o presente em perspectiva temporal, apresentando, assim, o presente na densidade de sua historicidade. Ou seja, acreditamos que uma história do tempo presente se realiza pela relação dialética entre temporalidades: o historiador articula o estudo de diferentes acontecimentos de durações mais curtas e recentes àqueles de durações mais longas e afastadas temporalmente.

Em seu capítulo, o historiador colombiano Hugo Fazio Vengoa nos apresenta uma reflexão sobre a urgência de se produzir um tipo de saber histórico que permita entender os fenômenos em curso dentro dos seus contextos, levando em conta, ao mesmo tempo, que vivemos em um momento de novas experimentações do tempo. Para tanto, ele decifra cada um dos termos da composição — história, tempo e presente — para apresentá-la de modo conectado às suas reflexões sobre o sentido da contemporaneidade e do que ele chamou de presente histórico.

A história do tempo presente desenvolve-se em um momento de fortes rupturas e crises: era o mundo saído das duas Grandes Guerras. Na Europa, em especial na França e Alemanha, ela surge da preocupação dos historiadores por entender a "última catástrofe" (Rousso, 2016) vivida, direta ou indiretamente, pela maioria das sociedades ocidentais. Um novo campo de investigação se abria e surgia em reação a uma tragédia a respeito da qual os historiadores assumiram a responsabilidade histórica e social de não se deixar ser esquecida. Assim, nos anos 1970 na França, proliferaram estudos sobre os anos 1930 e 1940, momento de fortalecimento, de um lado, de uma história política renovada, encampada pelo grupo de René Remond, e, de outro, de institucionalização da história do tempo presente, especialmente com a criação do Instituto de História do Tempo Presente (IHTP), em 1978, tendo como uma de suas figuras emblemáticas o historiador François Bédarida.

Nesses mesmos anos 1970, essas duas vertentes francesas chegam ao Brasil juntamente com a história pública[3] e a história oral, vindas do debate americano. A história oral ganhava relevância — impulsionada sobretudo pelo CPDOC — e o estudo de outros períodos autoritários do passado do país, como a ditadura Vargas, se desenvolve com importantes produções feitas por cientistas sociais e políticos.[4] Escrever uma história do tempo presente sobre a então ditadura militar em vigor não parecia ainda ser possível, nem politicamente, nem epistemologicamente. A forte censura, as perseguições políticas, os desaparecimentos e as mortes realizadas pelo regime contra aqueles que a ele se opunham, somados à ideia compartilhada pela maior parte dos historiadores de que uma análise sobre uma conjuntura em desenvolvimento não poderia atender aos protocolos críticos da produção de conhecimento sobre o passado e o presente recentes, são, para nós, os aspectos mais visíveis dessa então impossibilidade. Marieta de Moraes Ferreira apontou que o *boom* da história oral, e sua institucionalização nos anos 1990, levou à constatação "da carência de uma reflexão teórica mais sofisticada". Momento quando "a história oral passou a funcionar como um laboratório de reflexão epistemológica" por conta dos desafios ante as demandas dos testemunhos vivos. Assim, os pesquisadores do campo encontraram nas propostas da história do tempo presente, particularmente nos trabalhos do IHTP, caminhos interessantes para superarem os desafios (Ferreira, 2018:91-92).

Depois de um período de "militância" por sua existência, nesse contexto dos anos 1970, 1980 e 1990, em que seus praticantes se identificavam quase que pela autodeclaração,[5] foi no início dos anos 2000 que a história do tempo presente se estabeleceu com mais força em nosso cenário historiográfico.[6]

---

[3] Para mais informações sobre o campo da história pública, muitas vezes confundida com a história do tempo presente, ver: Mauad, Almeida e Santhiago (2016) e Carvalho e Teixeira (2019).

[4] Ângela de Castro Gomes (2010) apresenta um bom balanço das produções do período e as preocupações dos historiadores naquele momento.

[5] Verificar a dissertação de mestrado, que está em andamento, de Eduardo Santiago na UFRJ, sob orientação de Marieta de Moraes Ferreira.

[6] Para mais informações sobre a trajetória historiográfica das primeiras décadas da HTP no Brasil, consultar Ferreira (2018) e o nosso capítulo: Müller e Iegelski (2018).

Enfim, nessa situação já marcada pelo processo de redemocratização do país, essa produção se voltou para os estudos sobre a ditadura militar brasileira, um passado presente em nossa vida política. Uma vasta e frutífera agenda historiográfica foi então produzida, abarcando temas que vão desde as resistências, passando pelos consensos e apoios da sociedade civil à ditadura, até os estudos sobre as estruturas e práticas dos governos militares que acabaram por gerar um debate sobre a natureza do regime.

Caminho não muito diverso do país vizinho, a Argentina. No capítulo de Marina Franco e Daniel Lvovich, os autores nos mostram que a consolidação do campo da *historia reciente* também ocorreu na virada desse século, associada aos contextos políticos e memoriais e às transformações ocorridas nas esferas política, pública e judicial. Os temas que marcam essa história são particularmente sensíveis e ligados ao passado ditatorial, evidenciando as questões de direitos humanos, e têm se alastrado até hoje por meio de diferentes análises teóricas e recortes diversos. Historiadores se debruçam sobre uma agenda que apresenta uma relação entre certa maneira de fazer história e uma demanda de justiça. Como demonstram, os estudos sobre o terrorismo de Estado dos anos 1970 são contemporâneos a esse processo e a agenda temática de *historia reciente* é compartilhada por historiadores, assim como por outros profissionais da área de humanas e ciências sociais.

De fato, a questão da violência de Estado é uma marca da história do tempo presente latino-americano. Muitos dos seus trabalhos se estruturaram pelo eixo da memória. Eugenia Allier Montaño e Laura Andrea Ferro Higuera, em seu capítulo, demonstram que, de maneira geral, há uma estreita relação entre as temáticas estudadas pelos acadêmicos dos distintos países da América Latina e as temáticas mais debatidas nas distintas arenas públicas nacionais. O foco dessas reflexões recai sobre os debates sobre as violações dos direitos humanos durante as ditaduras militares, conflitos armados internos e regimes autoritários.

Essa tem sido a principal agenda da produção historiográfica sobre história do tempo presente em nosso continente. A questão da violência continua sendo importante para uma agenda que prescreva uma nova história do tempo presente e que abarque, de modo mais amplo, problemas inerentes ao século XXI, ou seja, que possa tratar de conteúdos e temporalidades que toquem no cerne da vida política, a exemplo da emergência de governos autoritários, da volta da predominância das religiões no cenário político e das transformações que as redes sociais processam no debate público e nas ações de figuras políticas públicas, sem esquecer das questões econômicas e sociais que influenciam esse cenário.

Consideramos que o conjunto das reflexões aqui reunidas testemunham o avanço das discussões dos historiadores sobre o campo, possibilitando uma evolução, do ponto de vista da abordagem cronológica, e, igualmente, da perspectiva de uma elaboração teórica e metodológica acerca da escrita dessa história. Acreditamos que *desde* o nosso continente temos uma rica via de possibilidades de produção historiográfica. No caso do Brasil, vem ocorrendo um fortalecimento e amadurecimento da história do tempo presente no último decênio. Entre os diferentes motivos para esse vigor, destaca-se a criação, em 2007, do primeiro programa de pós-graduação em história do tempo presente da Universidade do Estado de Santa Catarina (Udesc). Nesse sentido, em seu capítulo, Silvia Maria Fávero Arend e Reinaldo Lindolfo Lohn nos apresentam não apenas a trajetória desse programa como o caminho percorrido para a construção, a partir de diferentes ferramentas teóricas, de uma perspectiva própria acerca da história do tempo presente e que tem permitido avançar cronologicamente os estudos da área.

Ademais, Ferreira indicou, a partir da década de 2010, que ocorreu uma mudança no caráter dos estudos de história do tempo presente no país, além do aumento de teses e dissertações que podem ser enquadrados nesse tipo de abordagem, relacionando esse crescimento com a instauração da Comissão Nacional da Verdade e a Lei de Acesso à Informação (Ferreira, 2018:96). Vale igualmente destacar, nesse viés, o livro organizado por Flávia Varella, Helena Mollo, Mateus Pereira e Sérgio da Mata em 2012, *Tempo presente e usos do passado*. Na introdução da obra, Pereira e Mata apontam uma das obsessões dos intelectuais do século XXI, a saber, as discussões acerca das temporalidades, e afirmam a importância da produção de reflexões sobre o presente das experiências brasileiras e latino-americanas que considerem, mas que possam ir além dos períodos das ditaduras militares e dos regimes autoritários no continente. Eles também apresentam suas reticências em relação à importação do diagnóstico de François Hartog sobre o presentismo para o Brasil, ou seja, circunscrevem-no ao contexto francês e às experiências do tempo da Europa.

Concordamos com as pontuações de Pereira e Mata. Entretanto, para o caso do Brasil, como apresentamos em nosso capítulo, pensamos que uma forte ruptura ocorreu após o golpe jurídico e parlamentar contra Dilma Rousseff, em 2016, com o apoio decisivo da mídia e dos militares, ajudando a acentuar a percepção de que a década de 2010 foi marcada por profundas transformações das experiências do tempo no país. Ainda mais se considerarmos a eleição de Jair Bolsonaro, em 2018, com a volta pública dos militares ao poder, poderíamos aproximar a experiência do tempo presente brasileiro da experiência europeia, tal como descrita por Hartog, sob o presentismo? Existem traços de continuidade e de ruptura em relação às experiências autoritárias que conhecemos no decorrer do século XX no Brasil, com Getúlio Vargas e depois com a ditadura militar, e os acontecimentos do século XXI, com a chegada do governo Bolsonaro, além dos próprios períodos considerados democráticos? O que dizer das experiências de outros espaços latino-americanos, como a Argentina e o México? A história comparada da historiografia do tempo presente, bem como o estudo de seus lugares e condições de enunciação, inclusive políticas, certamente são fundamentais para o desenvolvimento dessas novas investigações. Não se trata também, necessariamente, da defesa de uma história transnacional, tão em voga. Para além da comparação, integrar as histórias nacionais na paisagem continental pode permitir o aprofundamento de suas diferenças concretas e de suas rupturas e permanências demonstrando, dessa maneira, as originalidades de cada processo. Afinal, identidade e alteridade são um binômio que não podemos perder de vista. Acreditamos que a historiografia latino-americana pode nos oferecer uma perspectiva inovadora para a construção de um novo momento da história do tempo presente.

A discussão sobre uma história do tempo presente, num contexto presentista, também requer, por parte do historiador, elaborar um diagnóstico sobre como chegamos até aqui. Mas o contexto presentista — de um presente perpétuo — tem inclusive nos levado a questionar o próprio sentido da história, tal como a conhecíamos, desde, ao menos, o século XIX, como nos explicou Michel Foucault (1966:355-398). Em *Crer em história*, publicado na França em 2013, e em *Confrontations avec l'histoire*, de 2021, Hartog traz reflexões sobre a dúvida acerca da efetividade do conhecimento histórico que se instaurou desde os anos 1970 e dos debates acadêmicos e não acadêmicos que concorreram para a emergência deste cenário. Em seu capítulo, Hartog reafirma seu diagnóstico sobre o presentismo e aprofunda considerações sobre seus impasses. Se o presente é onipresente no presentismo, a maneira de experimentá-lo não é uniforme: ele pode se configurar tanto como uma experiência estagnante quanto acelerada, a depender do lugar e das condições sociais. A experiência presentista de um homem de negócios é uma, a de um trabalhador desempregado, ou de um migrante que se vê obrigado a sair de seu país para sobreviver, é outra. De toda maneira, o futuro como promessa de tempos melhores parece ter saído de cena e, quando ele acena, é mais como ameaça. Hartog, e pensamos que esse aspecto é fundamental de ser sublinhado, estabelece uma conexão entre o presentismo e a descrença na história, situação que afeta e sufoca nossas sociedades movidas pela história, as chamadas sociedades quentes, como tão bem as definiu teoricamente Claude Lévi-Strauss ainda em meados do século XX (Lévi-Strauss e Charbonnier, 1961:38). Uma história do tempo presente pode nos ajudar a responder reflexivamente a esse presente que parece nos ter tirado perspectivas mais alvissareiras de futuro.

Os negacionismos de toda a sorte, especialmente aqueles voltados contra as ciências, são um fator importante para a análise de contextos presentistas, marcados, como dissemos, pela falta de fé no futuro. As ciências, em geral, e as ciências humanas, em particular, têm sido atacadas por governos autoritários e grupos obscurantistas. O fato de a pandemia de Covid-19 — designada por alguns pesquisadores como sindemia[7] — ter atingido, praticamente ao mesmo tempo, quase todos os lugares do globo numa duração prolongada maximizou o que o filósofo francês Frédéric Worms (2021) chamou de "viver em tempo real". Essa realidade que está em andamento e se impondo, dotada de incertezas permanentes, traz consigo uma nova consciência temporal: a de que um outro tempo interrompeu o tempo que vivíamos (Worms, 2021:161). Essa percepção nos acompanha a cada instante da nossa existência de maneira coletiva e, por isso, histórica. Ademais, a pandemia colocou a nu o fato de o sistema capitalista somente sobreviver se continuar a promover um já aprofundado processo de destruição, seja da vida dos humanos, seja da dos não humanos. A crise abarca tudo o que envolve as relações e a existência do próprio homem e da natureza. Muitos trabalhos, sobretudo na antropologia e na filosofia, trataram das transformações na concepção das relações entre cultura e natureza e a deterioração da vida no planeta. Os trabalhos de Philippe Descola (2005), Bruno Latour (2012) e Dipesh Chakrabarty (2009) são importantes referências para o assunto. Em seu capítulo, Rodrigo Turin

---

[7] Uma sindemia é um conceito que considera o fato de que os efeitos de diferentes condições crônicas da saúde humana — diabetes, obesidade e hipertensão — atuam de forma sinérgica e se somam aos determinantes socioeconômicos, acarretando formas graves e aumento da mortalidade, como ocorre com a Covid-19. Esse conceito foi introduzido pelo médico e antropólogo americano Merril Singer. Para mais informações, ver o editorial da *Lancet* de 26 de setembro de 2020, "Covid is not pandemic", escrito por Richard Horton. Agradecemos ao professor da cardiologia da UFF, Evandro Tinoco Mesquita, pelas valiosas discussões sobre a pandemia e os impactos das novas experiências temporais na medicina.

apresenta um tema que já é incontornável para todos que queiram analisar o tempo presente e que, no entanto, foi pouco discutido pela historiografia brasileira até o momento: os debates sobre o chamado antropoceno. Turin indica como os estudos sobre o antropoceno nos obrigam a pensar numa nova noção de história.

Se percebemos as mudanças de um ponto de vista conjuntural, também as observamos no plano historiográfico. Por essa razão, retomamos aqui a constatação de que, desde meados dos anos 2000, tem havido uma transformação da produção historiográfica brasileira sustentada em novas pesquisas e debates epistemológicos, teóricos e metodológicos. Assim, não é difícil perceber a ampliação dos objetos, das fontes de pesquisa e o aprofundamento da complexidade de questões tratadas pelos historiadores. Se, de um lado, essas mudanças foram possibilitadas, entre outros fatores, pela abertura de novos acervos, de outro, elas também guardam uma relação com a consolidação da área de teoria da história e de historiografia no Brasil, tendência que começou a aparecer com força desde os anos 1980. Se em alguns lugares da Europa, como na França, a teoria e a história da historiografia parecem estar vivendo um momento de declínio ou recuo na última década (Hartog, 2020b:265), esse não é o caso do Brasil. De toda a maneira, tem havido debates importantes, em diferentes áreas, que contribuíram para esse novo momento da nossa historiografia.[8]

Para uma nova geração de historiadores, de diferentes áreas, que assumiram seu lugar na pesquisa e no ensino de história no país, fez toda a diferença a oportunidade de realizar parte de sua formação em instituições de diversos países, seja nas Américas, África ou na Europa, o que ocorreu durante os governos Lula e Dilma Rousseff. Esses intercâmbios se fortaleceram com a possibilidade de execução de projetos de pesquisa em redes por meio de financiamentos pelas agências brasileiras, destacando-se a Capes e o CNPq, além das estrangeiras. Esse foi um processo de internacionalização induzido e que surtiu efeitos positivos, diferente das exigências do aumento de produção, por meio da publicação de livros e artigos, a ele associado.

Desse modo, pensar o fazer historiográfico, o papel da história no presente, bem como o papel do historiador, torna-se crucial. Crucial porque

---

[8] Esse adensamento pode ser notado por importantes trabalhos de revisões críticas que empenham discussões não apenas sobre a historiografia, mas também questões teóricas e temporalidades. Ver, por exemplo: Pereira (2015), Fico (2017), Motta (2018), Napolitano (2019) e Müller (2021).

HISTÓRIA DO TEMPO PRESENTE

essas necessárias reflexões fazem parte de questões que ainda constituem os temas que compõem os critérios de racionalidade da história como disciplina, tais como as relações entre objetividade e subjetividade, distância e aproximação, parcialidade e imparcialidade,[9] interpretação e julgamento de acontecimentos, além do debate sobre a ação pública do historiador *versus* o ultra-academicismo. Como escreveu Temístocles Cezar, as discussões acerca do papel do historiador ganham importância ainda mais nesse momento em que a história é reativada no debate público como tribunal, como valor nacional e como expectativa de redenção. Isto é, ela vem sendo animada menos como história disciplina e mais como memória (Cezar, 2018:90).

O capítulo escrito por Mateus Henrique de Faria Pereira, Thiago Lima Nicodemo e Valdei Lopes de Araujo trata dos impactos que as desinformações criam para o historiador do tempo presente que precisa refletir sobre as novas configurações políticas, e que, muitas vezes, surgem da fabricação de realidades simuladas, como se vê em plataformas do Youtube, Facebook e congêneres. Os autores reafirmam a potencialidade de temporalidades não convencionais para a história que se pensa para além das condições atuais.

De toda maneira, nosso tempo presente, considerado a partir de diferentes realidades, tem tornado evidente a aparição de governos cada vez mais autoritários — mesmo nas democracias antes consideradas as mais fortalecidas — que propagam embustes e inverdades históricas, ou que cometem abusos em relação à história, tal como nos descreve Antoon De Beats. Em seu capítulo, o historiador holandês aborda como essas conjunturas de instabilidades democráticas afetam a produção da escrita da história e o nosso papel como historiadores na construção da consciência histórica. Argumenta também a favor da importância do trabalho dos historiadores nos processos de justiça de transição como condição para debelar injustiças históricas.

Nesse contexto, os historiadores retomam as reflexões sobre uma escrita ética da história. O que, para nós, implica a tarefa do historiador de investigar e oferecer uma interpretação sobre o significado dos acontecimentos para a história, algo que vai além de elencar uma constelação de fatos que possuem relações entre si. Se o historiador não deve apenas ocupar o território do passado, ele também não deve ser mais uma voz memorial do presente. As relações entre história como saber e ação pública são o tema do capítulo de

---

[9] Há um interessante artigo de Lorraine Daston, em que a autora trata da objetividade e imparcialidade como o que ela chamou de virtudes epistêmicas nas ciências humanas (Daston, 2017:127-143).

HISTÓRIA DO TEMPO PRESENTE

Cristophe Prochasson. O historiador francês busca compreender melhor as condições em que atuam os atores políticos ao recorrer à história, os recursos que utilizam e os limites com os quais se encontram confrontados. Segundo Prochasson, a passagem do regime moderno para o presentista traz mudanças substanciais no que diz respeito tanto à análise da história por parte dos historiadores quanto ao uso cada vez mais cliomimético[10] e, por vezes, apologético da história. As dificuldades aumentam quando o próprio historiador é um agente político.

O historiador do tempo presente atua em um campo em que as múltiplas especialidades — seja o jornalismo, passando pela economia ou pelo direito — também operam. O trabalho do historiador, nesse caso, não pode prescindir das relações com as outras especialidades ou ciências, pois elas elaboram, cada uma a sua maneira, um tipo de abordagem, recorte e problematização do real (Martino, 2003:86-87). Numa história do tempo presente, o diálogo da história com diversas disciplinas se faz fundamental, pois proporciona, ao invés de um conhecimento fragmentado, uma análise mais aprofundada e ampla construída a partir de diversos enfoques sobre um determinado assunto. Esse diálogo deve ser construído não por meio de empréstimos descontextualizados de instrumentos teóricos e metodológicos, mas pela incorporação das reflexões realizadas por outras áreas do conhecimento. Esse processo, a nosso ver, é um dos meios pelos quais o historiador que analisa seu tempo dispõe para prover espessura em sua reflexão (Müller, 2018). Aproveitando a discussão já encampada pelos historiadores Emmanuel Droit e Franz Reichherzer (2013), o que nos parece interessante sublinhar é que essa história não busca a criação de uma nova disciplina. O diálogo com outras áreas serve, outrossim, para reforçar a singularidade da história como disciplina, centrada justamente nas discussões de tempo e temporalidades que nos caracterizam, e, ao contrário da agenda franco-alemã, não abandonar necessariamente uma história do tempo presente nacional baseada nas noções de "eventos", "acontecimentos" e "momentos", ligados às catástrofes históricas, mas sim aprofundá-las a partir da simultaneidade de diferentes temporalidades passadas que podem ajudar na inteligibilidade dos passados presentes.

---

[10] Segundo Prochasson, o cliomimetismo é baseado em uma ideia muito simplificada daquilo que é preguiçosamente chamado de "lições da história". Ou seja, uma coleta dos "fatos prontos" da história que servirão de guia para uma determinada ação.

Outro ponto relevante para mencionar sobre o futuro que se abre para uma nova história do tempo presente é a possibilidade de escrevê-la por meio da história conceitual, considerando tanto conceitos políticos quanto estéticos. A história conceitual pode ser uma abordagem instigante para se pensar o tempo presente porque ela busca entender justamente os conceitos em sua transformação e em sua dimensão transformadora (Fernández-Sebastián, 2021:475). A história conceitual se produz na perspectiva, comungada pela história intelectual, de textualizar os contextos, como apontou Dominick LaCapra (1980:246). Isto é, a história conceitual é capaz de lançar novas e originais possibilidades de entendimento acerca de conjunturas sociais, políticas, econômicas e culturais a partir de conceitos que são produzidos e agem sobre realidades que os excedem. Em relação aos conceitos estéticos, podemos indicar a instigante relação entre história e literatura, em como a ficção ajudou a construir ideias e imagens que estão em ação e são uma via para interpretar o presente latino-americano, a exemplo do realismo mágico, gênero literário que marcou o continente entre os anos 1940 e 1960 (Iegelski, 2021). Uma história conceitual do tempo presente voltada para conceitos políticos usados pelos políticos e por diferentes agentes da esfera política para justificar suas propostas e ações pode se mostrar igualmente instigante. No que se refere à história da república brasileira, o conceito de limpeza, por exemplo, pode ser entendido como um importante fio condutor para se compreender projetos conservadores e reacionários e que possuem o interesse deliberado de "enxugamento" do Estado, ou seja, de privatizações e de desmantelamento de políticas e serviços públicos, associados ao discurso contra a corrupção.[11]

A história do tempo presente pode apresentar um viés ensaístico, pois ela é escrita em um contexto mais sabidamente volátil. O pensamento brasileiro viu uma importante geração de ensaístas elaborarem suas interpretações do país por meio de uma crítica social, especialmente nas décadas de 1920, 1930 e 1940. Historiadores, críticos literários e sociólogos, como Sérgio Buarque de Holanda, Paulo Prado e Antonio Candido, escreveram ensaios notáveis. Com o desenvolvimento da pós-graduação, a partir dos anos 1970, os ensaios foram minorados pelos historiadores em prol dos artigos científicos e dos livros que apresentam resultados das pesquisas, caminho trilhado para a continuidade do processo de formalização e profissionalização da área. Acreditamos que

---

[11] Verificar a tese de doutorado, que está em andamento, de Fernanda Olívia Lázaro, sob orientação de Francine Iegelski.

o historiador do tempo presente pode conjugar os diferentes gêneros de escrita, ensaística e acadêmica, sem prejuízo científico. O ensaio, como já refletiu Theodor Adorno, busca liberar as forças, as formas de conjunções e concreções, do que se nos mostra como um objeto opaco (Adorno, 2003:44).

É preciso que o historiador assuma seu lugar no presente e que ele seja capaz de analisar contextos históricos mais recentes, com fortes impactos na vida contemporânea. O historiador do tempo presente, ao comunicar a opacidade dessas conjunturas, desencava aquilo que está vivo, oferece uma compreensão não necessariamente fugaz do nosso presente. Talvez, ao contrário, ele proporcione uma interpretação sobre as transformações do presente que nos permitirá entendê-lo para além da transitoriedade dos instantes.

Referências

ADORNO, Theodor. O ensaio como forma. In: _____. *Notas de literatura I*. Tradução de Jorge de Almeida. São Paulo: Duas Cidades; Editora 34, 2003.

BASCHET, Jérome. *Défaire la tyrannie du présent*: temporalités émergentes et futurs inédits. Paris: La Découverte, 2018.

CARVALHO, Bruno Leal Pastor de; TEIXEIRA, Ana Paula Tavares (Ed.). *História pública e divulgação de história*. São Paulo: Letra e Voz, 2019.

CLARK, Christopher. *Tiempo y poder*: visiones de la historia desde la guerra de los Treinta años al Tercer Reich. Barcelona: Galaxia Gutemberg, 2019.

CEZAR, Temístocles. O que fabrica o historiador quando faz história, hoje? Ensaio sobre a crença na história (Brasil séculos XIX-XXI). *Rev. Antropol.*, São Paulo, v. 61, n. 2, 2018, p. 78-95. Disponível em: www.revistas.usp.br/ra/article/view/148933. Acesso em: jun. 2021.

CHAKRABARTY, Dipesh. Anthropocene time. *History and Theory*, v. 57, n. 1, 2018, p. 5-32. Disponível em: https://onlinelibrary.wiley.com/doi/epdf/10.1111/hith.12044. Acesso em: ago. 2021.

_____. The climate of history: four theses. *Critical Inquiry*, v. 35, n. 2, 2009, p. 197-222. Disponível em: www.jstor.org/stable/10.1086/596640 Acesso em: ago. 2021.

DASTON, Lorraine. *Historicidade e objetividade*. São Paulo: LiberArs, 2017.

DESCOLA, Philippe. *Par-delà nature et culture*. Paris: Gallimard, 2005.

DROIT, Emmanuel; REICHHERZER, Franz. La fin de l'histoire du temps présent telle que nous l'avons connue: plaidoyer franco-allemand pour l'abandon d'une singularité historiographique. *Vingtième Siècle. Revue d'histoire*, n. 118, 2013, p. 121-145. Disponível em: www.jstor.org/stable/i40105000. Acesso em: jun. 2021.

ELIAS, Norbert. *Sobre o tempo*. Rio de Janeiro: Zahar, 1998.

FERNÁNDEZ-SEBASTIÁN, Javier. *Historia conceptual en el Atlántico ibérico*: lenguajes, tiempos, revoluciones. Madri: Fondo de Cultura Económica de España, 2021.

FERREIRA, Marieta de Moraes. Notas iniciais sobre a história do tempo presente e a historiografia no Brasil. *Tempo e Argumento*, v. 10, n. 23, 2018, p. 80-108.

FICO, Carlos. Ditadura militar brasileira: aproximações teóricas e historiográficas. *Revista Tempo e Argumento*, Florianópolis, v. 9, n. 20, jan./abr. 2017, p. 5-74.

FOUCAULT, Michel. *Les mots et les choses*. Une archéologie des sciences humaines. Paris: Gallimard, 1966.

GOMES, Ângela de Castro. Estado Novo: ambiguidades e heranças do autoritarismo no Brasil. In: ROLLEMBERG, Denise; QUADRAT, Samantha. *A construção social dos regimes autoritários*. Rio de Janeiro: Civilização Brasileira, 2010. v. 2.

HARTOG, François. *Chronos*: l'occident aux prises avec le temps. Paris: Gallimard, 2020a.

_____. *Confrontations avec l'histoire*. Paris: Gallimard, 2021.

_____. *Crer em história*. Tradução de Camila Dias. Belo Horizonte, Autêntica, 2017.

_____. *Régimes d'historicité*. Présentisme et expériences du temps. Paris: Seuil, 2003.

_____. Tempo, história e historiografia: entrevista com François Hartog. Entrevista realizada por Francine Iegelski. *Tempo*, v. 26, n. 1, 2020b, p. 255-267. Disponível em: www.scielo.br/j/tem/a/7kjgrbVkYkDP6sr8K7ZbQmp/?lang=pt. Acesso em: jul. 2021.

HARVEY, David. *A condição pós-moderna*. São Paulo: Loyola, 1997.

HASSAN, Robert. Globalization and the "temporal turn". *The Korean Journal of Policy Studies*, v. 25, n. 2, 2010, p. 83-102.

IEGELSKI, Francine. História conceitual do realismo mágico — a busca pela modernidade e pelo tempo presente na América Latina. *Almanack*, Guarulhos, n. 27, 2021, p. 1-15. Disponível em: www.scielo.br/j/alm/a/ssCBnC5jqtn4NmLjLsmtpTL/?lang=pt&format=pdf. Acesso em: mai. 2021.

KOSELLECK, Heinhart. *Futuro passado*. Contribuição à semântica dos tempos históricos. Tradução de Wilma Maas e Carlos Pereira. Rio de Janeiro: Contraponto; PUC Editora, 2006.

LACAPRA, Dominick. Rethinking intellectual history and reading texts. *History and Theory*, v. 19, n. 3, 1980, p. 245-276.

LATOUR, Bruno. *Enquête sur les modes d'existence*. Une anthropologie des modernes. Paris: La Découverte, 2012.

LÉVI-STRAUSS, Claude; CHARBONNIER, Georges. *Entretiens avec Claude Lévi-Strauss*. Paris: Julliard; Plon, 1961.

MARTINO, Luiz Claudio. As epistemologias contemporâneas e o lugar da comunicação. In: LOPES, Maria Immacolata Vassalo (Org.). *Epistemologia da comunicação*. São Paulo: Loyola, 2003, p. 69-101.

MAUAD, Ana Maria et al. (Org.). *História pública no Brasil*: sentidos e itinerários. São Paulo, Letra e Voz, 2016.

MÜLLER, Angélica. Eleições e história do tempo presente. *Blog Manguinhos: História, Ciência e Saúde*, dez. 2018.

_____. O "acontecimento 1968" brasileiro: reflexões acerca de uma periodização da cultura de contestação estudantil. *Revista de História*, n. 180, 2021, p. 1-21.

_____; IEGELSKI, Francine. O Brasil e o tempo presente. In: FERREIRA, Jorge; DELGADO, Lucilia de Almeida Neves (Org.). *O tempo da Nova República*: da transição democrática à crise política de 2016 — Quinta República (1985-2016). Rio de Janeiro: Civilização Brasileira, 2018. (O Brasil republicano, v. 5.)

NAPOLITANO, Marcos. Golpe de Estado: entre o nome e a coisa. *Estudos Avançados*, v. 33, n. 96, 2019, p. 397-420. Disponível em: https://doi.org/10.1590/s0103-4014.2019.3396.0020. Acesso em: 10 mai. 2022.

MOTTA, Rodrigo Patto Sá. Cultura política e ditadura: um debate teórico e historiográfico. *Revista Tempo e Argumento*, Florianópolis, v. 10, n. 23, 2018, p. 109-137. Disponível em: https://revistas.udesc.br/index.php/tempo/article/view/2175180310232018109. Acesso em: 23 ago. 2021.

PEREIRA, Manuel Henrique de Faria. Nova direita? Guerras de memória em tempos de Comissão da Verdade (2012-2014). *Varia Historia*, Belo Horizonte, v. 31, n. 57, 2015, p. 863-902.

POLESSO, Natália Borges. *A extinção das abelhas*. São Paulo: Companhia das Letras, 2021.

RORTY, Richard M. (Ed.). *The linguistic turn*: essays in philosophical method (with two retrospective essays). Londres: The University of Chicago Press, 1992.

ROSA, Hartmut. *Aceleração*. A transformação das estruturas temporais na modernidade. São Paulo: Unesp, 2019.

ROUSSO, Henry. *A última catástrofe*: a história, o presente, o contemporâneo. Tradução de Fernando Coelho e Fabrício Coelho. Rio de Janeiro: FGV, 2016.

VARELLA, Flávia et al. (Org.). *Tempo presente e usos do passado*. Rio de Janeiro: FGV, 2012.

VIVEIROS DE CASTRO, Eduardo. O mármore e a murta: sobre a inconstância da alma selvagem. In: _____. *A inconstância da alma selvagem*: e outros ensaios de antropologia. São Paulo: Cosac Naify, 2011, p. 183-264.

WORMS, Frédéric. *Vivre en temps réel*. Montrouge: Bayard, 2021.

HTP e desafios epistemológicos

La historia del tiempo presente: composición, temporalidad y pertinencia

Hugo Fazio Vengoa

En el escrito se adelanta una reflexión sobre la historia del tiempo presente a través de tres procedimientos. En un primer momento se realizará una descomposición de la expresión en sus tres nociones constitutivas —la historia, el tiempo y el presente—, el esclarecimiento de sus contenidos y su necesaria unión lo que da lugar a un tipo de narrativa distinta de otros conceptos que pueden ser similares o cercanos como la historia del presente, la historia actual, la historia inmediata, la historia contemporánea etc. Un procedimiento tal permitirá precisar el sentido que comporta la expresión de la historia del tiempo presente. En un segundo momento se buscará precisar cómo y porqué la misma contemporaneidad que nos ha correspondido vivir ha propiciado el estudio histórico del presente. Un ejercicio tal reviste la mayor importancia porque sitúa la historia presente en las condiciones mismas de existencia de las sociedades contemporáneas. Por último, se acometerá una reflexión sobre los marcos temporales del presente, que, hemos definido en trabajos previos como un "presente histórico". Este último punto reviste una alta importancia porque permite sentar las bases para reflexionar sobre el sentido de la actualidad inmediata que nos ha correspondido vivir.

Aumenta el interés por el presente

Cada vez y con mayor frecuencia encontramos historiadores trabajando sobre algunos temas álgidos de la actualidad mundial. Adam Tooze (2018), Donald Sassoon (2018), Peter Frankopan (2018) y Dipersh Chakrabarty (2020) constituyen buenos ejemplos de destacados profesionales de la disciplina que han sorprendido a la academia con importantes aportes a la comprensión de temas actuales tan variados como los vaivenes que ha experimentado la economía mundial en el presente siglo, el auge de los movimientos populistas y el correspondiente declive de la democracia liberal, las nuevas maneras de visualizar el entretejimiento de la historia mundial en la nueva centuria y las crisis medio ambientales y la pandemia del Coronavirus.

Existen buenas razones que explican este renovado interés por el presente. Algunas son inmediatas y bastante prosaicas y se ubican en el plano de la disponibilidad inmediata de una inmensa masa informativa y documental sobre hechos que ocurren delante de nuestros ojos. Sobre el particular, el historiador británico Timothy Garton Ash ofrecía una atrayente idea cuando señalaba hace algunos años que en el presente "ha aumentado lo que es posible saber poco después de los hechos y ha disminuido lo que se puede saber mucho después" (Ash, 2000:14 y 16).

Otras, de mayor calado, responden a una demanda en aumento de saber histórico porque se le reconoce a este campo del conocimiento su rol en la producción de conciencia histórica y de suministro de indicaciones de contextualización global. Para decirlo en otros términos, este saber tiene la cualidad de poder proveer un entendimiento de lo que está ocurriendo, además de servir para apreciar el alcance y la significación de los acontecimientos y situaciones en la historia.

Este anhelo de compresión por parte de la gente en general se acrecentó desde finales del siglo pasado debido a que la caída del muro de Berlín se llevó por delante los principales referentes de significación del mundo (la guerra fría, el capitalismo versus el comunismo, la izquierda y la derecha etc.). Este remezón fue tan grande que fueron muchos los académicos que prefirieron concentrarse en las seguridades que deparaba la elaboración de visiones panorámicas que desentrañaran el sentido del siglo que llegaba a su fin. Fue así cómo la actualidad más inmediata quedó desamparada y desprovista de sentido histórico. Debido a esta desatención por parte de los historiadores, el presente más inmediato dejó de ser analizado en términos de procesos y por ello no pudieron ser subrayados sus rasgos más inmanentes. De ahí que las representaciones más comunes hayan y sigan siendo aquellas que repiten las ideas de "desorden" mundial, "anomia", "borrascoso" y fragmentario. Ha sido precisamente esta falta de entendimiento omnicomprensivo del presente lo que ha acicalado la urgencia de producir un tipo de saber que permita entender los fenómenos en curso dentro de sus contextos.

Más allá de estos factores inmediatos y circunstanciales, encontramos que el presente histórico que nos ha correspondido vivir dispone además de poderosos movimientos subterráneos que le han dado un mayor realce a la condición presente. Estas situaciones y dinámicas han dado lugar a que hoy se asista a lo que podríamos denominar *una experimentación nueva y global de la historicidad*. Global, debido a que la mayor interdependencia ha producido un incremento de disímiles temporalidades sociales que chocan, se solapan, sobreponen o generan nuevas síntesis y nueva, porque la condición presente interviene como puente que enlaza o sincroniza de manera barroca esta amplia gama de temporalidades. En la toma de conciencia de esta nueva realidad un papel no menor le ha correspondido al advenimiento de una contemporaneidad que podemos considerar como intrínsecamente global, porque, como recuerda Lionel Ruffel, mientras primó una concepción historicista resultaba imposible pensar en el presente en sí (Rufell, 2016), porque lo actual era inferido de acontecimiento, hechos, situaciones y tendencias pasadas.

La importancia de la *condición de contemporaneidad*, que se expresa en una mayor sincronicidad de los distintos pueblos, colectivos e individuos en torno a "un mismo horizonte espacio temporal común", fue claramente por Agostino Giovagnoli cuando sostenía que de manera gradual "la distinción entre contemporaneidad cronológica y contemporaneidad histórica, entre "desarrollo" de Europa y "atraso" de los demás continentes, basado en la centralidad europea en la historia de las civilizaciones, se ha vuelto insostenible" (Giovagnoli, 2005:47).

En cuanto al entrelazamiento distinto y novedoso del futuro y el pasado en torno del presente, ello se visualiza en el hecho de que el primero se representa fundamentalmente bajo la figura de "los riesgos" (Beck, 2002) o probables situaciones futuras que se presentizan, es decir, eventuales condiciones de posibilidad futuras se vuelven activas en el presente. En lo que respecta al pasado este se "transforma" en la medida en que la aceleración del cambio social ha modificado en profundidad una de las condiciones fundamentales de la modernidad al reducir el intervalo que separa el "horizonte de expectativa" del "espacio de experiencia", al decir de Reinhart Koselleck (1993:343). Si la distancia *in crescendo* entre ambos era uno de los principales atributos de la modernidad, la tendencia actual va en la dirección de aproximarlos de nuevo, pero con la particularidad de que este acercamiento no se realiza en su unicidad, sino que en ello interviene un entrecruzamiento de experiencias temporales diacrónicas con otras que responden a regímenes distintos de tiempo, muchas de las cuales son propiciadas por de manera sincrónica.

Valga reiterar la importancia de este último conjunto de factores cuando se quieren entender las razones que subyacen a la historia del tiempo presente porque constituyen una clara demostración de que el interés y la preocupación por historizar el presente en las condiciones actuales no representa una simple moda, un gusto de los académicos por los enfoques novedosos, sino que constituye un reflejo palmario de profundas transformaciones que está experimentando el mundo y su historia en la actualidad.

Esta *contemporaneidad global* ayuda igualmente a entender porqué y cómo la historia del tiempo presente ha ido convirtiéndose en una corriente intelectual y en una propuesta historiográfica que, gracias a los modernos medios tecnológicos y al despliegue de la globalización intensificada actual, ha podido trascender los marcos nacionales de origen y tornarse una corriente de pensamiento con gravitación mundial, con aceptación y desarrollos en los diferentes confines del planeta.

La historia del tiempo presente frente a nociones afines

Hasta aquí de manera apretada y suscita hemos señalado ciertas correlaciones que existen entre esta preocupación historiográfica con ciertas propiedades que caracterizan a las sociedades actuales en los inicios de este nuevo siglo y las razones que impulsan una mayor atención a la historización del presente. Antes de pasar al análisis de qué entiendo por historia del tiempo presente, quisiera señalar de manera breve porqué he optado por esta expresión en lugar de otras similares en su significación.[1]

Cuando se pasa revista a las expresiones que se utilizan usualmente para analizar el presente varias nociones se vienen a la mente. La primera, quizá, sea la *historia contemporánea*. Este es un concepto que responde a una lógica diacrónica más que sincrónica (con-tempo), pues se usa para simbolizar el espacio de tiempo más próximo dentro de una secuencia temporal lineal compuesta por diferentes etapas o períodos (*v.gr.*, la historia antigua, el medioevo,

---

[1] Para un análisis más detallado de este punto, véase Fazio (2010:27-50).

la historia moderna y la contemporánea). Designa una pertenencia colectiva a un determinado espacio de tiempo sin brindar indicaciones específicas sobre como acometer el análisis histórico del presente. Otra particularidad que tiene esta noción, siendo común a los diferentes contextos académicos, es que el intervalo de tiempo que abarca nunca se prolonga hasta la inmediatez del observador; tiene un cierre convenido en torno a una fecha o un determinado acontecimiento (*v.gr.*, el fin de la Segunda Guerra Mundial o la caída del muro de Berlín), lo cual implica que aquello que ocurre después de ese final, incluida la actualidad más inmediata, queda al margen del interés de los historiadores. Esta renuencia a incluir la inmediatez obedece a que sigue siendo fuerte la identificación de la historia con el estudio del pasado, así como la convicción de que la comprensión cabal de un hecho sólo se produce cuando hay claridad sobre la terminación que provee de significación al fenómeno estudiado. Un buen ejemplo de esto último fue la designación como "corto" al siglo XX por Eric Hobabawm (1997). En síntesis, la historia contemporánea es una noción que se utiliza para designar un período histórico en cercanía con la actualidad, pero que, de ningún modo, es presente.

Otra noción que se utiliza en ocasiones para referirse al estudio de lo actual es la de *historia moderna*, porque como recuerda Giuseppe Galasso, por su etimología, moderno "es un adjetivo que se deriva del adverbio latino *modo*, que significa ahora e indica el tiempo presente. Historia moderna significa literalmente historia del ahora" (Galasso, 2008:4). Sin embargo, su utilidad es escasa porque moderno es un concepto que comporta un alta carga valorativa debido a que alude al desarrollo de la modernidad, presupone la construcción de ambientes institucionales modernos y se le confieren unas fronteras temporales tan extensas y dispares (a veces sus orígenes se remontan al siglo XVI y en otras a 1789 o 1776), que la actualidad nuevamente queda desprovista de significación.

La *historia inmediata* se refiere a una historia próxima al tiempo en el que tiene lugar la observación (Soulet, 2009). Es un enfoque muy cercano al periodismo investigativo que con gran elegancia desentraña la intríngulis de importantes acontecimientos, pero tiene el problema que sus análisis carecen de la densidad o de profundidad temporal con lo cual se desconectan de las grandes tendencias de la historia. Algo similar le ocurre a la *historia reciente* que se interesa por fenómenos ya concluidos y deja también en suspenso el análisis de la actualidad más inmediata.

Mejor suerte ha corrido la expresión *historia del presente* la cual ha interesado a un buen número de historiadores,[2] pero desgraciadamente en este caso tampoco se ha avanzado en precisar su contenido, pues siguen siendo dispares los marcos temporales reconocidos, porque para unos es simplemente la etapa más actual de la historia contemporánea, mientras que para otros comprende un lapso de tiempo como puede ser el último medio siglo y para los últimos se extiende a lo largo de una vida humana, ni se ha profundizado mayormente en dilucidar sus particularidades distintivas.

Por los problemas y lagunas que presentan las nociones anteriores, la experiencia investigativa me llevó a la convicción de que la manera más adecuada para definir la historia abocada al estudio del presente es la expresión historia del tiempo presente. Valga reconocer que esta noción tiene un claro sabor francés, país donde se ha utilizado profusamente, debido a que en 1978 se creó un instituto que comporta dicho nombre —*L'Institut de histoire du temps présent*— en sustituto del Comité de Historia de la Segunda Guerra Mundial. El nombre con el cual se dio a conocer tal instituto no fue producto de ninguna reflexión académica, ni de un enunciado preciso, ni derivó en una manera especial por entender aquella historia que se quería practicar sobre la actualidad. Obedeció, en lo fundamental, a circunstancias institucionales (Garcia, 2010:282), como fue la necesidad de procurar un claro distanciamiento con el comité anterior y también para guardar la debida distancia con otra institución que había sido creada de manera simultánea, la cual había recibido por nombre el de *Institut d'histoire moderne et contémporaine*. Con toda probabilidad, cuando sus fundadores se encontraban en la búsqueda de un nombre que distinguiera a este instituto de otros similares, se quiso hacer hincapié en el presente, debido a que en la tradición historiográfica francesa la contemporaneidad es entendida en un sentido extenso, con un origen que se remonta a 1789, y, por ello, era menester encontrar un título que tuviera una extensión temporal mucho más reducida.

La historia del tiempo presente, tal como la entiendo y la he venido practicando, comparte indudablemente muchos presupuestos con las perspectivas señaladas previamente en tanto que es una historia abocada al estudio histórico de lo actual, se interesa por el tiempo compartido, por el fluir (*current*) de la vida tal como acontece en la actualidad; es, en el fondo, una propuesta de estudio histórico con final abierto y cuyos marcos temporales variables

---

[2] Chaunu (1978); Ash (2000); Aróstegui (2004).

se organizan en torno al *presente histórico*, concepto que abordaremos en el cierre de este escrito.

Mantiene, al mismo tiempo, importantes diferencias: centra su atención en la ubicación del presente en el tiempo; presupone una organización conceptual y metodológica en el estudio del presente que rompe con la secuencialidad de la cronología, es deliberadamente inter o multidisciplinar y su contenido en parte se desprende del tipo de organización social que caracteriza a nuestra contemporaneidad. Dicho en pocas palabras, la historia del tiempo presente se interesa por inscribir el presente en las profundidades y espesuras del tiempo histórico, y ello hace que sea una empresa muy distinta de la historia contemporánea, actual, inmediata, reciente, del presente a secas, o del ejercicio periodístico. Para profundizar en su análisis realizaremos una breve digresión sobre sus tres conceptos constitutivos: la historia, el tiempo y el presente.

En las entrañas del concepto

Comencemos con el primero, la historia. Bien sabemos que no resulta fácil hablar de historia porque de entrada es un concepto que encierra un triple significado: es un proceso, a una sucesión de hechos, situaciones y acontecimientos sociales en el tiempo; constituye la narración, explicación o comprensión de situaciones ya ocurridas; y, por último, es un campo del conocimiento que se ha ido constituyendo para el estudio de las sociedades humanas en el tiempo. Entre sus particularidades se destaca que su naturaleza reposa en las tres acepciones del término, todos ellas entrelazadas, porque el proceso subsiste y sólo cobra existencia en la historia conocimiento; la narración sería imposible sin el enfoque que organiza la trama y el objeto y tampoco podría generarse ningún conocimiento de esta naturaleza sin aquellas huellas e indicios que ha dejado la actividad de los hombres en el tiempo. Lo anterior me lleva a considerar que por *historia* debe entenderse un tipo de conocimiento muy distinto de aquella concepción decimonónica, objetivista, positivista, que presumía que la disciplina era un saber científico que pronunciaba monólogos y que podía desestimar la condición de lugar (espacial e histórico) desde la cual se observaba, porque pretendía reconstruir fehacientemente la realidad que estudiaba.

Por *historia* puede entenderse aquel campo del conocimiento que estudia lo social a través de la interacción entre disímiles registros espaciotemporales y que se forja en la permanente interpenetración entre el observador y lo observado. Es un conocimiento de tipo reflexivo puesto que el presente interviene de manera dinámica de dos maneras: como principio y como finalidad de la historia.[3] Es origen en cuanto la temporalidad del observador interviene en la construcción, la valoración y la narración del pasado. La historia, de esta manera, representa una fuente inagotable de producción de conocimiento porque la multiplicidad de lecturas del pasado responde a la variabilidad de momentos presentes que realizan las correspondientes interrogaciones. El presente también interviene en ocasiones como finalidad de sí misma en la medida en que se produce conocimiento histórico para esclarecer aquellas situaciones que explican y que interesan a la respectiva contemporaneidad y que, a su manera, conducen a la historización del presente.

Sobre el tiempo, conviene recordar las palabras de Reinhart Koselleck, quien, en la introducción al libro *Futuros pasados*, sostiene que la pregunta sobre el tiempo histórico es una de las cuestiones más difíciles de responder, entre otras, porque las fuentes del pasado nos informan sobre "hechos y pensamientos, planes y resultados, pero no lo hacen de modo inmediato acerca del tiempo histórico" (Koselleck, 1993:13). Lo que sí resulta muy evidente es que cada vez es mayor la conciencia de que el tiempo ocupa un lugar central en el desciframiento de las particularidades de la historia.

Un pensamiento, que hoy podría ser calificado de convencional, era uno que se organizaba dentro de los parámetros de aquello que, de modo corriente, se ha entendido como la concepción newtoniana del tiempo, la cual consideraba la existencia de un tiempo vacío y homogéneo, cuya "presencia" transcurría con total independencia de los fenómenos naturales y sociales.

---

[3] En el caso de la historia del tiempo presente, la reflexividad se enriquece con el saber del mismo lector, porque, como sostuviera Timothy Garton Ash (2005:14), se ve enriquecida por el lector: "Cualquiera que escriba 'historia del presente' sabe que ésta deberá ser revisada a la luz de los acontecimientos. Dado que las cosas cambian constantemente, la experiencia de leer un libro de este tipo puede resultar menos satisfactoria que, pongamos por caso, ponerse cómodo y leer unos anales de la Roma clásica, pero también puede ser más interesante, puesto que aún es posible cambiar las cosas. Cuando usted lea el libro, sabrá más elementos de esta historia que yo en el momento de escribirla, ya sea porque tiene un conocimiento particular de alguna de las múltiples áreas de la política mundial en torno a las que hablo, ya sea por el mero hecho de conocer lo que haya pasado entre un momento y otro. Y, vitalmente, su propia voz política será parte de la historia que se está desarrollando. Usted influirá en el resultado, y por tanto en el modo en que los historiadores del futuro escriban sobre nuestro tiempo. Cuando lee detenidamente los anales de Roma clásica, está leyendo historia; aquí, está también escribiéndola".

Esta manera de entender el tiempo, que por desgracia sigue ocupando un lugar prominente dentro de la disciplina, ha llevado a que se le conciba como un fenómeno unitario, natural y uniforme. De este tipo de raciocinios se ha derivado la consideración de que el cometido principal de la disciplina consiste en narrar, interpretar y describir una amplia gama de acontecimientos, dinámicas y situaciones, los cuales, por razones cronológicas, se desplegaron dentro de las fronteras de un determinado intervalo, tal como se presenta en la imagen que se le brinda a los colegiales en los manuales de historia.

De este pensamiento naturalizado del tiempo se ha desprendido asimismo otra constante propia de la operación histórica: como se parte del supuesto de que el tiempo histórico progresa de manera continua, entonces, se infiere, no siempre de modo reflexivo, que de este orden cronológico pueden ser derivadas las causalidades explicativas de mayor envergadura. Para decirlo en palabras simples, puesto que el tiempo sería indivisible y se desplegaría de manera rectilínea, se deduce — implícita o explícitamente — que aquello que ocurre en el "antes" constituye parte de la explicación de aquello que sobreviene en el "después". La cadena argumentativa se organiza, de tal suerte, con base en el siguiente esquema cronológico: el acontecimiento => la causa => la exposición => la explicación => el nuevo acontecimiento, y así, sucesivamente.

Esta proclividad argumental se encuentra reforzada por el hecho de que, a la distancia temporal, el desenlace del evento es conocido, lo cual facilita la organización del análisis y de la exposición con el propósito de dar cuenta de lo que "efectivamente ocurrió". Siegfried Kracauer sobre el particular, escribió: "la aceptación acrítica del tiempo fluyente provoca el deseo de traducir en contenido la propiedad formal de un flujo irreversible; esto es, concebir el proceso histórico como un todo y asignarle a ese todo ciertas cualidades: podría imaginarse como un despliegue de potencialidades, un desarrollo e incluso un progreso hacia un futuro mejor" (Kracauer, 2010:176).

Este punto resulta muy relevante para nuestros propósitos porque esta secuencialidad no opera en el caso de la historia del tiempo presente porque el fin es desconocido, es decir, aún se encuentra abierto. Además, cuando se arranca con la suposición del carácter discontinuo y complejo que comporta el tiempo histórico, se está cuestionando la causalidad habitual a que nos había acostumbrado el historicismo, y, de suyo, se está proponiendo una concepción remozada de la historia y de la manera como deben ser interpretados el pasado, el presente y el futuro.

Con contadas excepciones no fueron los historiadores quienes renovaron el discurso del tiempo en la historia. La verdad es que por lo general los profesionales de la disciplina han sido bastante reacios a reflexionar sobre este tema, porque han dado por descontado su dominio. En realidad lo que ocurrió fue que el conjunto de las ciencias sociales y de las humanidades — la psicología, la filosofía, la antropología, la sociología, la historia, el arte —, en parte motivado por las nuevas pesquisas en la física subatómica, empezaron a interesarse de manera más reflexiva sobre la naturaleza del tiempo en la sociedade (Leduc, 1999).

Si uno quisiera proponer un denominador común de la mayor parte de las nuevas orientaciones por las que se encaminaron estas disciplinas, podría decirse que estas concepciones tendían a converger en torno a lo que podríamos denominar como un entendimiento "einsteinizado" del tiempo en la naturaleza, en la sociedad y en los individuos. Recojo con el término "einsteinizado" el hecho de que fue ganando audiencia la tesis de que el tiempo en la sociedad no podía seguir siendo entendido y representado como una condición natural y objetiva, sino como una manifestación interna a los mismos fenómenos sociales y a los individuos, que tiene cadencias múltiples, que su carácter es complejo, que sus expresiones son, desde luego, heterogéneas y, que en su desciframiento también participa el investigador.

Esta "einstenización" recusa la idea de la existencia de un tiempo único en la historia y en la sociedad, pone en duda el entendimiento del tiempo como un fenómeno superficial y "visible", pues reconoce que constituye un atributo intrínseco de cualquier fenómeno; con "einstenizado" se quiere reconocer un entrecruzamiento de variados ritmos, que se sobreponen, colisionan y entrecruzan (Jeanneney, 2001). Esta sentencia no solamente pone en duda uno de los principales procedimientos con los que cuenta cualquier operación histórica. Más importante resulta el hecho de que cuando se reconsidera la naturaleza del tiempo histórico se están controvirtiendo las bases mismas de la historia. De este entendimiento complejo del tiempo histórico se desprende que en la medida en que dejan de reconocerse las antiguas linealidades, las cuales, al quedar sometidas al entrelazamiento enrevesado de dinámicas sincrónicas y diacrónicas, llevan a que la causalidad termine adquiriendo un rostro complejo bajo la fuerza de la sincronicidad, los encadenamientos y las resonancias, lo que presupone un tratamiento metodológico particular.

Pasemos ahora a ver cómo entendemos el presente en la historia. Para agilizar el análisis, podemos valernos de un esquema que sobre este asunto propuso hace unos años el historiador estadounidense Stephen Kern (2005). Según su calificada opinión, los historiadores que han reflexionado sobre la condición del presente pueden ser divididos en tres grupos. El primero es aquel que ha asumido el presente en un doble sentido: por una parte, como una sucesión de eventos locales singulares y como una simultaneidad de múltiples acontecimientos cercanos y lejanos, por otra. Un buen ejemplo de esta concepción se encuentra en Timothy Garton Ash, para quien el presente es tanto una "fina línea, de apenas un milisegundo de longitud entre el pasado y el futuro" y constituye una condición temporal que se correlaciona con un pasado muy reciente y con los acontecimientos actuales (Ash, 2000:16).

Para el segundo grupo, la característica principal del presente radica en que representa una porción de tiempo entre el pasado y el futuro. Entre estos analistas se puede ubicar al historiador alemán Reinhart Koselleck, quien, en un comentado artículo, sugería distintas proposiciones sobre el presente, y recaba que una de las principales consiste en el entendimiento de este registro temporal como aquel punto de confluencia donde el futuro se convierte en pasado. Es decir, el centro de gravedad de esta concepción se localiza en el hecho de que el presente constituye "la intersección de tres dimensiones de tiempo, donde el presente está condenado a la desaparición". Sería, entonces, "un punto cero imaginario sobre un eje temporal imaginario" (Koselleck, 2001:116 y 117). Para autores de este grupo, en síntesis, la particularidad del presente consiste en ser un espacio de tiempo abierto en sus extremos a elementos del pasado (el espacio de experiencia) y del futuro (el horizonte de expectativas).

El tercer grupo interpreta esta condición temporal como duración y, en ese sentido, el presente es valorado fundamentalmente como un intervalo de tiempo de una extensión mayor que la instantaneidad (Kern, 2005:89). Un ejemplo claro de estos últimos es el historiador francés Fernand Braudel, para quien, "la búsqueda histórica debe forzar la puerta del tiempo presente. Lo paradójico estriba en que, para eso, el mejor medio me parece una zambullida en lo que he denominado la *larga duración* histórica" (Braudel, 1987:143, cursiva en el original).

De la tesis que avanzan los historiadores del primer grupo, quisiera rescatar la idea de que el presente constituye un registro temporal en el cual se despliegan los acontecimientos, cercanos y distantes. Me parece muy sugestiva esta tesis porque reconoce que el presente incluye la *concordancia*, la coetaneidad o la simultaneidad de acontecimientos desplegados en el espacio. Esta imagen resulta ser muy atractiva porque sugiere que el presente no sólo constituye un registro de tiempo que interpela directamente al observador, sino que también consiste en una determinada *extensión espacial*.

De tal suerte que una primera cualidad del presente cuando es pensado en el contexto de la contemporaneidad actual consiste en que constituye un dilatado régimen temporal y representa, al mismo tiempo, un tipo de espacialidad, donde coexisten y se sobreponen variados estratos de tiempo que convergen en la simultaneidad. Esta espacialidad sugiere que en el mundo actual el presente existe sólo en tanto que fenómeno singular, que subsume los variados presentes nacionales, locales, regionales, etcétera, dentro de sí (Baschet, 2018). Su fuerza y su sentido residen en su capacidad de "emitir señales", es decir, en vincular fenómenos entre sí y hacerlos entrar en resonancia.

De esto se desprende que para el presente contemporáneo la *sincronía* constituye una categoría histórica de primer orden. El presente actual, por tanto, es un registro de tiempo que dispone de una densidad diacrónica y sincrónica, de manera simultánea. Su volumen le da sustento a la tesis de que el mundo contemporáneo está asistiendo al nacimiento de una heterogénea sociedad global, puesto que la sincronización en torno al horizonte compartido exalta la diacronía de las trayectorias particulares.

Este asunto reviste la mayor importancia y creo que es una de las aportaciones mayores que se puede hacer para la comprensión de la contemporaneidad mundial que nos ha correspondido vivir. Resulta que reconocer una coexistencia de presentes dentro de un presente global pone en evidencia las arritmias que comporta la contemporaneidad en tanto que dichos presentes no son planos, pues también disponen de volúmenes diferenciados unos y otros; unos son más profundos y extensos mientras que otros son más ligeros y efímeros y todo esto salpicados por una gigantesca gama de grises intermedios.

Para una mejor comprensión de este asunto podemos recurrir a la imagen que brindara Albert Einstein en su teoría de la relatividad cuando sostenía que en ausencia de materia/energía, el espacio-tiempo es plano, pero cuando hay materia o energía el espacio-tiempo se curva y mayor será esta curvatura cuando mayor sea la densidad del fenómeno. Lo mismo ocurre con el presente global: tampoco es plano, sino que comporta múltiples ondulaciones y mientras más profundas y veloces sean, más se aproximan entre sí y mayor por tanto será la interacción entre ellas. Es decir, presente global y globalidad son fenómenos que en nuestro presente van de la mano.

De la segunda perspectiva, es decir, aquella concepción que sostiene que el presente representa un registro temporal abierto en los extremos a ciertos elementos del pasado y a otro tipo de conexiones que puedan establecerse con el futuro inmediato, se infiere que el presente comporta esencialmente una dimensión *diacrónica*, comprende una secuencia temporal, y que, por ende, los distintos registros temporales deben ser comprendidos en su propia cadencia. "Si todas las dimensiones de tiempo —ha escrito Reinhart Koselleck— están contenidas en un presente que se despliega, sin que podamos remitir a un presente concreto porque continuamente se escapa, entonces las tres dimensiones de tiempo tendrán que ser a su vez temporalizadas" (Koselleck, 2001:118). El presente, de esta manera, se encuentra abierto en los extremos: hacia el pasado, por los "espacios de experiencia" y hacia el futuro, por "el horizonte de expectativa".

Si estos registros temporales deben ser temporalizados, entonces, son asuntos variables en relación con el presente; se puede distinguir una pléyade de pasados y de futuros que orbitan en torno al punto fijo del presente. Este presupuesto lleva a sostener que, no obstante el presente hacia el cual propende la mayor parte de las sociedades actuales, la condición contemporánea sólo existe en conjunción con elementos del pasado y otros del futuro. Este vínculo con otros registros de tiempo conduce a la conclusión de que el presente no es sinónimo de actualidad, pues mientras esta última representa una coyuntura, en el sentido que usualmente la conciben los politólogos, economistas y comunicadores, en la cual prima la inmediatez, el tiempo corto y fugaz, el presente engloba una extensión diacrónica.

Cuando se sostiene que el presente es poroso en los extremos con ello se da cuenta de otra particularidad del mundo actual: el presente es dinámico, comporta distintas cadencias y velocidades, bajo el primado, eso sí, de cierta aceleración (Rosa, 2013). Mientras en la época moderna las transformaciones requerían de un intervalo prolongado de tiempo para que se materializaran (los cambios eran intergeneracionales), en el siglo XX se asistió a un sensible acortamiento (con transformaciones que se producían en el tránsito de una generación a otra) y, en nuestro presente, los cambios, las innovaciones y las novedades, muchas de ellas de tipo micro, pero que al ser nutridas en su número, producen en su conjunto grandes transformaciones, ocurren como máximo en el lapso de tiempo de una generación, cuando no varias veces durante ese mismo intervalo de tiempo.

La celeridad del presente queda gráficamente expuesta en la novela "Brothers" del escritor chino Yu Hua que muestra la vida de dos hermanos en el lapso de tiempo que va de la China de la Revolución Cultural (años sesenta del siglo XX) a la China actual y cómo en el transcurso de un puñado de décadas a sus connacionales y a él les correspondió vivir en mundos muy distintos: entre el maoísmo rigorista en la última década de vida del legendario "timonel", época "monocromática" de grandes carencias materiales y de un estricto control ideológico y rígida uniformización política y social, pasando por la China de Deng Xiaoping, cuyas intenciones fundamentales consistieron en el éxito económico del país, la atracción de empresas extranjeras, las mejoras en el bienestar material de la población y la "producción de bienes de lujo" para el mundo y, por último, la China "multicolor" del siglo XXI, de derroches y extravagancias, de imponentes mega ciudades erigidas en torno a inmensos rascacielos, grandes autopistas y trenes de alta velocidad, unas pujantes clases medias *consumidoras* de los bienes de lujo que el país produce y una sociedad en la que el partido y el dinero se disputan el gobierno de la población (Hua, 2013).

Siguiendo con el ejemplo del coloso asiático, puede señalarse que cuando un país crece al ocho o diez por ciento en promedio durante un prolongado lapso *el pasado se mantiene activo y latente en el presente,* lo cual asegura la conservación y reproducción de constantes históricas, tradiciones e idiosincrasias que participan de la construcción de la modernidad nacional como en la global. Como bien ha señalado Hans Ulrich Gumbrecht (2010:64-65), "El nuevo presente también se va ensanchando temporalmente cada vez más hacia atrás, y por este motivo se apropia de pasados que la cultura occidental parecía haber desechado hace bastante tiempo".

Así como hay distintas relaciones con el pasado, lo mismo ocurre con el futuro. El politólogo Dominique Moïsi (2009) ha sostenido que el no futuro se ha convertido en un rasgo consustancial de la experiencia actual de las naciones occidentales, en ambas orillas del Atlántico, donde tiende a prevalecer una cultura del miedo, situación propiciada en alto grado por el hecho de que, con la intensificada globalización, el mundo se ha vuelto *más contemporáneo y menos occidental,* con lo cual su anterior centralidad ha quedado comprometida y cada vez es menor el número de procesos que logran manejar a su discreción. Existen, empero, otras sociedades donde todavía se percibe el porvenir como la posibilidad de realización de su propia historicidad.

Finalmente, del tercer enfoque, que tiene, a nuestro modo de ver, la cualidad de ser una propuesta lo suficientemente abierta como para poder incorporar los elementos destacados de las otras dos concepciones, se puede subrayar la comprensión global del presente, debido a que se le entiende como *duración,* sustantivo, cuyo significado intrínseco alude a subsistir, permanecer, continuar siendo. El presente como duración designa un movimiento de transformación, constituye el ritmo de las cosas, representa un devenir, que arranca en un pasado presente, prosigue en un presente pasado, transita por el presente sin más, a secas, hasta que se sumerge en un futuro presente. Durante todo este transcurrir se van sintetizando elementos diacrónicos y sincrónicos.

A diferencia del concepto de tiempo que, en su acepción habitual, se descompone en intervalos simétricos y que por ese hecho no representa ninguna propiedad de las cosas, es un registro exterior a ellas, la duración es un atributo de la misma realidad social (Zarifian, 2001:95), es el tiempo de las "cosas", es una cualidad que por su prolongación se conecta con el pasado y el futuro; la duración es, en pocas palabras, un régimen de tiempo que expresa con su cadencia la cualidad de los cambios sociales e indica el *devenir* de los fenómenos en sociedad. La duración es, en el fondo, la expresión connatural, intrínseca, del tiempo histórico.

En resumidas cuentas, consideramos que el presente debe entenderse como duración, que incluye elementos de diacronía y de sincronía, no se ciñe a ninguna experiencia histórica en particular, presupone la existencia de múltiples estratos de tiempo, que corresponden a distintas experiencias históricas. En lugar de entender el tiempo como una sucesión es preferible la imagen que ofreciera en alguna ocasión Walter Benjamin cuando sostenía que el pasado es un régimen temporal que germina en conjunción con el presente; son simultáneos y no contiguos. Tal concepción de tiempo es bien distinta a las convencionales porque se encuentra distante de la concepción mecánica que ubica la causa en la anterioridad inmediata dentro de una cadena temporal, y es más hermenéutica pues apunta a una interpretación de los acontecimientos para descubrir su sentido más intrínseco.

El presente histórico

Llegado a este punto, inmediatamente surgen un par de interrogantes: ¿cómo se practica la historia del tiempo presente? Y ¿qué lapso de tiempo gobierna? Para intentar responderlas debemos volver sobre ciertas conclusiones y plantearnos un par de nuevos problemas. Sobre las reflexiones que adelantamos con anterioridad, una de las más complejas es aquella que presume que éste representa una unidad de tiempo, la fase superior o el estadio más próximo

HISTÓRIA DO TEMPO PRESENTE

del devenir plurisecular de la humanidad, perspectiva que de inmediato convierte al presente en una mera elongación temporal de dinámicas, procesos y evoluciones cuyas raíces se remontan a momentos lejanos.

La periodización que ha ganado mayor consenso entre los estudiosos de la contemporaneidad es aquella que supone que el presente corresponde a un espacio de tiempo cuyos orígenes se remontan a la particular coyuntura histórica de 1989, cuando sobrevinieron acontecimientos tan trascendentales como el desmantelamiento del sistema socialista europeo, el posterior derrumbe de la Unión Soviética, el fin del orden de la guerra fría y el debut de una nueva realidad planetaria u orden mundial que gravita en torno a la superioridad indiscutible que ejerce una mega potencia: los Estados Unidos de Norteamérica.

De más está decir que esta visión, pocas veces cuestionada y muy rara vez sometida al escrutinio por parte de los expertos, fue enaltecida en su momento por las clases políticas de los países centrales y por aquel sector de la academia que de manera más profesional se ha dedicado al estudio de los temas políticos e internacionales contemporáneos. De la conjunción de estos agentes y sus cosmovisiones fue consolidándose una mirada bastante precisa que ha enaltecido el papel de los cambios geopolíticos en calidad de armazón fundamentador de los tiempos nuevos. Cumplía también el rol de glorificar la recién estrenada "unipolaridad" del mundo en torno a Estados Unidos y resguardar así fuera un poco el debilitado lugar de Europa como escenario con cierta resonancia en la historia mundial. A ningún acontecimiento político, geopolítico o geoeconómico ocurrido con posterioridad al año-acontecimiento de 1989 se le ha reconocido una fuerza comparable a la que tuvo la caída del muro de Berlín y su simbología portadora de optimismo y bellas ilusiones (González Ferris, 2020), entre ellos el celebrado "fin de la historia". Ello explica el hecho de que hasta hoy al presente se le reconozcan unas fronteras temporales que cubren las tres últimas décadas.

Esta manera convencional de entender los tiempos actuales plantea numerosos problemas. Entre estos, quisiéramos destacar los siguientes: de una parte, ocurre que cuando el presente es entendido a partir de estos presupuestos, los elementos y las situaciones nuevas que han ido apareciendo en el intervalo de tiempo que separa el hoy de aquel momento germinal quedan irremediablemente inscritos dentro de estas tendencias generales del período y pareciera que son incapaces de empañar o de alterar el curso natural preestablecido. No debe extrañarnos, por tanto, que una situación de la envergadura de la pandemia del coronavirus, o como ocurrió con la crisis económica mundial que se inició en 2008, sea por lo general imaginada como una "torcedura" en el camino y se espera que una vez se superen sus impactos más inmediatos, más temprano que tarde, el mundo volverá a transitar por sus conocidos y desgastados rieles.

De la otra, cabe recordar que el *tempo* del pensamiento social se despliega *en ralentí*, lo que significa que, por regla general, el discernimiento de los fenómenos de las sociedades actuales va a la zaga del desarrollo de los procesos bajo estudio. Este desfase explica que la comprensión más o menos cabal tenga lugar cuando dichos fenómenos ya han madurado. Esta arritmia entre realidad y saber refuerza la proclividad por explicar el hecho consumado a partir del curso intrínseco de la historia, con lo cual su significación queda prisionera dentro de las grandes coordenadas del período.

Por último, como con acierto escribiera hace poco la socióloga Eva Illouz, "querer comprender el presente a la luz del pasado es, de cierta manera, eludir la responsabilidad que nos incumbe frente a este presente" y un proceder tal que busca en el pasado la clave de las cosas "impide comprender cuando un acontecimiento marca una ruptura radical. Me parece que nos encontramos en un momento en el que el pasado ya no puede alumbrarnos" (Illouz, 2019).

En síntesis, si la perspectiva recién descrita tiene por lo menos el mérito de aportarle un "sentido" de origen al presente, así este no siempre corresponda con su naturaleza intrínseca, no mejor suerte se corre cuando se opta por desvincular el presente del curso de la historia, porque se cae en un mar de confusiones, dado que las fosforescencias de los acontecimientos inmediatos, amplificados por la velocidad de la información en los medios de comunicación y las redes sociales, encandilan y no permiten discernir su intríngulis y hacen prácticamente imposible relacionarlos con aquellos movimientos subterráneos — *trends* — (invisibles a simple vista en la inmediatez) que son, por lo general, los grandes catalizadores de las situaciones y de los acontecimientos en curso.

Disociar el presente del pasado resulta más difícil de acometer en nuestros tiempos porque la atomización de la historia del mundo en una pluralidad de historias alcanzó un nivel tal, debido a los desfases entre los distintos registros y regímenes de tiempo, que de las remembranzas que tenemos de su unidad perviven como lejanos recuerdos. Para decirlo, en otros términos, si el primer procedimiento entorpece el entendimiento de los elementos de novedad que se presentan bajo el sol, el segundo ennoblece las novedades desconectadas del devenir, lo que obstaculiza la posibilidad de acometer una narración "común" del presente.

Debido a estas dificultades que produce el análisis del presente, se plantea la necesidad de recurrir a una perspectiva distinta, que procure evitar los equívocos de base que provocan los dos enfoques antes señalados. Para ello nos valdremos, al igual que lo hemos hecho en investigaciones anteriores, de una interesante propuesta interpretativa sugerida por el historiador inglés Geoffrey Barraclough, quien, en un célebre texto publicado en la década de los sesenta del siglo pasado, proponía un marco interpretativo y temporal de la contemporaneidad, espacio de tiempo que nosotros preferimos denominar el presente, y señalaba que éste surge cuando los fenómenos y situaciones característicos del momento en que se encuentra situado el observador, *asumieron por vez primera una fisonomía más o menos clara* (Barraclough, 2005:18).

Subyace a la tesis de este insigne historiador la idea de que el presente, en tanto que condición de tiempo, es un mapa topológico, no lineal, comporta duraciones y densidades y su extensión es variable en función del problema estudiado. Por densidad, entendemos su "espesor", porque es un registro de tiempo que engloba un sinfín de situaciones sociales sincrónicas, cada una de las cuales comporta elongaciones y grosores espacio temporales que les son propios. Por topológico, queremos denotar su relieve, sus protuberancias, escabrosidades, hendiduras y llanuras. La extensión temporal flexible es el resultado de que el presente constituye un espacio de tiempo cuyos contornos son móviles porque emanan de la diacronía y de los ritmos de los fenómenos y situaciones predominantes en el momento en que se encuentra situado el observador. De esta tesis se infiere que el presente no abarca un determinado número de años, lustros o décadas, sino que se expresa como duración, es decir, dispone de una extensión variable debido a la temporalidad (tiempo constitutivo del fenómeno) e historicidad de los fenómenos que engloba. A este presente con duración lo he denominado como el *presente histórico contemporáneo*.

Con base en estas premisas, considero que la densidad y la extensión temporal del presente histórico se definen a partir del discernimiento de aquellas dinámicas sustanciales que singularizan la coyuntura histórica en la que se encuentra el observador (en nuestro caso el año 2021). Dicho en otros términos, en contravía de la predilección por la sempiterna búsqueda "del ídolo de los orígenes", principal peculiaridad de las maneras tradicionales de hacer historia y de las concepciones comunes que de este campo del saber tienen los neófitos, la historización del presente toma como punto de partida la actualidad más inmediata a través de un discernimiento más o menos equilibrado de sus principales problemas, vicisitudes, situaciones y procesos. A continuación, en retrospectiva, estos fenómenos son analizados remontando el tiempo, del hoy en dirección del ayer, con el fin de allanar su o sus fuentes originales. Una vez que se ha alcanzado la coyuntura germinal, el análisis reconstruye la proyección temporal de este presente desde dicha coyuntura hasta el momento en que se encuentra el observador.

Este ir y venir por el marco cronológico resulta ser un ejercicio muy importante porque es el procedimiento por medio del cual pueden comprenderse las particularidades de los procesos históricos. Como enseña el historiador Jürgen Osterhammel, estos se desarrollan en el tiempo, pero difieren según si transcurren "de forma continua o discontinua, aditiva o acumulativa, reversible o irreversible, con el ritmo fijo o variable". Algunos son eminentemente diacrónicos y otros transversales. Otros se expresan como estructuras de repetición mientras hay también los que tienen un carácter único y transformador. De estos últimos, especial interés revisten los que se despliegan en campos separados pero cuyas repercusiones se hacen sentir en los otros, como, por ejemplo, los efectos ambientales sobre las estructuras sociales o las mentalidades sobre el comportamiento económico. Incluso cuando transcurren en paralelo suelen tener una relación mutua de "no simultaneidad" (Osterhammel, 2014:254).

El procedimiento reviste una alta importancia también desde otro ángulo: permite corregir los errores habituales en que incurren muchos de los análisis de los tiempos actuales, como son los "anacronismos", las valoraciones del pasado en función del presente o de éste en función del anterior y permite comprender las distintas disyuntivas en el desarrollo, se precisan los ciclos o rostros que ha adquirido el período, entendidos estos últimos como pequeñas variaciones dentro de un gran guión, y se reconocen los procesos que quedaron en suspenso, los cuales en ningún caso resultan menos importantes para la comprensión del presente. El hecho de que esta historia registre todo cuanto acontece significa que es más actualización que progreso, puesto que no sólo registra los avances, sino que también deja abierta las compuertas para que elementos de pasado puedan resignificarse en el futuro. Lleva a pensar igualmente que el lugar donde se ubica el historiador no es espacial, como lo han sugerido algunas corrientes posmodernas, sino que histórico y temporal.

Esta manera de interpretar la contemporaneidad nos muestra cuales son los atributos esenciales del presente y se evita, de esta manera, caer, en el sempiterno error, de imaginarlo como una simple proyección de la estructura temporal del pasado. Además, permite historiar las situaciones y acontecimientos que van modificando la fisonomía del presente y precisar como dichos cambios responden y se correlacionan con tendencias mayores de las sociedades.

En síntesis, las dos partes de este enfoque, que necesariamente tienen que ir entrelazadas, permiten visualizar las tendencias generales que prevalecen en el presente y sirven además para destacar las cualidades que posee que lo distinguen de momentos que puedan resultar semejantes en el pasado. Con ello podemos concluir que todo presente histórico es único e irrepetible, al igual que lo fueron y lo serán otros presentes históricos, previos y los que sobrevengan en el futuro.

Referencias

ARÓSTEGUI, Julio. *La historia vivida*. Sobre la historia del presente. Madrid: Alianza, 2004.

ASH, Timothy Garton. *Historia del presente*. Ensayos, retratos y crónicas de la Europa de los 90. Barcelona: Tusquets, 2000.

_____. *Mundo libre*. Europa y Estados Unidos ante la crisis de Occidente. Barcelona: Tusquets, 2005.

BARRACLOUGH, Geoffrey. *Guida alla storia contemporanea*. Bari: Laterza, 2005.

BASCHET, Jérôme. *Défaire la tyrannie du présent*. Temporalités émergentes et futurs inedits. París: La Découverte, 2018.

BECK, Ulrich. *La crisis de la sociedad global*. México: Siglo XXI, 2002.

BRAUDEL, Fernand. *Escritos sobre la historia*. Madrid: Alianza, 1987.

CHAKRABARTY, Dipesh. *Vivere e pensare nell'attuale pandemia*. Milán: nottetempo, 2020.

CHAUNU, Pierre. *El rechazo de la vida*. Análisis histórico del presente. Madrid: Espasa Calpe, 1978.

FAZIO, Hugo. *La historia del tiempo presente*: historiografia, problemas y métodos. Bogotá: Universidad de los Andes, 2010.

FRANKOPAN, Peter. *The new silk roads*. The present and the future of the world. Londres: Bloomsbury Publishing, 2018,

GALASSO, Giuseppe. *Prima lezione di storia moderna*. Bari: Laterza, 2008.

GARCIA, Patrick. Histoire du temps présent. En: DELACROIX, C. Et al. (Dir). *Historiographies*. Concepts et débats. París: Gallimard, 2010.

GIOVAGNOLI, Agostino. *Storia e globalizzazzione*. Bari: Laterza, 2005.

GONZÁLEZ FERRIS, Ramón. *La trampa del optimismo*. Como los años noventa explican el mundo actual. Barcelona: Debate, 2020.

GUMBRECHT, Hans Ulrich. *Lento presente*. Sintomatología del nuevo tiempo histórico. Madrid: Escolar & Mayo Editores, 2010.

HOBSBAWM, Eric. *Historia del siglo XX*. Barcelona: Crítica, 1997.

HUA, Yo. *Brothers*. París: Acte Sud, 2013.

ILLOUZ, Eva. L'invocation du passé met en jeu une vision morale de l'avenir. *Le Monde*, 18 jul. 2019.

JEANNENEY, Jean-Noël. *L'histoire va-t-elle plus vite?* Variations sur un vertige. París: Le Débat; Gallimard, 2001.

KERN, Stephen. *Il tempo e lo spazio*. La percezione del mondo tra Otto e Novecento. Boloña: Il Mulino, 2005.

KOSELLECK, Reinhart. *Futuros pasados*. Por una semántica de los tiempos históricos. Barcelona: Paidós, 1993.

_____. *Los estratos del tiempo*: estudios sobre la historia. Barcelona: Paidós, 2001.

KRACAUER, Siegfried. *Historia*. Las últimas cosas antes de las últimas. Buenos Aires: Las Cuarenta, 2010.

LAÏDI, Zaki. *Le temps mondial*. Bruselas : Éditions Complexes, 1997.

LEDUC, Jean. *Les historiens et le temps*. Conceptions, problématiques, écritures. París: Seuil, 1999.

MOÏSI, Dominique. *Geopolitica delle emozioni*. Le culture della paura, dell'umiliazione e della speranza stanno cambiando il mondo. Milán: Garzanti, 2009.

OSTERHAMMEL, Jürgen. *The transformation of the World. A global history of the nineteenth century*. Princeton: Princeton University Press, 2014.

ROSA, Harmut. *Accélération*. Une critique sociale du temps. París: La Découverte, 2013.

RUFELL, Lionel. *Brouhaha*. Les mondes du contemporain. París: Édition Verdier, 2016.

SASSON, Donald. *Sistemas mórbidos, anatomía de un mundo en crisis*. Barcelona: Crítica, 2019.

SOULET, Jean-François. *L'histoire immédiate*. Historiographie, sources et méthodes. París: Armand Colin, 2009.

TOOZE, Adam. *Crashed*. How a decade of financial crises changed the world. Londres: Penguin, 2018.

ZARIFIAN, Philippe. *Temps et modernité*. Le temps comme enjeu du monde moderne. París : L'Harmattan 2001.

Balanços historiográficos e contribuições da América Latina para a HTP

La historia reciente en Argentina: apuntes sobre un campo de investigación en expansión*

Marina Franco
Daniel Lvovich

En distintas latitudes, en las últimas décadas, se ha constatado el crecimiento de lo que ha dado en llamarse, según las diversas denominaciones nacionales, historia del tiempo presente, historia inmediata o historia reciente. Esta última es la más frecuente en Argentina, por la naturalización de una expresión que comenzó a usarse intuitivamente para designar una historia cercana en el tiempo. En otros países de América Latina — México o Brasil — se adoptó la fórmula "historia del tiempo presente", de influencia francesa. En cualquier caso, estas denominaciones definen y recortan trayectorias profesionales, campos de estudio y pertenencias institucionales con un perfil ya muy definido en muchos países.

El concepto de historia reciente refiere, por supuesto, al estudio de pasados próximos, aunque esta constatación no agota su definición. En diversos momentos se postuló que la cercanía en el tiempo resultaba un límite para la operación historiográfica, sea por la postulación de la necesidad de cierta distancia temporal como un requisito ineludible o por la constatación de la dificultad para acceder a los archivos necesarios para su estudio. Sin embargo, en la medida en que las y los historiadores han empleado diversas fuentes, incluidas con frecuencia las orales, y que se ha ampliado el universo de documentos disponibles, este último señalamiento ha perdido peso. Por su parte, en cuanto al distanciamiento, finalmente resulta menos relevante la consideración de una separación puramente temporal que la necesidad de una

---

* Este artículo es una versión modificada y actualizada de un texto originalmente publicado en *Boletín del Instituto de Historia Argentina y Americana "Dr. Emilio Ravignani"*, n. 47, 2017.

toma de distancia, una ruptura con el pasado — en el propio proceso histórico y en la conciencia de los contemporâneos — como condición esencial que permita la puesta en perspectiva histórica del passado (Traverso, 2007:81). En tal sentido, en Argentina, la "transición a la democracia", el juicio a los ex co-mandantes o aun la crisis de diciembre de 2001 pueden ser considerados como hitos simbólicos que implicaron cierta ruptura con los pasados considerados cercanos. Naturalmente, no por eso se agota el problema de la relación con el objeto estudiado, cuestión troncal y presente para cualquier período y tema.

Más allá de esto, en el caso argentino, la distancia temporal existente hoy con cualquiera de los momentos que se postulan como límite inicial del período considerado de "historia reciente" resulta más que considerable. En Argentina, se han discutido como hitos iniciales, las fechas de los golpes de 1995 o 1966, la de la insurrección obrera estudiantil de 1969 conocida como el "Cordobazo" o la del regreso al poder del peronismo en medio de una enorme ola de movilización popular y radicalización política en 1973, entre otras. Sin embargo, en otros países, esta distancia es mayor, por ejemplo en España, donde la historia del tiempo presente refiere a los procesos desarrollados allí en las décadas de 1930 ó 1940. Por otro lado, cabe aclarar que la distancia temporal no es un problema epistemológico para quienes hacen historia reciente desde otras tradiciones disciplinares como la sociología o la antro-pología, por lo tanto, debemos preguntarnos por la naturaleza efectiva de los obstáculos que se plantea la Historia como disciplina y el por qué de nuestras dificultades para lidiar con ellos. De hecho el carácter interdisciplinario es un rasgo central del campo que también permite interpelar las especificidades y las reticencias de la historiografía frente a objetos cercanos en el tiempo.

Ello nos conduce a un segundo elemento esencial y más relevante a la hora de definir las características actuales del campo. Entendemos que la historia reciente refiere a procesos históricos cuyas consecuencias directas conservan aun fuertes efectos sobre el presente — en particular en áreas muy sensibles como el avasallamiento de los derechos humanos más elementales, si con-sideramos el tipo de objetos más frecuentes de esta historiografía. Tal es el motivo por el que este tipo de historiografía surge, generalmente, en países que atraviesan o atravesaron situaciones de enorme violencia social o estatal -tales como contiendas bélicas o guerras civiles, formas de terrorismo estatal o violencia sobre una parte de la sociedad— que generan y demandas de los sectores afectados y que continúan vigentes como problemas del presente incluso muchas décadas después de ocurridos los acontecimientos. Por ello suele existir una estrecha relación entre esta manera de hacer historia y las demandas de justicia, los movimientos sociales que las sustentan y las formas de memoria social que contribuyen a configurar su identidad. Así, buena parte del impulso para la investigación y las preguntas que orientan a este campo encuentran su origen en este vínculo. Además, la memoria —entendida como las sucesivas y fragmentarias capas de significación que le otorgan diversos grupos a aquel pasado— se convierte en ocasiones en fuente y objeto de estudio a la vez. Dados estos motores de origen, se hace particularmente necesario afianzar la reflexión crítica y la vigilancia epistemológica de las y los historiadores acerca de los vínculos entre lo que se ha dado en llamar la cultura de la memoria y los intereses investigativos que orientan la tarea profesional.

Como causa y consecuencia de todo ello, la dimensión política del campo de la historia reciente está en el centro de las definiciones y la historia de la constitución del campo. Un vínculo que no solo es explícito sino consciente entre el objeto de conocimiento, la tarea de conocer y la búsqueda de ciertos objetivos éticos, como "verdad y justicia" en el caso argentino. Este espíritu, que podríamos llamar comprometido, muchas veces empático con determinados actores a los que se estudia y evidente también en la voluntad de muchos de convertir ese saber en un arma de intervención social, se presenta en tensión con el gesto crítico, el establecimiento de la necesaria distancia respecto de los actores a los que se analiza y de las políticas de memoria tributarias de esas identidades. Esta tensión constituyente entre empatía y distanciamiento emparenta a la Historia Reciente con otras tradiciones críticas de larga data, como la historia obrera, la historia social, la historia desde abajo, la historia de género.

En la Argentina, el campo de la historia reciente tuvo una marcada expansión a partir del cambio de siglo, con una acelerada institucionalización y una importante visibilidad.

Además de los motivos socio-políticos que mencionaremos luego, un factor fundamental de ese crecimiento fue la mejora en la financiación estatal para la investigación científica, y en particular la notable expansión de la cantidad de becas doctorales del Conicet — el organismo que en la Argentina reúne y financia la investigación científica —, así como la creación de nuevas universidades públicas. Ello permitió una mejora general de las posibilidades materiales para la investigación. Este proceso favoreció al conjunto del sistema académico y científico de la Argentina, pero repercutió especialmente en el campo de la historia reciente por el ingreso de nuevas generaciones jóvenes, menos implicadas directamente en el pasado reciente pero ideológicamente comprometidas con las demandas en torno al tema, que encontraron condiciones para su formación, graduación y profesionalización desde comienzos del siglo XXI. En poco tiempo, la historia reciente parece haber alcanzado un reconocimiento y legitimidad que unos pocos años antes resultaba difícil de imaginar.

Algunos indicadores pueden ser elocuentes para dar cuenta de estas transformaciones. Por ejemplo, la Facultad de Humanidades y Ciencias de la Educación de la Universidad Nacional de La Plata resultó pionera en este proceso asociada con la Comisión Provincial por la Memoria (CPM). En 2002 organizaron el "Primer Coloquio Historia y Memoria. Perspectivas para el abordaje del pasado reciente" y en 2006 una segunda edición de ese evento. Estos coloquios brindaron algunos de los primeros marcos académicos para las problemáticas de la historia reciente. La misma Facultad en asociación con la CPM puso en marcha en 2003 la Maestría en Historia y Memoria y en 2010 se creó la Maestría en Historia Contemporánea de la Universidad Nacional de General Sarmiento, especialmente centrada en la historia reciente. Asimismo, en muchas universidades del país se crearon importantes núcleos de investigación y formación de estudiantes en historia reciente, a escala nacional o local.

En el mismo período, se potenció la presencia de problemáticas de la historia reciente en el evento nacional de Historia en la Argentina — las Jornadas Interescuelas/Departamentos de Historia — y creció sistemáticamente el evento académico más representativo del campo: las Jornadas de Trabajo sobre Historia Reciente (JTHR), que se desarrollan regularmente desde 2003. A la vez, comenzaron a desarrollarse eventos académicos específicos enfocados en la historia reciente local, de género, del trabajo o el exilio.

En la cantidad de tesis de maestría y doctorado defendidas en diversas universidades, en las publicaciones en revistas académicas y en las temáticas de tesistas e investigadores del Conicet y otras agencias científicas la expansión del campo de la historia reciente resulta muy notable. Según el último relevamiento cuantitativo realizado en 2015, la producción profesional sobre historia reciente ocupa alrededor de un 20% de la producción historiográfica argentina, considerando tesis defendidas y comunicaciones en congresos.[1]

---

[1] Para un análisis cuantitativo detallado, ver Franco y Lvovich (2017).

En este marco, importantes editoriales comerciales crearon colecciones específicas en historia reciente, y entre ellas se destaca la colección "Entre los libros de la Buena Memoria", publicada por las editoriales de la Universidad Nacional de General Sarmiento y de la Facultad de Humanidades y Ciencias de la Educación de la Universidad Nacional de la Plata, dedicada a la publicación de libros digitales de libre acceso sobre temáticas de historia reciente y memoria sobre la base de tesis de maestría y doctorado.[2]

Los temas, los problemas, los textos

Proponer una mirada analítica sobre la historiografía argentina de la historia reciente es una tarea difícil debido a esta vertiginosa expansión de la última década. Aunque no contamos con cifras editoriales, probablemente sea uno de los campos más activos en cuanto al número de publicaciones, considerando que estas incluyen no sólo lo producido por historiadores e historiadoras sino también por especialistas de otras ciencias sociales, a lo que se suma una cantidad significativa de trabajos periodísticos y de relatos testimoniales. No es nuestra intención aquí desarrollar una exposición exhaustiva de lo producido,[3] sino más bien mostrar algunas líneas matrices de la evolución del campo, incluyendo una periodización general de ese proceso. Para ello, sólo ilustraremos el análisis con la mención de algunas obras de referencia, resultado de investigaciones sistemáticas ya concluidas y que constituyen aportes relevantes. Dadas las características de la producción, no haremos distinción alguna entre la disciplina de origen de los textos considerados, a menos que sea útil a los fines de nuestro análisis y para mostrar algunas derivas particulares.

Como se ha señalado, resulta imposible disociar la producción en historia reciente de los contextos políticos y memoriales y de los avatares en la esfera política, pública y judicial. Estos avatares han perfilado, orientado y limitado, con distintos niveles de percepción y reflexión sobre ello, las condiciones de producción y de enunciación de este campo intelectual. Así, han delimitado preguntas y preocupaciones académicas y soslayado otras, han detectado

---

[2] Ver: https://ediciones.ungs.edu.ar/libro_category/entre-los-libros-de-la-buena-memoria/.

[3] Existen algunos balances de la producción existente, aunque centrados en algún recorte temático específico y/o datan de varios años atrás. Cfr. Franco (2005:141-164); Cattaruzza (2008); Aguila (2008:9-27; 2012:62-76); D'Antonio y Eidelman (2013); Romero (2015). El balance más reciente y completo es Aguila et al. (2018).

silencios frente a los cuales reaccionó la producción y han reforzado otros olvidos, voluntaria o involuntariamente. En todo caso, si la producción historiográfica tiene una autonomía sólo relativa respecto al campo de la política, en el caso de la historia reciente esa brecha suele resultar más tenue, con el riesgo de que las y los investigadores no siempre acompañamos la tarea con una reflexión sobre las condiciones memoriales y políticas en las que surgen nuestras preguntas de investigación.

En la Argentina, la preocupación por los temas que hoy reconocemos como los motores de surgimiento del campo — el terrorismo de estado de los años setenta — es, en realidad, muy anterior y contemporánea a ese proceso. Antes de la actual expansión del campo, ese interés estuvo acaparado por la sociología, la ciencia política y la economía, con una marcada ausencia de la historia. Esta evolución ha sido similar en los cuatro países del Cono Sur con historias políticas y desarrollos intelectuales comparables, en buena medida porque las lecturas académicas estaban sujetas a un paradigma compartido en el cual — más allá de las variables nacionales —, los procesos eran percibidos en su dimensión estructural, regional e internacional. Así, en los años setenta, estos enfoques estuvieron vinculados a la preocupación por los procesos socioeconómicos, junto con el peso de procesos de dominación geopolítica como la presencia de Estados Unidos, que parecían explicar la emergencia del nuevo ciclo dictatorial en toda la región (Portantiero, 1977; O'Donnell, 1973). En la década del ochenta, la atención se dirigió al autoritarismo, las transiciones y las nuevas democracias desde un paradigma politológico que redescubría la autonomía de la política frente a las explicaciones de tipo estructural,[4] así como al estudio de las transformaciones profundas producidas por esos regímenes. En la Argentina, una preocupación esencial fue, además, la denuncia de las violaciones a los derechos humanos, que dio lugar a producciones específicas sobre el movimiento humanitario — vinculado a la fuerte atención epocal sobre los "nuevos movimientos sociales" (Jelin, 1985; Leis, 1987-1989) — y los primeros trabajos abarcativos sobre el sistema represivo y las consecuencias del terrorismo estatal.[5] En la década de 1990, se publicaron importantes trabajos politológicos sobre los partidos políticos, los militares y la problemática de la legitimación del régimen castrense, así

---

[4] O'Donnell, Schmitter y Whitehead (1988); Linz y Stepan (1996); Nun y Portantiero (1987); Garretón (1995); Lechner (1987).

[5] Corradi (1982-1983); Villarreal (1985); Duhalde (1989); Marín (1984).

como sobre aspectos de la transición (Yanuzzi, 1994; Acuña et al., 1995). La obra más abarcativa sobre el régimen instaurado en 1976, publicada en 2003, también es producto de politólogos (Novaro y Palermo, 2003).

Mientras los trabajos sociológicos y politológicos pioneros han devenido clásicos, aunque en ocasiones sus hipótesis hayan sido criticadas y se hayan propuesto otras, los estudios económicos permanecieron más estables. La trama de investigaciones que develaron el proyecto económico de la dictadura y sus resultados en términos de concentración del ingreso, endeudamiento, transformación del modo de acumulación y expansión del sector financiero y de los grandes grupos económicos no ha sido superada, en forma sustancial, en sus interpretaciones. Muchos de ellos han sido discutidos en algunas de sus hipótesis, pero el paradigma global que construyeron para entender las transformaciones de los años setenta permanece en pie.[6]

Un fenómeno paralelo fue, desde los años ochenta, la amplia producción periodística que ocupó un lugar significativo en el espacio público, desde el fin mismo de la dictadura, acompañando los avatares políticos y memoriales sobre el pasado reciente. En realidad, fue justamente la producción periodística la que supo responder a una demanda social concreta y creciente acerca de aquel pasado próximo. Todo el período postautoritario estuvo marcado por la aparición de obras de investigación periodística que plantearon, mucho antes que las ciencias sociales, ciertos aspectos del pasado reciente como objetos legítimos de interés y debate.

En función de estos datos, la primera constatación es que en el caso argentino no ha habido "periodo de latencia" para pensar el pasado reciente vinculado al terrorismo de estado, es decir, no ha habido un interregno en el cual el tema no fuera abordado por la investigación profesional o las preocupaciones públicas, como sucedió en Europa con otros procesos en algunos aspectos comparables al argentino (Lvovich, 2007). En efecto, eventos tales como los procesos de investigación y justicia a la salida de la dictadura (1983-85), y en particular el Juicio a los ex comandantes en 1985, contribuyeron a generar las rupturas necesarias para pensar el pasado. A la vez, las luchas políticas sobre ese pasado resultaron siempre motores del debate y de la preocupación intelectual, con una importante capacidad de movilización pública y social en torno a ello — lo cual constituye un dato diferencial importante para entender el caso argentino y también el desarrollo del campo—.

---

[6] Canitrot (1980); Schvarzer (1986); Aspiazu, Basualdo y Khavise (1986); Pucciarelli (2004).

Sin embargo, la historia — aquí sí nos referimos a la disciplina *strictu sensu* — fue la que tuvo mayores dificultades para pensar el pasado reciente como un objeto válido de conocimiento. A grandes líneas, hasta fines de la década del noventa la historiografía casi no incorporó ese pasado inmediato como horizonte de problemas históricos específicos y; sus objetos de atención especializada sólo llegar hasta las décadas de 1950 ó 1960.[7] Si bien algunas narrativas historiográficas ya habían incorporado el terrorismo de Estado o el ciclo de violencia política y social de los años setenta,[8] esta reticencia perduró hasta que, hacia fines de los años noventa, una serie de hechos sociales fueron dando espacio para algunos cambios en los discursos y representaciones sociales sobre el pasado dictatorial. Las confesiones militares sobre los llamados "vuelos de la muerte"[9] y las autocríticas de las cúpulas militares desde 1995, el surgimiento de la agrupación Hijos el mismo año, el retorno de las masivas movilizaciones en apoyo a los reclamos de las organizaciones de defensa de los derechos humanos a partir del vigésimo aniversario del golpe de Estado (1996), el desarrollo de los "Juicios por la verdad" en distintas ciudades desde 1998,[10] dan cuenta de esta transformación del clima político y cultural (Lvovich y Bisquert, 2008).

En forma paralela, en el ámbito intelectual fue tomando forma un campo temático particular que aportó una profunda renovación y dinamización en las formas de abordar el pasado reciente: *los estudios sobre memoria.* Muy fuertemente influido por procesos políticos y preocupaciones intelectuales de los países centrales — es el momento en que la Shoá se transforma en el tropos universal como lo define Andreas Huyssen (2000) — la emergencia de este campo en la Argentina estuvo ligada al contexto histórico posterior a

---

[7] Entre las excepciones, Falcón, 1996; y Pozzi (1988).

[8] Por ejemplo, Romero (1993); Halperín Donghi (1994). La incorporación del último medio siglo en las colecciones colectivas de historia argentina es más reciente, por ejemplo, *Nueva Historia Argentina* dirigida por Juan Suriano, en 2003 y su tomo IX: James (2003), y en 2005 el tomo X: Suriano (2005).

[9] Los "vuelos de la muerte" fueron un método de exterminio consistente en arrojar a los detenidos desaparecidos al mar desde un avión, para asesinarlos y eliminar sus cuerpos. En 1995 el ex marino Adolfo Scilingo relató su participación en dichos vuelos al periodista Horacio Verbitsky, quien publicó en base a esta confesión el libro *El vuelo.*

[10] Los Juicios de la Verdad se realizaron en la justicia para esclarecer la desaparición de personas durante el terrorismo de Estado. En el marco de restricciones que impedían juzgar a los responsables de los crímenes, el objetivo de estos procesos era esclarecer lo sucedido pero sin efectos penales de castigo.

los indultos y el intento de "reconciliación" con el pasado propugnado como política de Estado, bajo los gobiernos de Carlos Menem (1989-99). Así, los estudios sobre memoria estuvieron impulsados por un compromiso intelectual y ciudadano con las víctimas del terror estatal. En su desarrollo aportaron una reflexión clara y explícita sobre el lugar de la y el investigador en relación al pasado reciente y contribuyeron a reforzar una dimensión poco abordada por la historiografía argentina: *la mirada regional y comparativa.*[11] En buena medida, entonces, el campo de la memoria fue un estímulo importante para el acercamiento al pasado cercano como objeto histórico.

El albor del nuevo siglo se caracterizó, tanto en el caso argentino como en los países occidentales, por una "pasión memorialista". El discurso de la "memoria" comenzó a orientar un caudal creciente de políticas públicas y emprendimientos de la sociedad civil bajo el imperativo de "no olvidar". En la Argentina, esos años estuvieron marcados, además, por una auténtica "explosión" de las memorias de la militancia política y una repolitización general de las memorias sobre los años sesenta y setenta. Como señala Hugo Vezzetti, la apropiación política del tema por parte del Estado fue central para instalar un "nuevo régimen de memoria" postautoritario (Vezzetti, 2005:46-63). Desde luego, el cambio también estuvo vinculado con el lugar social que, material y simbólicamente, se abrió a las víctimas y protagonistas del pasado reciente desde el mismo aparato estatal a partir de 2003, con el gobierno de Néstor Kirchner (2002-07). Fueron cambios significativos la declaración de inconstitucionalidad y nulidad de las leyes que desde 1987 limitaban las posibilidades de juzgar delitos de lesa humanidad, la expansión de la persecución penal de las responsabilidades militares y civiles, el reconocimiento de la responsabilidad del Estado en la represión ilegal, la participación en altas funciones públicas de una gran cantidad de antiguos militantes políticos de los años setenta y la creación de una amplia variedad de sitios de memoria, entre ellos, el erigido en el predio de la Ex Escuela de Mecánica de la Armada. Muchos historiadores e historiadoras y especialistas de otras ciencias sociales tuvieron un rol fundamental en el diseño y la gestión de muchos de esos sitios de memoria, museo y archivos diseminados a lo largo del país, —como los de

---

[11] Los trabajos de Elizabeth Jelin, las investigaciones financiadas por el Social Science Research Council y la conformación del "Núcleo de estudios sobre memoria" en el Ides (Buenos Aires) fueron ámbitos de renovación de impacto regional. Cfr. Jelin (2002) y la colección de libros "Memorias de la represión", publicada por Siglo XXI España desde 1999.

La construcción y afirmación de un campo legítimo para la historia reciente

Rosario, Córdoba o La Plata—. Al mismo tiempo, profesionales de la historia y de otras ciencias sociales participaron como testigos de contexto o peritos en diversos juicios por crímenes de lesa humanidad en todo el país.

La construcción y afirmación de un campo legítimo para la historia reciente

Como señalamos, los indicadores muestran un crecimiento exponencial de la producción sobre el pasado reciente en los años 2000. La nueva explosión tuvo como disciplinas más dinámicas la historia, la antropología y la sociología, pero a ello se pueden agregar los múltiples acercamientos desde la ciencia política, la filosofía, el psicoanálisis, las artes y las letras, y en general todas las ciencias sociales, cuyos límites se difuminan en muchas ocasiones. Esto se apoyó en el incremento de los recursos materiales para la investigación, aunque la u mayor novedad fue la irrupción de la historiografía en ello.

En la Argentina y en muchos países de la región, desde que se conformó profesionalmente el campo de la historia del pasado reciente quedó asociado a la última dictadura militar y, luego, paulatinamente a los llamados "años setenta". Desde luego no hay razones epistemológicas para ello, excepto las urgencias políticas y ciudadanas que impulsaron el surgimiento del campo. Aceptando esta marca de origen y esta preocupación estructurante, la producción se movió en dos polos dominantes, primero alternativos y luego superpuestos: la dictadura y la violencia estatal, por un lado, y la radicalización política desde fines de los años sesenta y la violencia insurreccional, por el otro. Ello, a su vez, se articuló con mayor o menor énfasis con enfoques memoriales de estos temas. Al igual que para otros objetos y períodos de la historiografía, estas miradas implicaron un desplazamiento de las viejas preocupaciones estructurales de antaño y acompañaron los cambios del mundo intelectual bajo el impacto del posestructuralismo y el giro lingüístico. Así, las preocupaciones dominantes de la historia reciente suponen una fuerte atención sobre los sujetos, sus prácticas, experiencias, representaciones y la construcción de subjetividades e identidades.

Por otro lado, el énfasis en la dictadura, la represión estatal y la radicalización política supusieron la sobrerrepresentación de ciertos temas: el estudio de la militancia política y social estuvo inicialmente muy anclado en la historia de las organizaciones *armadas* y el estudio de la acción represiva clandestina, vinculada a los grandes centros de detención, la desaparición y sus denunciantes, los familiares y la lucha por los derechos humanos. Por varios años, ello tendió a escindir esa historia de los procesos históricos previos y a centrar la historia reciente en la *violencia política*.[12] En cuanto a la escisión temporal, solo muy recientemente, la historiografía comenzó a plantearse la necesidad de buscar lógicas explicativas de mediano y largo plazo.

En el caso de la militancia y las organizaciones insurreccionales, las inquietudes actuales se sitúan entre el balance crítico y la revalorizacion de las experiencias y proyectos políticos. Ello ha dado lugar a una producción amplísima que lentamente se desplaza hacia considerar más ampliamente una "nueva izquierda",[13] esto es, períodos más tempranos en el tiempo — los años cincuenta y sessenta —, los grupos no armados, otros actores no siempre de clases medias y urbanas, los abordajes de género y distintas geografías de la movilización política y social.[14] La preocupación por los fenómenos de radicalización política también impulsó el estudio de las derechas, nacionalistas y católicas y sus transformaciones a la luz de las interpelaciones del peronismo y los cambios de la Iglesia Católica.[15]

En el caso del estado dictatorial podría afirmarse que el objeto se ha complejizado para pensar el Estado represivo en sus muy diversas facetas, y ello ha permitido incluir otras víctimas y otros períodos, que muestran la permanencia de las prácticas represivas y sus distintos actores y lógicas locales.[16] Así, la fecha del golpe de Estado como referencia semiautomática de una experiencia histórica sustancialmente distinta y aislable del conjunto temporal se ha relativizado, y ello ha permitido inscribir el terrorismo de estado en procesos de más largo plazo (Pittaluga, 2008:81-111; Franco, 2012). La sofisticación y productividad de los estudios sobre la violencia represiva

---

[12] Entre las obras de referencia que preceden a la expansión del campo y que crearon agenda de investigación, puede citarse Calveiro (1998) y Vezzetti (2002). En cuanto al estudio de las organizaciones armadas, son trabajos pioneros: Gillespie (1998) y Pozzi (2001). Más recientemente: Lanusse (2005) y Carnovale (2011). Sobre el aparato represivo, véase: Águila (2008). Sobre los organismos de derechos humanos: Filc (1997); Da Silva Catela (2001); Alonso (2011); Tahir (2015).

[13] Véase el trabajo pionero de Tortti (1999:205-234), y Tortti (2014).

[14] Por ejemplo, Brennan y Gordillo (2008); Oberti (2014).

[15] Galván (2013); Donatello (2010); Cucchetti (2010) y los trabajos compilados en el dossier "Tacuara", *Entrepasados, Revista de Historia*, n. 38-39, 2013.

[16] Véase Longoni (2007); Garaño y Pertot (2007); D'Antonio (2016); Yankelevich (2004); Jensen (2007); Franco (2008); Izaguirre et al. (2009); Eidelman (2010); Servetto (2010); Franco (2012); Aguila y Alonso (2013).

ha alcanzado un gran desarrollo que se plasma en la creación de la Red de Estudios sobre Represión que ha publicado importantes obras colectivas de actualización (Aguila, Garaño y Scatizza, 2016; 2020).

Hay, además, otra pregunta antigua que ha adquirido una vigencia insistente: el problema de cómo pensar la dinámica entre el "consenso" a favor del orden dictatorial y represivo y las disidencias y resistencias, así como los efectos del miedo sobre diversos grupos sociales. Esta interrogación articuló buena parte de la reflexión intelectual más temprana sobre el terrorismo de Estado y en los últimos años se ha plasmado — aunque con cierta dificultad — en la investigación empírica.[17] Más allá del Estado como mero aparato represivo y del poder dictatorial como meramente destructivo, en los últimos años se han afirmado también los estudios que piensan el aparato estatal en su faceta productiva y como una articulación compleja de lógicas, agencias estatales y sujetos, pensando — para nuestro campo — la complejidad de las burocracias, los conflictos y las relaciones de poder que estructuraron la gestión estatal en todos los niveles de gobierno.[18] Vinculado con ello, también se desarrolla una creciente línea que estudia intelectuales, ideólogos y funcionarios civiles en las diversas vertientes ideológicas, en general conservadoras, católicas y/o liberales, que confluyeron en los gobiernos del período.[19]

Desde el punto de vista de la sociedad, en los últimos años se viene produciendo una complejización y dispersión de los actores estudiados, en general en tanto protagonistas, primero, de la movilización social y el desafío al orden de los años sesenta, y luego de la represión — sectores obreros, pobladores rurales, mujeres, grupos profesionales específicos — y en distintas geografías. Se han multiplicado los estudios sobre la historia de las y los trabajadores y del movimiento obrero, transitándose desde una historiografía concentrada en las preguntas por la resistencia o la inmovilidad obrera en la dictadura a un cuadro que más complejo y matizado de la experiencia obrera, con par-

---

[17] Cfr. Aguila (2008); Franco (2012); Lvovich (2009:275-299); Kahan (2014); Franco (2018); Lvovich (2020).

[18] Canelo (2008) y sus diversos trabajos sobre ministerios y municipalidades; Rodríguez (2012); Sarrabayrouse (2011); Villalta (2012).

[19] Sergio Morresi, "El liberalismo conservador y la ideología del Proceso de Reorganización Nacional", *Sociohistórica*, Nº 27, 2010; Martín Vicente, "Una opción en lugar de un eco. Los intelectuales liberal-conservadores en la Argentina, 1955-1983", Tesis Doctoral, UBA, 2014; Laura Rodríguez, *Católicos, nacionalistas y políticas educativas durante la última dictadura (1976-1983)*, Rosario, Prohistoria, 2011.

ticular preocupación por los sectores de trabajadores sin actividad política o que incluso que pudieron otorgar alguna forma de apoyo a la dictadura.[20] Pero también ha crecido notablemente el interés por una historia menos centrada en la política en su sentido clásico, y más interesada en la trama social y cultural del pasado reciente: así, los jóvenes como grupo social, la familia, diversas formas culturales de época —de la música al humor, la publicidad y la educación — conforman nuevos objetos de atención especializada.[21]

Las fronteras temporales que parecían cerrar la historia reciente con el final de la dictadura también se han abierto para ciertos temas, aunque su foco sigue siendo el terrorismo de Estado y cómo este es tratado desde el presente. Así, al calor de los procesos políticos del nuevo siglo, han prosperado estudios sobre los procesos judiciales, las políticas de Estado y de memoria, entre otras cuestiones.[22]

El relato canónico de los años ochenta centrado en la existencia de dos enemigos enfrentados se ha resquebrajado notablemente y ello ha permitido un nuevo interés por los actores civiles como partícipes, colaboradores y coautores del proyecto autoritario —empresarios, intelectuales, eclesiásticos, sindicalistas, miembros del poder judicial y medios de comunicación—. En particular, se ha renovado el acento en la dimensión económica del régimen dictatorial. Desde luego, este dinamismo recibió impulsos desde afuera del mundo académico y tuvo fuertes raíces en la centralidad de la política de derechos humanos del kirchnerismo y en su relación con los conflictos políticos del momento. También fue estimulado por la ampliación de la agenda judicial de derechos humanos y las políticas de algunas agencias del estado en relación con la desclasificación de documentos, que han puesto de relieve la participación de empresarios en la apropiación de bienes, el enriquecimiento ilícito, la connivencia con las autoridades militares y/o la directa autoría de hechos criminales. A su vez, esa agenda fue retomada por trabajos periodísticos de investigación que han contribuido a instalar el problema de la "complicidad" civil y un nuevo paradigma interpretativo en torno a la "dictadura cívico-mi-

---

[20] Entre muchos otros, Basualdo (2010); Lorenz (2013); Dicósimo (2006); Schneider (2006). Entre los más recientes enfoques, Bretal (2019); Negri (2020); Robertini (2019).

[21] Cosse (2010); Cosse, Felitti y Manzano (2010); Felitti (2012); Levín (2013); Carassai (2014); Manzano (2017).

[22] Por ejemplo, Crenzel (2008); Feld (2002); Galante (2018); Feld y Franco (2018); Balé (2018); Guglielmucci (2013); Andriotti Romanin (2013:5-22).

litar".[23] Una vez más, la agenda política y judicial dinamizó preocupaciones e intereses en el campo académico, aunque el fenómeno es aún incipiente y contamos con escasos trabajos universitarios acabados.

De modo simultáneo, el estudio de la historia reciente llegó a las aulas de la escuela secundaria a partir de la incorporación de sus problemáticas a las currículas escolares y la inclusión de fechas como el 24 de marzo en las conmemoraciones escolares. El propio proceso de enseñanza de la historia reciente es crecientemente estudiado no solo en sus facetas didácticas sino también en sus dimensiones políticas, identitarias e institucionales (González, 2014; 2019).

Por último, la expansión descripta en términos de la producción empírica fue acompañada de cierto esfuerzo por reflexionar epistemológica y metodológicamente sobre las características, alcances y dificultades del campo. En particular, han florecido las discusiones y debates en torno a la conceptualización de los fenómenos de violencia estatal mostrando una sofisticación analítica que establece diversas relaciones críticas con las categorías nativas.[24]

Perspectivas y vacancias (a modo de cierre)

Aunque puede sostenerse que los objetos de indagación se han ampliado y complejizado exponencialmente en las dos primeras décadas del siglo, las claves para pensar la historia argentina reciente en torno a la violencia política no se han modificado a un ritmo similar, a la vez que se ha reforzado la centralidad del par analítico sociedad movilizada/Estado represivo.

En relación a nuestras periodizaciones, si el tema privilegiado de la historia reciente argentina resulta ser el terrorismo de estado, la ruptura temporal en torno al 24 de marzo de 1976 — propia de los relatos posdictatoriales — se ha matizado. Así, el estudio de la represión legal o ilegal del Estado y las formas de movilización social se ha insertado en procesos previos y de más larga data. Aún queda mucho por hacer en ese sentido y, sobre todo, falta avanzar temporalmente hacia el presente y pensar los procesos sociales y políticos abiertos a

---

[23] Basualdo (2006); Verbitsky y Bohoslavsky (2013); Bohoslavsky (2015).

[24] Desde diversos lugares de enunciación, Catela y Jelin (2002); Carnovale, Lorenz y Pittaluga (2006); Oberti y Pittaluga (2006); Franco y Levín (2007). Sobre los debates, cfr. Feierstein (2007: cap. 1, p. 31-86); Vezzetti (2002); Scatizza (2016); Franco (2015); Alonso (2015).

partir de la posdictadura como objetos no reservados sólo a otras disciplinas, sino pasibles de ser abordados por la historia en sentido estricto.[25] Así, resulta necesario romper la ilusión de ruptura absoluta que la democratización de 1983 produjo en los relatos memoriales y académicos, como precondición para la reflexión sobre nuestras propias condiciones de producción como historiadores. En definitiva, se trata de insertar la dictadura en un *continum* histórico en cual, sin perder las marcas específicas que singularizan al período, la ruptura histórica no resulte el único organizador de preguntas y problemas. De la misma manera, solo de manera incipiente se ha comenzado a plantear la necesidad de superar la escisión explicativa entre la primera y la segunda mitad del siglo XX para pensar, entre otras cosas, también la historia reciente (Bohoslavsky y Franco, 2020; Lvovich, 2020).

También es preciso señalar que hay áreas casi completas de nuestro pasado reciente que continúan siendo poco exploradas en sus aspectos no ligados a la violencia política o sus herencias. Por ejemplo, sabemos muy poco aún de la historia política y social de los gobiernos de las décadas del cincuenta y sessenta (Galván y Osuna, 2014). Y, sin duda, estos vacíos se tornan casi totales si nos referimos a la historia posterior a 1983 no vinculada a la dictadura.

En lo relativo a la problemática de las delimitaciones espaciales y las escalas de abordaje, si bien se han multiplicado los estudios en diversas ciudades y regiones del país, aun es necesario profundizar en una compresión capaz de poner en cuestión las afirmaciones nacionales basadas en constataciones sobre el área de Buenos Aires. De hecho, también los estudios locales nos ayudan a pensar otras periodizaciones que dejan a la vista la necesidad de matizar el impacto real de los cortes institucionales en distintas dimensiones de la vida colectiva así como en las subjetividades de diversos actores.[26]

Como en otras áreas de nuestra historiografía, es preciso avanzar en la construcción de historias recientes en escalas transnacionales, internacionales y comparativas, capaces de integrar tramas más amplias y a la vez de dar cuenta de las especificidades argentinas sin naturalizarlas. Aunque se ha avanzado por ejemplo para estudiar la represión y las organizaciones armadas en sus dimensiones trasnacional, queda mucho por hacer, especialmente en

---

[25] Desde luego la sociología histórica ha abordado largamente las décadas posteriores, pero no así la historia, cuyas incursiones son asistemáticas o limitadas a obras de síntesis.

[26] Así ha quedado claramente expuesto en los casos de la provincia de Jujuy analizados por Ludmila Da Silva Catela (2001).

perspectiva comparativa. Estas tareas ganarían mucho con el trabajo colectivo y articulado entre equipos de investigación de diversos países (Slatman, 2011; Lastra, 2016).

En lo que tiene que ver con las perspectivas de análisis, consideramos que cierto predominio de la historia política debería complementarse mejor con los enfoques de la historia social y cultural. Resultará muy útil e iluminador analizar desde estas perspectivas actores y procesos diversos: iglesia, empresarios, trabajadores, actores rurales, sindicatos, entidades intermedias, vecinales, escuelas, clases medias y bajas, e incluso revisitar bajo esta óptica a las fuerzas armadas y a los actores vinculados a la represión.[27] En el mismo sentido, la dimensión étnica de muchos procesos sociales recientes permanece casi inexplorada para la historia reciente.[28] Aunque otras dimensiones como clase social, y especialmente género, han tenido avances muy significativos, también requieren seguir siendo exploradas en su interseccionalidad con lo étnico.

Otro de los ámbitos que requiere más estudio es las agencias estatales. Aunque se ha avanzado en este campo, es preciso multiplicar los estudios que den cuenta de sus cambios, pero también de la permanencia de las lógicas burocráticas y de las múltiples formas de interpenetración entre el Estado y la sociedad civil. Aun conocemos poco de las universidades, los Ministerios o las políticas públicas o los distintos niveles de gobierno. Incluso en temas que parecen sobreexplotados como la represión se requiere salir de los lugares más transitados para observar las burocracias estatales, las prácticas regulares que gobernaron diversas instancias y niveles represivos, las continuidades de muy largo plazo sin las cuales los fenómenos dictatoriales se tornan ininteligibles.

En otros términos, la historia reciente sobre la Argentina está en condiciones de descentrarse de los objetos iniciales que configuraron inicialmente su ámbito de desarrollo y avanzar más hacia otros espacios definidos de manera más amplia por un "régimen de historicidad" contemporâneo (Hartog, 2007). De manera aún más relevante: la historia reciente no sólo está en condiciones de superar sus propios límites temáticos de constitución, sino que debe avanzar en redefinir su relación con la politicidad de sus objetos. No se trata de desprenderse de esa politicidad y del compromiso ético que

---

[27] En relación con las Fuerzas Armadas hay un conjunto valioso de trabajos desde una clave más política, entre otros: López (1987); Canelo (2006); Sain (2010); Mazzei (2012); Badaró (2009); Salvi (2012); Pontoriero (en prensa).

[28] Son excepciones estudios como los ya citados de Ludmila Catela o los que dedicados al estudio de la experiencia campesina se detienen en el análisis de la cuestión étnica, como Vázquez (2020).

es inherente a la tarea intelectual –en particular sobre estos temas–, sino de ciertos encorsetamientos que imponen las actuales formas de pensar la historia reciente. Del pensamiento "políticamente correcto" a las agendas variables del Estado argentino, pasando por la agenda democrática y humanitaria de la posdictadura, bajo la cual fue tomando forma la historia reciente como ámbito profesional, diversos marcos han dado forma a los esquemas de interpretación y promovido u ocluido preguntas y orientaciones profesionales. El uso de nominaciones nativas como categorías analíticas sin una previa revisión crítica o las dificultades para poder abordar críticamente ciertos temas — como las responsabilidades de las organizaciones armadas o los conflictos y limitaciones del "movimiento por los derechos humanos"— forman parte, sin dudas, de estos no siempre percibidos condicionamientos.

Si en todas las áreas de la historiografía la reflexión sobre las propias condiciones de producción resulta de central importancia, para aquellos que tratan con los pasados que se resisten a pasar es ineludible. De esta operación — siempre precaria, dada la tensión fundante de nuestras preguntas —, dependerá, en buena medida, la orientación de nuestras potencialidades creativas para explorar las últimas décadas de nuestra historia.

Referencias

ACUÑA, Carlos et al (Ed.). *Juicio, castigos y memorias*. Derechos humanos y justicia en la política Argentina. Buenos Aires: Nueva Visión, 1995.

AGUILA, Gabriela et al. (Coords.). *La historia reciente en Argentina*. Balances de una historiografía pionera en América Latina. Buenos Aires: Imago Mundi, 2018.

_____. *Dictadura, represión y sociedad en Rosario, 1976-1983*. Buenos Aires: Prometeo, 2008.

_____. La dictadura militar argentina: interpretaciones, problemas, debates. *Paginas. Revista digital de la Escuela de Historia, UNR*, n. 1, p. 9-27, 2008. URL: http://paginas.rosario-conicet.gob.ar/ojs/index.php/RevPaginas/article/view/9. Consultado el: 20 abr. 2015.

_____. La historia reciente en la Argentina: un balance. *Historiografías. Revista de historia y teoría*, Zaragoza, 2012, p. 62-76.

_____; ALONSO, Luciano (Eds.). *Procesos represivos y actitudes sociales*. Buenos Aires: Prometeo, 2013.

_____; GARAÑO, Santiago; SCATIZZA, Pablo. *La represión como política de Estado*. Buenos Aires: Imago Mundi, 2020.

_____; _____; _____. *Represión estatal y violencia paraestatal en la historia reciente argentina*. La Plata: UNLP, 2016.

ALONSO, Luciano. *Luchas en plazas vacías de sueños*. movimiento de derechos humanos, orden local y acción antisistémica en Santa Fe. Rosario: Prohistoria, 2011.

_____. Sentidos y usos tras la palabra "genocidio" Argentina 1974-1983. *Sociales en debate*, n. 8, 2015.

ANDRIOTTI ROMANIN, Enrique. Decir la verdad, hacer justicia. Los Juicios por la Verdad en Argentina. *Review of Latin American and Caribbean Studies*, 2013, p. 5-22.

ASPIAZU, Daniel; BASUALDO, Eduardo; KHAVISE, Miguel. *El nuevo poder económico en la Argentina*. Buenos Aires, Legasa, 1986.

BADARÓ, Máximo. *Militares o ciudadanos*. Buenos Aires: Prometeo, 2009.

BALÉ, Cinthia. *Memoria e identidad durante el kirchnerismo*: la "reparación" de legajos laborales de empleados estatales desaparecidos. La Plata; Los Polvorines: UNLP-UNGS; 2018.

BASUALDO, Victoria. Complicidad patronal-militar en la última dictadura argentina: los casos de Acindar, Astarsa, Dálmine, Siderca, Ford, Ledesma y Mercedes Benz. *Revista Engranajes de la Federación de Trabajadores de la Industria y Afines (Fetia)*, n. 5 (ed. esp.), mar. 2006.

_____. Labor and structural change: shop-floor organization and militancy in Argentine industrial factories (1943-1983). Tesis (doctorado) — Columbia University, New York, 2010.

BOHOSLAVSKY, Ernesto; FRANCO, Marina. Represión, violencia estatal e historia en el siglo XX en el Cono Sur. *Boletín del Instituto de Historia Argentina y Americana "Dr. Emilio Ravignani"*, n. 53, 2020.

BOHOSLAVSKY, Juan Pablo (Ed.). *¿Ud también, doctor?* Buenos Aires: Siglo XXI, 2015.

BRENNAN, James; GORDILLO, Mónica. *Córdoba rebelde*. El Cordobazo, el clasismo y la movilización social. Buenos Aires: de la Campana, 2008.

BRETAL, Eleonora. *Obreros y obreras de Swift*: la época de los ingleses, la época de los militares y la época del cierre. Los Polvorines: UNGS, 2019.

CALVEIRO, Pilar *Poder y concentración*. Buenos Aires: Colihue, 1998.

CANELO, Paula. *El proceso en su laberinto*. Buenos Aires: Prometeo, 2008.

_____. *Entre la política y la técnica*. Las Fuerzas Armadas argentinas de la refundación a la prescindencia (Argentina, 1976–2001). Tesis (doctorado) — Universidad de Buenos Aires, Buenos Aires, 2006.

CANITROT, Adolfo. La disciplina como objetivo de la política económica. Un ensayo sobre el programa económico del gobierno argentino desde 1976. *Desarrollo Económico*, v. 19, n. 76, ene./mar. 1980.

CARASSAI, Sebastian. *Los setenta de la gente común*. Buenos Aires: Siglo XXI, 2014.

CARNOVALE, Vera. *Los combatientes*. Buenos Aires: Siglo XXI, 2011.

_____; LORENZ, Federico; PITTALUGA, Roberto. *Historia, memoria y fuentes orales*. Buenos Aires: Memoria Abierta, 2006.

CATTARUZZA, Alejandro. Los años sesenta y setenta en la historiografía argentina (1983-2008): una aproximación. *Nuevo Mundo Mundos Nuevos* [En línea], Debates, 2008. URL: http://nuevomundo.revues.org/45313. Consultado el: 20 abr. 2015,

CORRADI, Juan. The mode of destruction: terror in Argentina. *Telos*, n. 54, 1982-1983.

COSSE, Isabella. *Pareja, sexualidad y familia en los años sessenta*. Buenos Aires: Siglo XXI, 2010.

COSSE, Isabella; FELITTI, Karina; MANZANO, Valeria. *Los sesenta de otra manera*. Vida cotidiana, género y sexualidades en la Argentina. Buenos Aires: Prometeo, 2010.

CRENZEL, Emilio. *La historia política del Nunca Más*. Buenos Aires: Siglo XXI, 2008.

CUCCHETTI, Humberto. *Combatientes de Perón, herederos de Cristo*. Peronismo, religión secular y organizaciones de cuadros. Buenos Aires: Prometeo, 2010.

D'ANTONIO, Débora. *La prisión en los años 70*. Buenos Aires: Biblos, 2016.

_____; EIDELMAN, Ariel. Antecedentes y genealogía de la historiografía sobre la historia reciente en la Argentina. *Nuevo Mundo Mundos Nuevos* [En línea], 2013. URL: http://nuevomundo.revues.org/65882. Consultado el: 20 abr. 2015.

DA SILVA CATELA, Ludmila. *No habrá flores en la tumba del passado*. La Plata: Al Margen, 2001.

_____. *Pasados en conflictos*. De memorias dominantes, subterráneas y denegadas. En: BOHOSLAVSKY, Ernesto et al. Problemas de historia reciente del Cono Sur. Buenos Aires: UNGS — Unsam, 2010. v. I, p. 99-123.

_____; JELIN, Elizabeth (Eds.). *Los archivos de la represión*: documentos, memoria y verdad. Madrid: Siglo XXI, 2002.

DICÓSIMO, Daniel. Dirigentes sindicales, racionalización y conflictos durante la última dictadura militar. *Entrepasados*, año XV, n. 29, 2006.

DONATELLO, Luis Miguel. *Catolicismo y montoneros*. Religión, política y desencanto. Buenos Aires: Manantial, 2010.

DUHALDE, Eduardo Luis. *El estado terrorista argentino*. Buenos Aires: El caballito, 1989.

EIDELMAN, Ariel. *El desarrollo de los aparatos represivos del Estado argentino durante la Revolución Argentina, 1966-1973*. Tesis (doctorado) — Universidad de Buenos Aires, Buenos Aires, 2010.

ENTREPASADOS, Revista de Historia, dossier "Tacuara", n. 38-39, 2013.

FALCÓN, Ricardo. La resistencia obrera a la dictadura militar (una reescritura de un texto contemporáneo a los acontecimientos). Em: QUIROGA, Hugo; TCACH, César (Comp.). *A veinte años del golpe*. Con memoria democrática. Rosario: Homo Sapiens, 1996 [1982].

FEIERSTEIN, Daniel. *El genocidio como práctica social*. Buenos Aires: FCE, 2007.

FELD, Claudia. *Del estrado a la pantalla*. Las imágenes del juicio a los ex comandantes en la Argentina. Barcelona: Siglo XXI, 2002.

_____; FRANCO, Marina. *Democracia hora cero*. Buenos Aires, FCE, 2018.

FELITTI, Karina. *La revolución de la píldora*. Natalidad y política en la Argentina de los sessenta. Buenos Aires: Edhasa, 2012.

FILC, Judith. *Entre el parentesco y la política*. Familia y dictadura, 1976-1983. Buenos Aires: Biblos, 1997.

FRANCO, Marina. *El exilio*. Buenos Aires, Siglo XXI, 2008.

_____. *El final del silencio*. Buenos Aires: FCE, 2018.

_____. La noción de dictadura cívico-militar. En: FLIER, P. (Coord.). *Mesas de debate de las VII Jornadas de Trabajo sobre Historia Reciente*, La Plata: UNLP, 2015.

_____. Reflexiones sobre la historiografía argentina y la historia reciente de los años '70. *Nuevo Topo,* Revista de crítica cultural, Buenos Aires, n. 1, sept./oct. 2005, p. 141-164.

_____. *Un enemigo para la nación*. Buenos Aires, FCE, 2012.

_____; LVOVICH, Daniel. Historia reciente: apuntes sobre un campo de investigación en expansión. *Boletín del Instituto de Historia Argentina y Americana Dr Emilio Ravignani*, n. 47. 2. sem. 2017.

GALANTE, Diego. *El juicio a las Juntas*. La Plata; Los Polvorines: UNLP--UNGS, 2018.

GALVÁN, María Valeria. *El nacionalismo de derecha en la argentina posperonista*. El semanario Azul y Blanco (1956-1969). Rosario: Prohistoria, 2013.

GALVÁN, Valeria; OSUNA, Florencia (Comps.). *Política y cultura durante el "Onganiato"*. Nuevas perspectivas para la investigación de la presidencia de Juan Carlos Onganía (1966-1970). Rosario: Prohistoria, 2014.

GARAÑO, Santiago; PERTOT, Werner. *Detenidos-aparecidos*. Presas y presos políticos de Trelew a la dictadura. Buenos Aires: Biblos, 2007.

GARRETÓN, Manuel. *Hacia una nueva era política*. Estudio sobre las democratizaciones. Santiago: FCE, 1995.

GILLESPIE, Robert. *Soldados de Perón*. Los montoneros. Buenos Aires: Grijalbo, 1998 [1982].

GONZÁLEZ, María Paula. *La historia argentina reciente en la escuela*. Saberes y prácticas docentes en torno a la última dictadura. Los Polvorines: Ediciones UNGS, 2014.

_____. La última dictadura argentina en el aula: entre materiales, textos y lecturas. *História Hoje*, v. 7, n. 13, 2019.

GUGLIELMUCCI, Ana. *La consagración de la memoria*. Buenos Aires: Antropofagia, 2013.

HALPERÍN DONGHI, Tulio. *La larga agonía de la Argentina peronista*. Buenos Aires: Ariel, 1994.

HARTOG, François *Regímenes de historicidad*. Presentismo y experiencias del tiempo. México: Universidad Iberoamericana, 2007.

HUYSSEN, Andreas. En busca del tiempo futuro. *Los puentes de la memoria*, año 1, n. 2, dic. 2000.

IZAGUIRRE, Inés et al. (Comps.). *Lucha de clases, guerra civil y genocidio en la Argentina, 1973-1983*. Buenos Aires: Eudeba, 2009.

JAMES, Daniel (Dir.). *Violencia, proscripción y autoritarismo (1955-1976)*. Buenos Aires: Sudamericana, 2003. (*Nueva Historia Argentina* dirigida por Juan Suriano, tomo IX).

JELIN, Elizabeth. *Los nuevos movimientos sociales/2, derechos humanos-obreros*. Buenos Aires, Ceal, 1985.

_____. *Los trabajos de la memoria*. Buenos Aires: Siglo XXI, 2002.

JENSEN, Silvina. *La provincia flotante*. El exilio argentino en Cataluña (1976-2006). Barcelona: Casa América Catalunya, 2007.

KAHAN, Emmanuel. *Recuerdos que mienten un poco*. Vida y memoria de la experiencia judía durante la dictadura. Buenos Aires: Prometeo, 2014.

LANUSSE, Lucas. *Montoneros*. Buenos Aires: Vergara, 2005.

LASTRA, Soledad. *Volver del exilio*: historia comparada de las políticas de recepción en las posdictaduras de la Argentina y Uruguay, 1983-1989. La Plata; Los Polvorines: UNLP-UNGS, 2016.

LECHNER, Norbert *Cultura política y democratización*. Santiago: Flacso--Clacso-ICI, 1987.

LEIS, Héctor. *El movimiento por los derechos humanos y la política argentina/1 y 2*. Buenos Aires: Ceal, 1987-1989.

LEVÍN, Florencia. *Humor político en tiempos de represión*. Clarín 1973-1983. Buenos Aires: Siglo XXI, 2013.

LINZ, Juan; STEPAN, Alfred. *Problems on democratic transition and consolidation*. Southern Europe, South America, and post-communist Europe. Baltimore; London: The John Hopkins University Press, 1996.

LONGONI, Ana. *Traiciones*. Buenos Aires: Norma, 2007.

LÓPEZ, Ernesto. *Seguridad nacional y sedición militar*. Buenos Aires, Legasa, 1987.

LORENZ, Federico. *"Algo parecido a la felicidad"*. Buenos Aires: Edhasa, 2013.

LVOVICH, Daniel. Historia reciente de pasados traumáticos: de los fascismos y colaboracionismos europeos a la historia de la última dictadura argentina. En: LEVIN, Florencia; FRANCO, Marina (Comps.). *Historia reciente*: Perspectivas y desafíos para un campo en construcción. Buenos Aires: Paidós, 2007.

_____. La violencia dictatorial y la violencia estatal de largo plazo en el Cono Sur de Amèrica Latina: entre lo excepcional y lo habitual. *Historia, Questiones e Debates*, n. 68, ene./jun. 2020.

_____. Los que apoyaron: reflexiones y nuevas evidencias sobre el apoyo difuso a la dictadura militar en su primera etapa (1976-1978). *Anuario del Instituto de Estudios Histórico Sociales*, Unicen, Tandil, n. 35-2, dic. 2020.

_____. Sistema político y actitudes sociales en la legitimación de la dictadura militar argentina (1976-1983). *Ayer*, n. 75, 2009, p. 275-299.

_____; BISQUERT, Jaquelina. *La cambiante memoria de la dictadura militar desde 1984*: discursos públicos, movimientos sociales y legitimidad democrática. Buenos Aires: UNGS; Biblioteca Nacional, 2008.

MANZANO, Valeria. *La era de la juventud en la Argentina*: cultura, política y sexualidad desde Perón hasta Videla. Buenos Aires: FCE, 2017.

MARÍN, Juan Carlos. *Los hechos armados*. Un ejercicio posible. Buenos Aires: Cicso, 1984.

MAZZEI, Daniel. *Bajo el poder de la caballería*. El Ejército Argentino (1962-1973). Buenos Aires: Eudeba, 2012.

MORRESI, Sergio. El liberalismo conservador y la ideología del Proceso de Reorganización Nacional. *Sociohistórica*, n. 27, 2010.

NEGRI, Marina. *Vivir la fábrica*. Vida cotidiana y actitudes sociales de trabajadores y trabajadoras fabriles sin militancia explícita. Tesis (maestria) — Universidad Nacional de General Sarmiento, Los Polvorines, 2020.

NOVARO, Marcos; PALERMO, Vicente. *La dictadura militar (1976-1983)*. Del golpe de estado a la restauración democrática. Buenos Aires: Paidós, 2003.

NUN, José; PORTANTIERO, Juan Carlos (Eds.). *Ensayos sobre la transición a la democracia en Argentina*. Buenos Aires, Puntosur, 1987.

O'DONNELL, Guillermo. *Modernization and bureaucratic: authoritarianism*: studies in South American politics. Berkeley, 1973.

_____; SCHMITTER, Phillipe; WHITEHEAD, Laurence. *Transiciones desde un gobierno autoritario. América Latina*. Bueno Aires: Paidós, 1988.

OBERTI, Alejandra. *Las revolucionarias*. Buenos Aires: Edhasa, 2014.

_____; PITTALUGA, Roberto. *Memorias en montaje*. Escrituras sobre la militancia y pensamientos sobre la historia. Buenos Aires: El Cielo por Asalto, 2006.

PITTALUGA, Roberto. La memoria según Trelew. *Sociohistórica. Cuadernos del CISH*, n. 19, 2008, p. 81-111.

PONTORIERO, Esteban. *Reprimir y aniquilar*. Los orígenes del terrorismo de Estado en la Argentina (1955-1976). en prensa.

PORTANTIERO, Juan Carlos. Economía y política en la crisis argentina: 1958-1973. *Revista Mexicana de Sociología*, v. XXXIX, n. 2, 1977.

POZZI, Pablo. *Oposición obrera a la dictadura*. Buenos Aires: Contrapunto, 1988.

_____. *Por las sendas argentinas*. El PRT-ERP la guerrilla marxista. Buenos Aires: Eudeba, 2001.

PUCCIARELLI, Alfredo (Ed.). *Empresarios, tecnócratas y militares*. Buenos Aires: Siglo XXI, 2004.

QUIROGA, Hugo. *El tiempo del proceso*. Conflictos y coincidencias entre políticos y militares, 1976-1983. Rosario: Fundación Ross, 1994.

ROBERTINI, Camilo. *Quando la Fiat parlaba argentino*. Milán: Le Monnier, 2019.

RODRÍGUEZ, Laura. *Católicos, nacionalistas y políticas educativas durante la última dictadura (1976-1983)*. Rosario: Prohistoria, 2011.

_____. *Civiles y militares en la última dictadura*. Funcionarios y políticas educativas en la provincia de Buenos Aires (1976-1983). Rosario: Prohistoria 2012.

ROMERO, Luis Alberto. *Breve historia de la Argentina contemporânea*. Buenos Aires: FCE, 1993.

_____. La violencia en la historia argentina reciente: un estado de la cuestión. URL: www.unsam.edu.ar/escuelas/politica/centro_historia_politica/material/romero.pdf. Consultado el: 21 abr. 2015.

SAIN, Marcelo. *Los votos y las botas*. Buenos Aires: Prometeo, 2010.

SALVI, Valentina. *De vencedores a víctimas*. Memorias militares sobre el pasado reciente en la Argentina. Buenos Aires: Biblos, 2012.

SARRABAYROUSE, María José. *Poder Judicial y dictadura*. El caso de la Morgue. Buenos Aires: Del Puerto, 2011.

SCATIZZA, Pablo. *Un comahue violento*. Dictadura, represión y juicios en la Norpatagonia Argentina. Buenos Aires: Prometeo, 2016.

SCHNEIDER, Alejandro. *Los compañeros*. Trabajadores, izquierda y peronismo. 1955-1973. Buenos Aires: Imago Mundi, 2006.

SCHVARZER, Jorge. *La política económica de Martínez de Hoz*. Buenos Aires: Hyspamérica, 1986.

SERVETTO, Alicia. *73-76. El gobierno peronista contra las "provincias montoneras*. Buenos Aires: Siglo XXI, 2010.

SLATMAN, Melisa. Para un balance necesario: la relación entre la emergencia de la Junta de Coordinación Revolucionaria y el Operativo Cóndor. Cono Sur, 1974-1978. *Testimonios*, n. 2, 2011.

SURIANO, Juan (Dir.). *Dictadura y democracia (1976-2001)*. Buenos Aires: Sudamericana, 2005. (*Nueva Historia Argentina* dirigida por Juan Suriano, tomo X).

TAHIR, Nadia. *Argentine*. Mémoires de la dictadura. Rennes: Presses Universitaires de Rennes, 2015.

TORTTI, María Cristina (Dir.). *La nueva izquierda argentina (1955-1976)*. Buenos Aires: Prohistoria, 2014.

_____. Protesta social y "Nueva izquierda" en la Argentina del GAN. En: PUCCIARELLI, Alfredo (Comp.). *La primacía de la política*. Buenos Aires: Eudeba, 1999, p. 205-234.

TRAVERSO, Enzo. Historia y Memoria: Notas sobre un debate. En: FRANCO, Marina; LEVÍN, Florencia (Comps.). *Historia reciente. Perspectivas y desafíos para un campo en construcción*. Buenos Aires: Paidós, 2007.

VÁZQUEZ, Cristian. *Campesinos de pie*: la formación del movimiento campesino en Formosa. La Plata; Los Polvorines: UNLP-UNGS, 2020.

VERBITSKY, Horacio; BOHOSLAVSKY, Juan Pablo. *Cuentas pendientes*. Los cómplices económicos de la ditadura. Buenos Aires: Siglo XXI, 2013.

VEZZETTI, Hugo. Conflictos de la memoria en la Argentina. *Lucha Armada*, año 1, n. 1, dic./feb. 2005, p. 46-63.

_____. *Pasado y presente*. Buenos Aires, Siglo XXI, 2002.

VICENTE, Martín. Una opción en lugar de un eco. Los intelectuales liberal-conservadores en la Argentina, 1955-1983, Tesis (doctoral) — Universidad de Buenos Aires, Buenos Aires, 2014.

VILLALTA, Carla. *Entregas y secuestros*. El rol del Estado en la apropiación de niños. Buenos Aires: del Puerto, 2012.

VILLARREAL, Juan. Los hilos sociales del poder. En: AAVV. *Crisis de la dictadura argentina*. Buenos Aires: Siglo XXI, 1985.

YANKELEVICH, Pablo (Comp.). *Represión y destierro*. Itinerarios del exilio argentino. La Plata: Al margen, 2004.

YANUZZI, María de los Angeles. *Política y dictadura*. Rosario: Fundación Ross, 1996.

Memorias de violencia en América Latina: debates públicos y agendas académicas*

Eugenia Allier Montaño
Laura Andrea Ferro Higuera

Que la memoria es una cuestión que ha conllevado un gran interés social, político y académico en las últimas décadas es una aseveración banal. El tema tiene décadas siendo relevante en muchos países de Occidente. Desde los años 1960 comenzó el llamado *auge* de la memoria en Europa, con las memorias de la violencia étnica de la Segunda Guerra Mundial a través del Holocausto. A partir de ese momento, diversas memorias vinculadas con violencias étnicas, sociales y políticas recientes comenzaron a ser visibilizadas en el escaparate de los distintos espacios públicos nacionales y regionales: el Holocausto, las políticas genocidas en Ruanda, Kosovo, Bosnia, las violaciones de los derechos humanos en América Latina, la violencia de los regímenes socialistas del Este. La academia, pendiente de los temas sociales importantes, hizo eco de este interés y desde los años 1970 iniciaron los estudios de la memoria en Europa y luego en Estados Unidos. Es importante señalar que si bien múltiples memorias son debatidas en las distintas escenas nacionales, son sobre todo aquellas referidas a la violencia, y en particular las recientes (siglo XX), las que dominan las escenas nacionales e internacional.

Mucho se ha dicho sobre qué es la memoria, cuáles son sus vínculos y diferencias con la historia en sus formas de relación con el pasado. Asimismo, existe una gran cantidad de trabajos de caso sobre Europa y otros continentes, y de diversos países de Latinoamérica. Se han estudiado las memorias traumáticas de pasados recientes violentos (dictaduras militares y cívico-mi-

---

* Este artículo es resultado del proyecto de investigación "Hacia una historia del presente mexicano: régimen político y movimientos sociales, 1960-2010".

litares, regímenes autoritarios, conflictos armados internos, violaciones de derechos humanos) incluso desde el espacio público, el arte, la cultura, los medios audiovisuales. En fin, la producción académica sobre memoria crece exponencialmente, particularmente en lo referido a casos nacionales y sobre determinados pasados violentos. Sin embargo, no ocurre lo mismo con los balances sobre los trabajos académicos de memoria, en tanto historiografía o estados de la cuestión. Existen investigaciones al respecto, pero no son mayoría, mucho menos desde una visión regional, ya sea de América[1] o Europa.[2]

En este texto estudiaremos el proceso de consolidación pública y académica de la memoria en América Latina. En primer término, a través de un rastreo histórico del surgimiento del auge de la memoria como tema público: se trata de observar a nivel regional y por país cómo, cuándo y quiénes movilizan las memorias de violaciones de derechos humanos en Latinoamérica. En segundo lugar, y como campo paralelo al anterior, se estudiará el interés de las distintas academias nacionales y regionales por el estudio de las memorias. Al igual que en otras latitudes, la memoria es un tema que hace parte de la agenda política y académica de América Latina, por tanto, la producción relacionada es numerosa al ser una temática que sigue vigente en las agendas de investigación.[3]

Dos son los principales hallazgos. Primero, que los debates en torno a las memorias en los distintos espacios públicos de los países de la región están fuertemente vinculados con la violencia en el pasado reciente (al menos predominantemente). Segundo, que esas memorias debatidas están directamente ligadas con la producción académica: los países en los que inició el auge han sido también los que más han publicado sobre el tema. Además, las principales temáticas sobre la violencia política en Latinoamérica discutidas públicamente son las más investigadas en el campo de los estudios sobre la memoria.

En ese sentido, este texto se estructura en tres apartados. El primero estudia el surgimiento y desarrollo de memorias de pasados recientes en América Latina de manera regional. El segundo revisa la producción académica realizada sobre Latinoamérica desde la propia región. A partir de estos dos y a manera de conclusión, la última sección se dedica a encontrar los vínculos o

---

[1] Algunos dossiers se han organizado: Memoria, historia y testimonio en América Latina. *Revista Historia Crítica*, n. 40, 2010; y "Rethinking Latin American memories: trajectories of their study and construction. *Critical Reviews on Latin American Research*, v. 6, n. 2, 2017.

[2] Acuña et al. (2016); Gamiño (2019); Arboleda-Ariza, Piper-Shafir y Vélez-Maya (2020).

[3] Debido a las fuentes de consulta elegidas, el caso brasilero no está representado adecuadamente; un trabajo sobre su producción y vinculación con América Latina es una tarea pendiente y pertinente.

brechas entre los debates memoriales en Latinoamérica y la producción del campo de los estudios de la memoria en la región.

La violencia política en América Latina: el pasado debatido en los espacios públicos nacionales a través de ciclos y regiones de la memoria

La historia de Latinoamérica está signada por la violencia, las guerras, el sufrimiento y la resistencia. Todo el pasado, desde la Colonia, vive en las diversas memorias de las sociedades de América Latina. Sin embargo, entre los años 1960 y 1980, América Latina conoció un largo periodo de represión política, guerras civiles, dictaduras cívico-militares, regímenes autoritarios, conflictos armados, y la emergencia de organizaciones armadas y movimientos sociales. Por supuesto, hay excepciones, como Colombia, donde se trata de un presente casi continuo y que aún no está del todo alejado. O México, en donde aparentemente hubo un corte, pero la violencia ha iniciado un nuevo ciclo (Allier Montaño, Vicente y Granada, 2021).

Hoy el pasado de estos años convulsos está todavía en el centro de los debates nacionales de muchos países. Los enfrentamientos continúan, políticamente, a través de la apropiación y el dominio discursivo de ese pasado. Nombrar el pasado y hegemonizar una denominación se convierte en una forma de continuar la lucha de antaño y, de alguna manera, "ganarla".

A mediados de los años 1980 en el sur del continente comenzó una serie de transiciones a la democracia desde regímenes dictatoriales: Argentina, Uruguay, Chile, Brasil, Paraguay se unieron a lo que se conoce como la tercera ola de la democracia, junto con España y Portugal (Huntington, 1994). Cada una de estas transiciones tuvo causas y consecuencias diversas: el debilitamiento de los militares en Argentina, o consultas constitucionales para la continuación de los militares en el poder en Uruguay y Chile. Las diferentes transiciones conllevaron disímiles resoluciones de la cuestión de las violaciones de derechos humanos: en Chile se instituyó una ley de amnistía con cargos en el Senado para Augusto Pinochet; en Uruguay el "Pacto del Club Naval" supuso una amnistía implícita para los actores políticos en torno a los presuntos responsables; en Brasil también se instituyó una amnistía de facto; en Argentina en cambio se instauró la Comisión Nacional sobre la Desaparición de Personas (Conadep) en cuanto asumió el gobierno civil, y

HISTÓRIA DO TEMPO PRESENTE

poco después se materializó el "Juicio a las Juntas". Pese a las diferencias, el Cono Sur se convirtió en el epicentro de los debates memoriales en torno a los pasados recientes violentos, que iniciarían en los años 1980 y se intensificarían a mediados de los años 1990, cuando comenzaría un nuevo periodo en la lucha por verdad, justicia y memoria en la región luego de las amnistías en Argentina, Chile y el referéndum popular para no juzgar a los presuntos responsables en Uruguay (Allier Montaño y Crenzel, 2015). Las etapas en estas batallas por la memoria no han sido lineales ni similares para todos los países: algunas naciones han alcanzado importantes logros en materia de verdad y justicia, como Argentina (Crenzel, 2008), Uruguay (Allier Montaño, 2010), Chile (Stern, 2006), mientras otros han quedado rezagados, como Brasil y Paraguay (Roniger, 2015).

El siguiente ciclo de movilizaciones en torno a las memorias por la violencia en el pasado reciente se localizó en Centroamérica. Guatemala y El Salvador vivieron turbulentos conflictos armados internos entre los años 1960 y 1990. En ambos países se firmaron acuerdos de paz que permitieron el regreso a una cierta paz social y política. A partir de entonces comenzó a discutirse la necesidad de conocer la verdad, por lo que en las dos naciones se crearon comisiones de verdad en los años 1990. La cuestión de la justicia también se debatió, aunque en los últimos años se han alcanzado resultados muy magros.

Entre 1980 y el año 2000, Perú también vivió un dramático conflicto armado interno, con severos saldos en violaciones de derechos humanos sobre la población civil. Según la Comisión de Verdad y Reconciliación instalada algún tiempo después hubo cerca de 70 mil víctimas entre muertos y desaparecidos (Milton, 2015). A partir de ese momento inició el ciclo de la memoria en la región andina, pues en Colombia en 2005 habrían empezado con fuerza los debates en torno a la violencia, con un marcado tinte memorial, en torno a la cuestionada Ley de Justicia y Paz, aun cuando no había finalizado el conflicto armado interno iniciado en los años 1960 (Jaramillo, 2015; Mendoza, 2015).

México ha sido uno de los últimos países del continente en conocer un cierto auge en torno de la memoria. 2010 marcó un hito importante, vinculado con el Bicentenario de la Independencia y el Centenario de la Revolución. Poco tiempo después también comenzaron fuertes discusiones en torno a la violencia atribuida a la "guerra contra el narcotráfico", iniciada por Felipe Calderón en 2006. Los mas de 100 mil desaparecidos y 150 mil muertos de los últimos años son los que generan un debate sobre la violencia política, la violencia de Estado y la violencia delincuencial (Allier Montaño, Vicente y Granada, 2021).

Estos no son, sin embargo, los únicos países en los que la violencia se desenfrenó desde los años 1960: Haití, Nicaragua, Panamá, Venezuela, Ecuador, Bolivia, también vivieron dictaduras militares y conflictos armados internos. Sin embargo, pocos trabajos se les han consagrado que permitan conocer los ciclos de violencia y los de las memorias.

Tras revisar los ciclos de tiempo y regiones en torno a las memorias por las violaciones de derechos humanos en el pasado reciente, conviene revisar los temas y cuestiones que se han debatido. Por supuesto, la mayoría hace parte de la violencia política, la violencia de Estado por parte de los distintos regímenes militares y autoritarios a través de las distintas violaciones de los derechos humanos. Pero en estas violaciones, las memorias tuvieron jerarquías.

Importa señalar que en la mayoría de estos países el eje más importante de debate respecto a las violaciones de derechos humanos en el pasado reciente se ha constituido en torno a los desaparecidos, pese a que los mecanismos de represión privilegiados por cada país fue diferente: la desaparición forzada para Argentina, la prisión política para Uruguay, el asesinato político para Chile, las masacres en México y Colombia (Allier Montaño y Crenzel, 2015). Pero, en cualquier caso, para todos los países del área del Cono Sur, e incluso para muchos otros en América Latina, el centro de las discusiones sobre la violencia en el pasado reciente es la desaparición forzada. No es extraño que ello sea así, muchas son las causas de esta centralización.

En primer lugar, se trata de un tema que, en la mayoría de los casos, no ha sido resuelto, es decir, las y los desaparecidos no han sido localizados ni su suerte elucidada. Y esa no-clausura del tema pesa en los familiares y en la sociedad entera. Ligado a esto, algunos psicoanalistas explican que ciertas cosas no pueden considerarse caducas pese a cuestiones jurídicas (Viñar, 1997). A esta primera explicación, se anexaría una segunda conexa: la influencia de la jurisdicción internacional. Las diferentes legislaciones internacionales reconocen que la desaparición forzada constituye un delito imprescriptible y de lesa humanidad, cuyo daño perdura en tanto no se determine la suerte de la víctima, o el lugar donde se encuentra.

A esos dos aspectos se une el terror asociado a la desaparición forzada, cuyo objetivo y consecuencia es intimidar y aterrorizar a las personas directamente concernidas (los desaparecidos y sus familiares), y al conjunto de la población ya que se busca que una amplia parte de la sociedad conozca el hecho de violencia y sea tratado con "vergüenza". Es lo "impensable" del horror, eso que Freud (1919) llamó *das Unheimliche* ("lo ominoso", "la inquietante extrañeza"). Ignorar lo que ha ocurrido a 30 mil (Argentina), 200 (Uruguay), u 100 mil (México desde 2006) personas significa más que eso: implica que lo ominoso pesa sobre la sociedad en su conjunto haciendo parte de la vida cotidiana. En *Los alemanes*, Elias (1999) explica que cuando a determinadas experiencias traumáticas colectivas se les impide expresarse a través de la catarsis, se arraigan profundamente en la psique de los miembros de las sociedades provocando un gran daño. Estos estragos dificultan la vida en sociedad. Elias cree que se debe discutir el problema, como una cuestión de limpieza, para evitar traumas. Es un poco como en el psicoanálisis individual: hay que reconstruir la verdad a través del discurso para tener una nueva perspectiva de la vida. En este sentido, Ricoeur (2004) aseguró que el espacio público puede convertirse en el "lugar del psicoanálisis" para las sociedades.

Por si todo lo anterior no fuera suficiente, todavía queda la cuestión del duelo. Hay una gran dificultad para elaborar el duelo y aceptar que la persona desaparecida está muerta y que no regresará. Esto se puede observar en los testimonios de familiares de desaparecidos a lo largo de todo el continente: Argentina (Da Silva Catela, 2001), Uruguay (Allier Montaño, 2010), Chile (Stern, 2006), México (Vicente, 2019), El Salvador (Ocampo, 2018).

Entonces, a la pregunta de por qué las y los desaparecidos se han convertido en el tema central en distintos espacios públicos nacionales, podemos responder: porque no se ha obtenido respuesta ni esclarecido su suerte; porque es un delito permanente y continúa hasta que se conozca la suerte corrida por la persona; porque el derecho internacional tipifica esta forma de violencia de Estado; porque la desaparición es infame y permea a toda la sociedad; porque es imposible llorar sin una tumba.

Pero las violaciones a los derechos humanos en Latinoamérica en el pasado reciente fueron múltiples, además de las desapariciones forzadas hubo secuestros, asesinatos, masacres, tortura, prisión política, exilio, control político de la población, secuestros de menores entregados a nuevas familias. No obstante, no todas estas violaciones han tenido el mismo lugar en los debates memoriales en las arenas públicas nacionales.

Si los desaparecidos se han convertido en gran parte de los casos en el eje de los debates sobre el pasado reciente, junto a ellos se localiza el secuestro de menores y su entrega a nuevas familias, muchas veces vinculadas con el aparato represivo: en Argentina, Uruguay, Chile, e incluso en Guatemala y El Salvador. Afortunadamente, en algunos casos los menores han podido reencontrarse con sus familias biológicas (Ocampo, 2018; Allier Montaño, 2004).

En algunos países, como México, Colombia y Perú, las masacres en contra de población civil y jóvenes estudiantes se han convertido en eje de las discusiones públicas. En Colombia, el Centro Nacional de Memoria Histórica (CNMH) ha consagrado varios de sus informes a algunas masacres *ejemplares*.[4] En Perú han sido también las matanzas en contra de población civil las que han centralizado el debate. En México, en cambio, ha sido sobre todo la "matanza de Tlatelolco" del 2 de octubre de 1968 en contra del movimiento estudiantil la que ha opacado al resto de las violencias de Estado en el pasado reciente (Allier Montaño, 2021).

La prisión política, y la tortura que se vivió en algunos establecimientos militares y civiles (clandestinos o no), es un tema relativamente discutido en los espacios públicos de diversos países. Uruguay,[5] Brasil[6] y Argentina son muestra de ello: ahí se debaten las consecuencias de años de encierro en la salud física y mental, así como las secuelas de la tortura.

Sin embargo, hay un tema que ha sido poco discutido en los países pese que afectó a una gran cantidad de personas: el exilio político. En muchas naciones la población fue forzada a migrar por razones políticas y se ha atestiguado un relativo olvido de ello: Argentina (Jensen y Lastra, 2020), Uruguay (Allier Montaño, 2008), Chile, México (Allier Montaño, 2021). Ha sido más sencillo que el tema sea debatido en los llamados países refugio que en las naciones expulsoras. ¿Por qué? En un trabajo anterior pudimos comprobar que son múltiples las causas. Una tiene que ver con la "satanización" del exilio desde el momento mismo en que tenía lugar (por ejemplo, en algunas dictaduras se denostaba públicamente a los exiliados por "hablar mal del país desde el extranjero"). Aunado a ello, el arraigo de la creencia, más o menos generalizada (algo infundada) de que el exilio fue un camino de tranquilidad, satisfacciones, éxito. Por otra parte, este "olvido social" podría deberse a las fracturas de memoria ocurridas en conflictos armados internos, dictaduras militares y regímenes autoritarios. A ello se uniría la dificultad de crear "una memoria

---

[4] Las primeras publicaciones del CNMH se consagraron a: *La masacre de Trujillo* (2008), *La masacre de El Salado* (2009), *La Rochela. Memorias de un crimen contra la justicia* (2010), *Bojayá. La guerra sin límites* (2010), y *La masacre de Bahía Portete* (2010). La prioridad dada refleja la importancia en el tratamiento de la memoria respecto a otros temas del conflicto armado.

[5] Se documentó que durante la dictadura 5.925 hombres y 927 mujeres fueron prisioneros políticos (Rico, 2009).

[6] *Brasil: nunca mais* documentó la práctica sistemática de tortura, y dio cuenta de 17.000 víctimas (Arns, 1985).

compartida" por el hecho de que las vivencias fueron muy disímiles: si bien toda experiencia es, antes que nada, individual, en el caso del exilio hubo una divergencia migratoria (múltiples países de acogida) y temporal (diversos momentos de inicio y fin) (Allier Montaño, 2008).

En síntesis, el auge de la memoria en Latinoamérica ha tenido ciclos temporales y espaciales: Argentina, Chile, Uruguay hacia mediados de los años 1990; El Salvador y Guatemala poco después; Perú y Colombia a principios del siglo XXI; México unos años más tarde. En casi todos se debatió la violencia de Estado y la violencia política por parte de opositores a los regímenes políticos, centralizando los debates en torno a las personas desaparecidas forzadamente en la mayor parte de estas naciones, dejando al margen otras violaciones de derechos humanos: prisión política, tortura, exilio, control de la población civil, entre otros. No obstante, las masacres a población civil han sido eje de los debates en algunas naciones. La escucha alcanzada por los grupos de derechos humanos ha sido desigual en la región, y ha sido aún más disímil el alcance de la justicia (Allier Montaño y Crenzel, 2015).

Los estudios de la memoria en América Latina, una aproximación

Repasada brevemente la historia de los debates sobre las violencias en el pasado reciente en el espacio público en América Latina, queremos mostrar la investigación realizada para conocer el campo de los estudios de la memoria en la región. Así, describiremos la metodología seguida y luego, mostraremos y analizaremos los resultados obtenidos.

Para hacer un primer balance sobre la producción de memoria en América Latina, se hizo uso del portal "Sistema de Información Científica Redalyc. Red de Revistas Científicas de América Latina y el Caribe, España y Portugal", alojado por la Universidad Autónoma del Estado de México. Este sistema de indización alberga más de 1.400 revistas, de 691 instituciones de 26 países, y toma en cuenta a las publicaciones que mantienen un modelo sin fines de lucro. Su elección tomó en consideración que es una de las principales bases de datos de América Latina respecto a artículos científicos. Sin embargo, el caso brasileño, como se verá en los resultados, no estuvo tan representado debido al idioma en que se publican los artículos.

La búsqueda se desarrolló por cada uno de los países de la región, seleccionando aquellos registros que, con mención directa o indirecta, abordasen la cuestión de la memoria desde las ciencias sociales. Una vez seleccionados los registros, a partir de las referencias bibliográficas de los mismos se identificó la producción en formato de libro que ha sido referente en el campo temático. Con base en los resultados se construyó una base de datos, a partir de la cual se elabora la siguiente síntesis.

La construcción del campo académico

Los aspectos más importantes en la construcción de un campo de estudios son dos: tiempo y espacio. Es decir, cuándo surge y dónde nace. En primer lugar, veamos los años de publicación. La gráfica 1 muestra los libros y las revistas publicados desde 1985 hasta 2019. Como puede observarse, si bien en el periodo 1985-93 ya hubo publicaciones, éstas fueron mínimas y sólo referidas a libros. Muy parecida es la situación para los periodos de 1994-97 y 1998-2001. Y es que si bien los primeros trabajos sobre memoria comenzaron a realizarse a mitad de los años 1990, particularmente en Argentina y Uruguay, lo cierto es que el aumento en la producción sólo se reflejaría para el periodo 2002-05, cuando muchos jóvenes académicos, pertenecientes a una nueva generación, dedicaron sus tesis de doctorado a la temática, convirtiéndolas posteriormente en libros.[7] Ese crecimiento se mantuvo en los siguientes dos periodos: 2006-09 y 2010-13. Resalta sin embargo el periodo 2014-19, que presenta un descenso en la producción. Será importante revisar nuevas bases de datos y verificar si, en efecto, se trata de una tendencia, lo que debería permitirnos reflexionar: ¿se trata de un reflujo, es un estancamiento, es el inicio del agotamiento temático? No parece haberse llegado a un impasse en el campo de estudios: los seminarios, coloquios y talleres virtuales dedicados en 2021 en la región así lo prueban,[8] pero debe seguir estudiándose el punto.

---

[7] Ver: Feld (2004); Allier Montaño (2004); Kahan (2011); las ya citadas de Ludmila Catela y Emilio Crenzel, entre tantos más, muchos en el marco del proyecto de investigación de Jelin.

[8] En mayo el Núcleo de estudios sobre Memoria organizó el Workshop Virtual de Investigación en Memoria Social e Historia Reciente; y en febrero, el Centro Maria Sibylla Merian de Estudios Latinoamericanos Avanzados (CALAS) organizó la "Plataforma para el diálogo Memoria, Justicia y Paz en América Latina".

Gráfica 1
Frecuencia de libros y revistas publicados

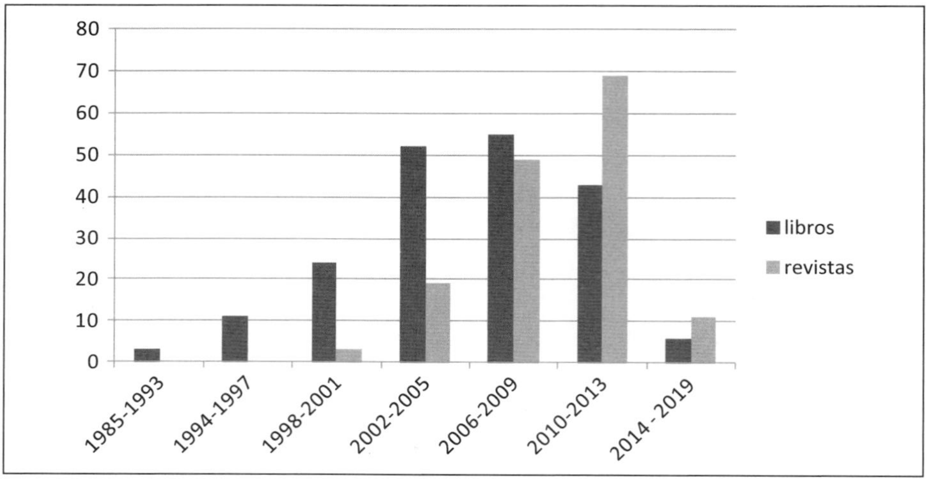

[Gráfica de barras mostrando libros y revistas por periodos: 1985-1993, 1994-1997, 1998-2001, 2002-2005, 2006-2009, 2010-2013, 2014-2019]

Fonte: Las autoras.

Como dijimos, la otra coordenada esencial para conocer los estudios de la memoria es la referida al lugar espacial: ¿dónde se publica? De manera general estos fueron los resultados de la base de datos en cuanto al lugar de producción de la literatura acerca de la memoria (gráfica 2).

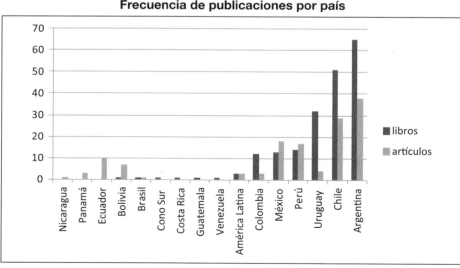

Gráfica 2
Frecuencia de publicaciones por país

Fonte: Las autoras.

Lo que se observa es que la producción se concentra en el Cono Sur. Sin embargo, en países con poca presencia en publicaciones de libros, juegan un papel más importante las publicaciones científicas en revistas. Los países centroamericanos están pobremente representados, pues la base de datos no incluye fuentes de Nicaragua, Guatemala, El Salvador, ni tampoco del Caribe a excepción de Cuba y Puerto Rico.

Respecto a la relevancia de temas, la gráfica 3 marca las tendencias de estudio. Para explicar cada uno de ellos, se construyeron bloques temáticos que se desarrollan a continuación. La literatura sobre archivo y enseñanza de la memoria fue excluida de esta síntesis.

Gráfica 3
Frecuencia de temas en las publicaciones

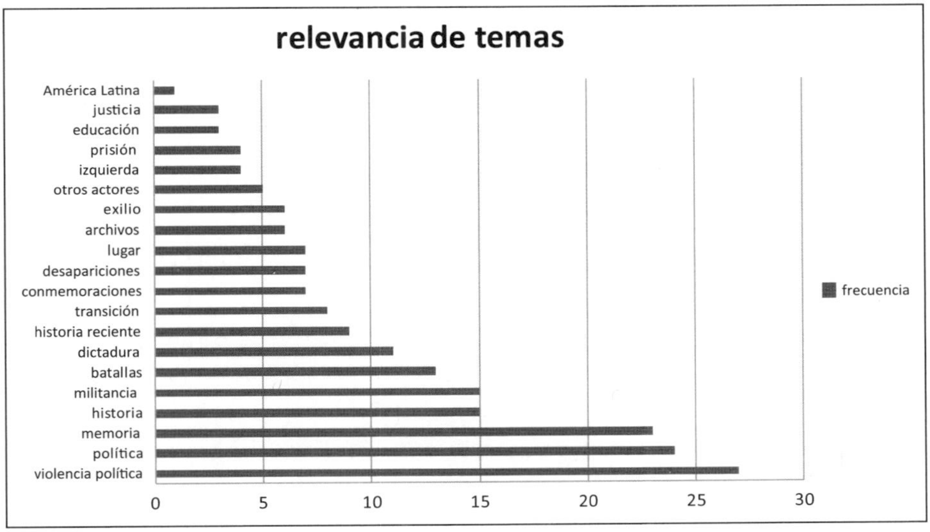

Fonte: Las autoras.

La memoria como campo académico y sus vínculos con la historia

En primer lugar, se pudo identificar la fuerza que ha tomado la memoria como campo interdisciplinar de las ciencias sociales. En segundo término, hay que indagar en las temáticas abordadas. Uno de los primeros temas emergentes en los registros es justamente la constitución y definición de la memoria como campo de estudio. En ese sentido, hay abundante literatura sobre la memoria, su conceptualización y sus características. Al respecto, localizamos algunos textos ya clásicos como el de Jelin (*Los trabajos de la memoria* de 2002), el de Sarlo (*Tiempo pasado: cultura de la memoria y primera persona* de 2005) y el de Rossi (*El pasado, la memoria, el olvido* de 2003);[9] de hecho, son tres de las obras más citadas en América Latina. A ellas se suman una serie de expertos que han discutido temas relacionados con la memoria como: testimonio, pasado, tiempo, duelo, olvido, recuerdo, y los desafíos a los que se enfrenta la memoria como campo de estudio. En este rubro sobresalieron las obras de Richard, como *Políticas y estéticas de la memoria* (2010), así como el artículo de Meyer "Desconstrucción de la memoria, construcción de la historia" (2018).

Si bien la mayoría de esta producción es originaria del Cono Sur, principalmente de Argentina, Chile y Uruguay, es preciso notar que países como México, Perú, Ecuador y Colombia cuentan con publicaciones científicas relevantes respecto a estos debates. Resalta el hecho de que Ecuador, pese a que tiene pocas publicaciones respecto a otros países, cuenta con literatura acerca de los usos ambiguos de la memoria, el entrecruzamiento de la historia y la escritura de memoria.

Otro tema abordado se refiere a los estudios metodológicos, tales como el manejo de las fuentes orales, reflexiones sobre la escritura de la memoria, aproximaciones a las ventajas y límites del uso de la memoria y, por último, guías para la construcción de ejercicios para recordar. Vale la pena mencionar que el libro *Los estudios sobre la memoria y los usos del pasado: perspectivas teóricas y metodológicas*, compilado por Menjivar Ochoa en 2005, es uno de los más citados.

Además, es preciso decir que existe una amplia bibliografía en la región sobre la reconstrucción de micro procesos o acontecimientos históricos locales con base en metodologías de historia oral y el uso aplicado de la memoria. Estos textos no fueron incluidos en la investigación que realizamos ya que se buscaba encontrar tendencias de la producción bibliográfica de la memoria y no de la historia oral. Sin embargo, algunos de los asuntos reconstruidos por estos estudios se recogen en las diferentes formas de violencia política que se abordan más adelante.

Como ya se mencionó, buena parte de la bibliografía sobre el campo de estudio de la memoria investiga su relación con la historia, particularmente

---

[9] Rossi es italiano pero la obra referenciada fue publicada en Buenos Aires y es citada numerosas veces.

desde dos tendencias: una que aborda su tensa relación; y otra que documenta la reconstrucción de hechos históricos nacionales a partir de la irrupción de la memoria y las fuentes orales. A pesar de sus diferencias, las dos tendencias abonan a la consolidación de la memoria como campo de análisis y reconstrucción de hechos históricos recientes (en general posteriores a la mitad del siglo XX), y atestiguan la conquista de la memoria en el campo historiográfico. Además, en estos registros emerge el vínculo entre la memoria y las configuraciones nacionales.

La principal fuente de producción se localiza en Argentina, Chile, Uruguay, Perú, México y Colombia. Dos libros argentinos fueron citados en numerosas ocasiones: *Los males de la memoria. Historia y política en la Argentina* de Qautrocci (1995); e *Historiografía y memoria colectiva*, coordinado por Godoy (2002). Desde Chile, fue posible identificar: *De la memoria suelta a la memoria emblemática: hacia el recordar y el olvidar como el proceso histórico (Chile 1973-1998)* de Stern (2000); y *Memoria para un nuevo siglo: Chile, miradas a la segunda mitad del siglo XX*, compilado por Garcés (2000). Para el caso uruguayo, el libro más referido fue *Historia contemporánea del Uruguay: de la colonia al siglo XXI* de Caetano y Rilla (2005). La producción localizada de Perú, México y Colombia comprende exclusivamente artículos científicos y sigue las tendencias descritas al inicio de la subsección.

Por último, dentro de la consolidación del campo de estudio sobresale la relación de la memoria con la historia reciente o del presente. En los registros sistematizados muchos la hicieron explícita, expresión del posicionamiento de la historiografía del presente en el ámbito académico de la región y en los estudios sobre la memoria. Los textos más citados en este sentido fueron *Problemas de historia reciente en el Cono Sur,* compilado por Bohoslavsky, Franco, Iglesias y Lvovich (2010); *Recordar para pensar-memoria para la democracia. La elaboración del pasado reciente en el Cono Sur de América Latina*, editado por Medalla, Peirano, Ruiz y Walch (2010); *Historia reciente. Historia en discusión*, compilado por Rico (2008); y *Entre historias y memorias. Los desafíos metodológicos del legado reciente de América Latina*, compilado por Stabili (2007).

Estas publicaciones hablan de la consolidación de la historia reciente en tanto campo historiográfico (Allier Montaño, 2018). Dentro de los textos de las compilaciones y los artículos referidos fue posible ver que algunos de los temas recurrentes son: discusiones sobre la identidad del presente como parcela historiográfica, retos metodológicos de la historización del pasado vivo, y su relación con demandas políticas y sociales.

Lo político y el poder: batallas por la memoria

Otro gran tema sobresalió en la revisión bibliográfica: aquello que se considera lo político dentro de las memorias. En éste resalta el carácter no-neutral de los recuerdos, las diferentes maneras de reconstruir el pasado y las formas de memoria que ganan reconocimiento y legitimidad o se silencian y desconocen. Tres fueron los subtemas emergentes.

En primer lugar, la construcción de representaciones, imaginarios y discursos, principalmente en lo referido a etapas históricas — por ejemplo, las dictaduras —, figuras representativas de las militancias del Cono Sur durante las décadas de 1960 y 1970, partidos o grupos políticos (armados o no) y grupos estudiantiles. Para su estudio recurrentemente son utilizadas como fuentes programas televisivos, fotografías, películas, consignas, panfletos, entre muchos otros.[10] El uso de éstas refleja uno de los grandes aportes de la memoria y los estudios del presente histórico: la contribución metodológica a través de fuentes primarias no utilizadas anteriormente en la historia, su sistematización y análisis, por ejemplo, fuentes digitales, de video y de internet (Vilchis, 2020).

El segundo, referido a los usos del pasado en acontecimientos, eventos del presente y contiendas electorales. De esta manera, sobresalen algunos trabajos del Cono Sur asociados con el uso del pasado por parte de los exmilitantes que lograron llegar al Poder Ejecutivo. Así, destacan los casos de Uruguay y Argentina, respecto al uso de las militancias de los años 1960 y 1970, por parte de José Mujica y Néstor y Cristina Kirchner.[11] Además, Colombia también protagoniza un lugar de producción respecto a este tema, en el que se destacan trabajos sobre grupos insurgentes de finales del siglo XX y la participación política de grupos estudiantiles.[12]

---

[10] Se refirió el trabajo compilado por Tcach y Romero, *La política en consignas. Memoria de los setenta* (2002). Sobre el estudio de fuentes fotográficas, se citó el artículo de Del Castillo Troncoso, "Algunas reflexiones en torno al fotoperiodismo y la dictadura en la historiografía argentina reciente". Acerca del uso de la imagen, ver *El pasado que miramos: memoria e imagen ante la historia reciente* editado por Feld y Sites (2009).

[11] Ver *"¡Y al final un día volvimos!". Los usos de la memoria en el discurso kirchnerista* de Montero (2012); y *Discurso y política en Sudamérica,* editado por Narvaja y Zacari (2004).

[12] Algunas referencias: Núñez Espinel (2008) "Quintín Lame: mil batallas contra el olvido"; en; Díaz Jamarillo (2009) "Si me asesinan, vengadme". El gaitanismo en el imaginario de la nueva izquierda colombiana; el caso del MOEC 7 de enero"; y, Acuña (2013) "Poder y memoria. Las elecciones presidenciales de 1970 en Colombia".

Dado el vínculo del uso del pasado con temas y discursos electorales, es común que la literatura de memoria posicione sus vínculos con la democracia, la (des)politización ciudadana, la construcción del nacionalismo y sus símbolos, así como la construcción de la cultura política de los diferentes Estados, entre otros.

En tercer término, las llamadas "batallas por la memoria". Dentro de este subcampo se distinguen las memorias y se señalan los conflictos entre ellas, en la medida en que su reconocimiento excluye y privilegia puntos de vista sobre el pasado; existen memorias subterráneas o no consideradas; o se presentan confrontaciones a causa de las pretensiones de verdad en las memorias, su confluencia en el espacio público y sus interrelacionamientos. Como motivos de conflicto se señala: a lo ideológico, referido a las disputas entre memorias oficiales versus memorias militantes-rebeldes;[13] a las escalas, es decir, aquellas referidas a las memorias centrales o nacionales versus las memorias locales o regionales;[14] a los actores, aquellas referidas a quién tiene permitido hablar y en qué términos, por ejemplo, memorias militantes versus memorias militares.[15]

Por la cantidad de citas, sobresalen algunos libros dentro de esta subárea de estudio. Sobre Chile, *La batalla de la memoria* de Illanes (2002); *Batallas por la memoria. Antagonismos de la promesa peruana* editado por Hamann (2002); *Memorias (in)cógnitas: contiendas en la historia*, coordinado por Aguiluz y Waldman (2007), referido al caso mexicano; *La actualidad del pasado. Usos de la historia en la política de partidos del Uruguay: 1942-1972*, de Rilla (2008); y *Batallas por la memoria. Los usos políticos del pasado reciente en Uruguay*, escrito por Allier Montaño (2010).

Esta producción se acota a realidades nacionales y evidencia las confrontaciones existentes por el pasado. Asimismo, presenta la relación de la memoria con el futuro y la proyección de imaginarios sobre el devenir: promesas, esperanzas colectivas, horizontes políticos, son algunos de los temas que se ponen en evidencia como temas de discordia y desencanto; así como las articulaciones del pasado en las reivindicaciones del presente.

---

[13] Un ejemplo es el trabajo de Arguello (2004), "Violencia política e impunidad en Atoyac de Álvarez, Guerrero. El difícil procesamiento social de un pasado contrainsurgente (2000-2014)".

[14] Ver el libro *Memorias eclipsadas. Duelo y resiliencia comunitaria en la prisión política* de Montealegre (2013).

[15] En Colombia existen algunas referencias a trabajos de memoria desarrollados por militares: por ejemplo, *Construcción de la memoria histórica militar en el contexto de la justicia transicional*, editado por Pastrana (2016). El libro resalta el papel de las fuerzas militares como víctimas del conflicto armado y su papel en la construcción de paz.

HISTÓRIA DO TEMPO PRESENTE

La memoria: regímenes políticos, transiciones a la democracia y justicia

En este rubro sobresalen los registros referidos a las dictaduras en el Cono Sur: Argentina, Chile, Uruguay y Brasil. La producción sobre estos temas comenzó un poco antes que otras temáticas vinculadas con la memoria. De hecho, los primeros registros se localizan desde finales de la década de los años 1980, tras el advenimiento de las transiciones democráticas. Varios son los temas que aborda este rubro de la literatura.

Memoria y regímenes políticos. En primer término, lo relacionado con la vida cotidiana en dictadura y su recuerdo: muestras de solidaridad, acciones políticas, formas de represión y evasión de estas, entre otras.[16] En segundo lugar, asociados con caracterizaciones y balances de los gobiernos dictatoriales, saldos de violaciones de derechos humanos, y causas del ascenso de estos regímenes.[17] En tercer término, reconstrucción del periodo histórico de la dictadura a partir de fuentes como imágenes, programas radiales, de video, entre otras.[18] Por último, la transformación de las representaciones de la dictadura en la historia reciente y los usos del pasado dictatorial en el presente.[19]

Otro tema identificado es el de la memoria y las transiciones a la democracia. Aquellos países que han enfrentado regímenes políticos autoritarios y dictatoriales son quienes han publicado reflexiones acerca de los periodos de transición a regímenes democráticos. Así, existe literatura sobre el Cono Sur y de Colombia y Perú. La producción bibliográfica registrada en la base de datos se concentra en ciertos temas: los mecanismos de justicia transicional (juicios militares, Comisiones de Verdad, Comisiones de Investigación);[20] los procesos sociales de transición: convivencia, reconciliación, perdón, repara-

---

[16] Ver *La verdad está en los hechos: una tensión entre objetividad y oposición. Radio cooperativa en dictadura*, de Rivera (2008).

[17] Por ejemplo, *Uruguay cuentas pendientes: dictadura, memorias y desmemorias*, de Achugar (2005); y, *La dictadura cívico militar. Uruguay 1973-1985*, de Demasi (2009).

[18] Ver *Instantáneas de la memoria. Fotografía y dictadura en Argentina y América Latina*, editado por Blejmar, Fortuny y García (2013).

[19] Tres textos citados fueron: *A veinte años del golpe. Con memoria democrática*, de Quiroga y Tcach (1996). *El presente de la dictadura. Estudios y reflexiones a 30 años del golpe de Estado en Uruguay*, compilado por Marchesi (2003). Y *La cambiante memoria de la dictadura. Discursos públicos, movimientos sociales y legitimidad democrática*, de Lvovich y Bisquert (2008).

[20] *Memorias del dolor. Consideraciones acerca de las Comisiones de la Verdad en América Latina*, de Dobles (2009); *Políticas de memoria: el Nunca Más* de Loco y Pigliapochi (2003).

ción;[21] y los debates frente al periodo histórico posdictatorial o de cambio (su duración y prolongación en el tiempo).[22]

Relacionada con las transiciones, está la cuestión de la justicia. Esta literatura, al igual que la de transición, está vinculada al derecho, la ciencia política y las relaciones internacionales. Principalmente aborda temas de violaciones a derechos humanos, posibles alternativas de juicios y castigos a las personas responsables de los crímenes y mecanismos de reparación.[23] Si bien la mayor parte de los registros es sobre el Cono Sur, hay varias referencias a Guatemala alusivos a justicia transicional e instituciones de transición.

Además, se observó que a partir del siglo XXI se añadió una materia de investigación a este subtema: los balances de los procesos de justicia transicional en el Cono Sur;[24] y, la publicación de textos en países como Colombia y Perú, referentes a los mecanismos para tramitar la violencia de finales del siglo XX para el caso andino. En Perú con la Comisión de la Verdad y la Reconciliación (CVR) y en Colombia, a partir de los nuevos diálogos con los grupos insurgentes.

La memoria y la violencia política: desaparición forzada, prisión política y exilio

La violencia política es, probablemente, la cuestión más estudiada en la literatura sobre memoria en América Latina (es posible que sea así en muchas regiones). Específicamente, aborda la violencia de Estado vivida en el pasado reciente. Esta literatura documenta diferentes procesos y actores. Un punto de partida de este rubro son los procesos de represión, violencia de Estado y su institucionalización. Así se destaca la reconstrucción desde la memoria de las prácticas y lugares de represión; la documentación de las estrategias

---

[21] *Construcción social de las memorias en la transición chilena*, de Lechner y Güell (1999); *Memorias de la reconciliación: fotografía y memoria en el Perú de la posguerra*, de Poole y Rojas (2005).

[22] Ver Moyano (2016) "ONG y conocimiento sociopolítico durante la Dictadura: la disputa por el tiempo histórico de la transición. El caso de los Talleres de Análisis de Coyuntura en ECO, 1987-1992".

[23] *La memoria prohibida: las violaciones a los derechos humanos, 1973-1983*, de Ahumada (1989); *Juicio, castigos y memorias, derechos humanos y justicia en la política argentina*, de Acuña, González, Jelin, Landi, Quevedo, Smulovitz y Vacchieri (1995).

[24] Ver dos artículos publicados por *Urvio Revista Latinoamericana de Estudios de Seguridad* en 2015: "Justicia transicional como reconocimiento: límites y posibilidades del proceso brasileño", de Camineiro; y "Justicia transicional en Uruguay: ¿un caso negativo?", de Aloisio.

de control, persecución y eliminación por motivos ideológicos, raciales o territoriales; y las experiencias de personas víctimas de estas.[25] Sobresale la literatura conosureña y también aquella producida por países como Perú,[26] Nicaragua[27] y Guatemala que, sin embargo, no están fuertemente representados debido a los registros sistematizados.

Es menester mencionar que algunas temáticas de la violencia han adquirido un peso muy grande en la literatura sobre memoria e historia reciente. Tres formas de violencia de Estado prevalecen sobre otras en las investigaciones realizadas desde Latinoamérica: desaparición forzada, prisión política (y tortura) y exilio.

Veamos en primer término la desaparición forzada que es la temática más estudiada. Dentro de este rubro, cinco fueron los libros que se destacaron en los registros sistematizados. *La memoria y el olvido: detenidos-desaparecidos en Chile*, de Padilla Ballesteros (1995). Un clásico del género, *Desapariciones: memoria y desmemoria de los campos de concentración argentinos*, de Calveiro (2002). *Por-veníres de la memoria. Efectos sicológicos multigeneracionales de la represión de la dictadura: hijos de desaparecidos*, de Kordon y Edelma (2007). El libro de Crenzel (2008), *La historia política del Nunca Más. La memoria de las desapariciones en la Argentina*. Y, finalmente, *Desaparición forzada y terrorismo de Estado en México. Memorias de la represión de Atoyac, Guerrero durante la década de los sesenta*, coordinado por Radilla y Rangel (2011).

Vale la pena decir que estas publicaciones, centradas en la desaparición forzada se concentran en dos cuestiones: 1) caracterizar los hechos y contextos de la desaparición, y 2) las cadenas de responsabilidad presentes en la comisión del delito. Teniendo en cuenta que la desaparición forzada es un crimen que intenta ocultar y negar la existencia de las personas, los textos visibilizan y documentan lo ocurrido con las víctimas y la sistematicidad de la práctica represiva. Además, por las características de violencia que la rodea,

---

[25] *Memorias desveladas: Prácticas y representaciones colectivas del encierro por razones políticas*, de Gugliemucci (2008), es muy referido; al igual que *Memorias en Tiempo de Guerra. Repertorio de iniciativas*, de Uribe, Salcedo y Correa (2009).

[26] *Jamás tan cerca arremetió lo lejos. Memoria y violencia política en el Perú*, editado por Degregori (2003); *Memorias en conflicto: aspectos de la violencia política contemporánea*, editado por Belay (2004); *Las formas del recuerdo, Etnografías de la violencia política en el Perú*, de Del Pino y Agüero (2003).

[27] El artículo "Violencia y represión en el ocaso de los Somoza: las condiciones carcelarias de los presos políticos", en *Historia Crítica* (2009).

la desaparición forzada afecta de manera directa a los familiares, quienes en muchas ocasiones desarrollan acciones de búsqueda. Por tanto, otra parte de las publicaciones se concentra en los familiares. Es notoria la presencia de la Asociación Hijos e Hijas por la Identidad y la Justicia contra el Olvido y el Silencio, en México, Colombia y Argentina, así como la discusión de las afectaciones intergeneracionales de la desaparición forzada.

En segundo lugar, la problemática de la prisión política. La literatura presenta la experiencia carcelaria de exprisioneros políticos, documentando prácticas de supervivencia, resistencia y solidaridad al interior de la cárcel. Buena parte de los registros hallados abordan, en particular, experiencias de mujeres. Además, la mayor parte de la producción tiene su origen en el Cono Sur, debido a que la prisión política en esa región fue un importante método represivo en contra de los opositores políticos, particularmente en Uruguay. Se destacaron algunas referencias: *Memoria colectiva y políticas de olvido: Argentina y Uruguay, 1970-1990*, editado por Bergero y Reati (1997); *Voces de mujeres encarceladas*, compilado por Nari y Fabre (2000); *Memorias desveladas. Prácticas y representaciones colectivas del encierro por razones políticas*, de Guglielmucci (2007). Además de estos, en la producción de artículos resaltan autoras como Jensen, Montero, Morales Llana y Garuño.

En tercer término, la cuestión del exilio, un tema que ha adquirido una relevancia notable en la academia, aunque no tanto socialmente. Dentro de la literatura se destacan al menos dos subtemas. 1) La recomposición de la vida tras la expatriación, voluntaria o forzosa (redefinición de identidad, nostalgia, destierro); y 2) las redes migratorias: los países expulsores, así como el destino de estos movimientos migratorios.

Vale la pena señalar que dentro de la literatura no sólo se incluyen los exilios del sur del continente (consecuencia de las dictaduras en el Cono Sur), también se refieren los exilios centroamericano y caribeño, dadas las guerras civiles y dictaduras que experimentó la región durante el siglo XX. Aunque es sabido que la producción conosureña es muy relevante, al estudiar las referencias de las bases de datos sobresale que se documenta el exilio de República Dominicana (a causa del régimen de Trujillo), así como el lugar de Venezuela (país con poca literatura en temas de memoria) en tanto país receptor del exilio centroamericano. Por otra parte, son señalados México, Canadá y Guatemala como lugares de recepción en general.

Dentro de los textos más referenciados se encontraron: *Memoria, nostalgia y exilio*, escrito por Bansart, publicado en Caracas (2000); *Memoria de* un exilio, de Orellana (2002); *México: el exilio que hemos vivido. Memoria del exilio argentino en México durante la dictadura 1976-1983*, de Bernetti y Giardinelli (2003); *Memorias del desarraigo. Testimonios de exilio y retorno de hombres y mujeres de Chile*, de Rebolledo (2006); *Idos y recién llegados: la izquierda uruguaya en el exilio y las redes transnacionales de derechos humanos, 1967-1984*, de Markarian (2006); *Tiempos de exilios. Memoria e historia de españoles y uruguayos*, de Dutrénit, Allier Montaño y Coraza de los Santos (2008); *Ráfagas de un exilio: argentinos en México, 1974-1983*, de Yankelevich (2009); *Los Exilados. La lucha por los derechos humanos durante la dictadura*, de Jensen (2010); y de Lastra (2016), *Volver del exilio: historia comparada de las políticas de recepción en las posdictaduras de la Argentina y Uruguay (1983-1989)*.

Militancias

Este es uno de los temas recurrentes en la literatura de memoria, en el que se incluye a una serie de actores que han pertenecido a fuerzas opositoras de izquierda (armada o no) a los gobiernos nacionales. Varios son los ejes de trabajo que la revisión bibliográfica sugirió. Primero, el relacionado con la religión y la práctica política dentro de las organizaciones y militantes. Así, se vincula el pensamiento marxista con el pensamiento católico-cristiano, por ejemplo, en el caso de las juventudes obreras cristianas, militancias sacerdotales, entre otras. Segundo, el vinculado con la reconstrucción de figuras políticas y líderes de las organizaciones y su pensamiento político (un buen ejemplo, es la amplia producción sobre Perón y el peronismo).[28] Tercero, el dedicado a la reconstrucción de las organizaciones de militancia y partidos políticos, su organización interna y funcionamiento.[29] La mayoría de estas organizaciones militaron durante las dictaduras, así que los trabajos se concentran en las décadas de 1960 y 1970. Para el caso de las publicaciones de Colombia y Perú, el periodo de análisis es posterior: los años 1970 y 1980.

---

[28] *Ecos revolucionarios. Luchadores sociales, Uruguay 1968- 1973*, de Véscovi (2003); *Memorias en montaje. Escrituras sobre la militancia y pensamientos sobre la historia*, de Oberti y Pittaluga (2006); y *Chilenas en armas: testimonios e historia de mujeres militares y guerrilleras subversivas*, de Zalaquett (2009).

[29] *De los bolcheviques a la gesta montonera. Memorias de nuestro siglo*, de Levenson (2000).

En cuanto a los actores que esta literatura permite rastrear, se pueden dividir en dos grandes bloques: las diferentes izquierdas y el resto de militancias. La bibliografía muestra que las militancias y la izquierda están íntimamente ligadas. Por tanto, hay una importante producción que busca hacer historia del proceso de las izquierdas en diferentes realidades nacionales, bien fueran institucionales o clandestinas (armadas).[30] Principalmente la literatura es sobre el Cono Sur, pero México tiene un importante número de registros asociados a esta temática.

Algunos de los libros referenciados fueron: *La izquierda uruguaya: tradición, innovación y política*, escrito por Caetano, Gallardo y Rilla (1995); *Memoria de la izquierda*, de Woldenberg (1998), referida a México; *Memorias de insurgencia: historias de vida y militancia en el MLN-Tupamaros, 1965-1975*, de Aldrighi (2009); y *Democracia y derechos humanos: claves de la reconfiguración de la izquierda uruguaya, (1980-2014)*, de Di Giorgi (2014).

Si bien buena parte de la literatura se concentra en los grupos políticos con una ideología política de izquierda, también se identificaron referencias a otros grupos cuyas acciones han sido visibilizadas y caracterizadas desde los estudios de la memoria. Por ejemplo, en las referencias sobre Uruguay se destaca el papel del militante y también del luchador social. Y, en países como México, Colombia y Perú, las víctimas como actores políticos cobran cada vez mayor importancia: afectados de hechos de violencia política, disidentes y agentes en la búsqueda activa de justicia, verdad y memoria.

Además, los estudiantes son actores considerados a partir de su posicionamiento y compromiso en eventos o coyunturas políticas. En países como Colombia, Perú, Panamá y México, se señala una serie de acciones que han protagonizado los jóvenes contra el estigma de la violencia, y, se investigan diferentes periodos de los movimientos estudiantiles en cada caso nacional. En México, la literatura predominante es sobre 1968; y en el Cono Sur, en países como Chile, las publicaciones abordan la experiencia de los estudiantes en dictadura.

Asimismo, hay otros actores en los países andinos que cobran importancia: los campesinos. Al considerar los órdenes nacionales de países como Colombia y Perú, el trabajo de memoria se enfoca en la construcción de disputas polí-

---

[30] Vezzeti es ampliamente citado, principalmente *Sobre la violencia revolucionaria. Memorias y olvidos* (2013). En México, el trabajo editado por Oikión y García Ugarte (2006), *Movimientos armados en México, Siglo XX*, es una referencia relevante.

ticas que necesariamente pasan por la ruralidad. Así, dentro de la literatura se busca visibilizar hechos de violencia que ha vivido la población campesina y resaltar sus acciones entorno a las demandas de reconocimiento y justicia.

A lo largo de la región latinoamericana, grupos étnicos o raciales han iniciado procesos de visibilización y de posicionamiento político, uno de los más relevantes es el de la población afro, la cual en cada país lidera procesos de reconstrucción y posicionamiento de su memoria colectiva como pueblo (presente en la literatura ecuatoriana, colombiana, boliviana, argentina, chilena y mexicana).

Lugares de memoria

La producción bibliográfica también está asociada con los lugares de memoria, que retomando a Nora (2008) incluyen los denominados sitios de memoria y las conmemoraciones. Respecto a los lugares de memoria en general, los registros están relacionados con la espacialización y monumentalización de las memorias, las marcas del espacio público y las intervenciones urbanísticas para incluir dentro de las ciudades a la memoria, por ejemplo: la construcción de parques y museos, lugares de conciencia, intervención sobre lugares de tortura y violencia, placas conmemorativas, nomenclatura en las ciudades, entre otros.

La búsqueda bibliográfica arrojó dos libros de referencia: *Monumentos, memoriales y marcas territoriales*, compilado por Langland y Jelin (2003); y *Cada uno, un lugar de memoria. Fundamentos conceptuales del lugar de la memoria, la tolerancia y la inclusión social*, de Del Pino y Agüero (2014). En materia de artículos científicos, se destacó el trabajo "Los lieux de mémoire: una propuesta historiográfica para el análisis de la memoria", de Allier Montaño, en *Historia y Grafía* (2008); el de Gorelik, "La memoria material: ciudad e historia", publicado en *Boletín del Instituto de Historia Argentina y Americana Dr. Emilio Ravignani* (2011); el de Bernabé Colque, "Los destinos degradados de la revolución boliviana: el monumento al MNR, de mausoleo", publicado en *Ciencia y Cultura* (2012); y el texto "Lugares de memoria y agenciamientos generacionales: lugar, espacio y experiencia", de Sepúlveda, Sepúlveda, Piper y Troncoso, en *Última Década* (2015).

Acerca de las conmemoraciones, en particular, la literatura reseña aquellos eventos que tienen una puntual marca cronológica y son establecidas como fechas importantes. Las publicaciones hablan de dos tendencias: por un lado, el estudio de la manera ritualista en que se llevan a cabo estas celebraciones y sus impactos; y, por el otro, la construcción de fechas para el recuerdo, relacionadas con las disputas por la memoria. La producción bibliográfica recopilada incluyó obras de Argentina, Chile, Perú, Ecuador y México. Sobresalen: *La revolución mexicana. Memoria, mito e historia*, de Thomas (2000); *Las Conmemoraciones: las disputas en las fechas "in-felices"*, compilado por Jelin (2002); y, *Un día distinto. Memorias festivas y batallas conmemorativas en torno al 11 de septiembre en Chile, 1974-2006*, de Joignant (2007). Además, del trabajo de Ríos Gordillo en México, "La memoria asediada. La disputa por el presente en la conmemoración del bicentenario", publicado en *Secuencia* (2013). Y, por último, de Robin Azevedo en Perú, "Memorias oficiales, memorias silenciadas en Ocros (Ayacucho, Perú). Reflexiones a partir de la conmemoración de una masacre senderista", en *Anthropologica del Departamento de Ciencias Sociales* (2015).

Reflexiones finales

A partir de la revisión paralela del auge y evolución de las memorias sobre pasados recientes en América Latina, y la producción académica sobre el tema, podemos hacer algunas observaciones sobre la correlación entre ambos.

En primer lugar, tanto en la arena pública como en los estudios de la memoria, los principales debates y trabajos se refieren a la violencia política y de Estado ejercida en el pasado reciente. Aunque algunas otras temáticas de la memoria surgen aquí y allá tanto en los debates públicos como en los estudios (Revolución Mexicana, Independencias en Latinoamérica, pasado indígena, por ejemplo) las violaciones de derechos humanos conocidas en gran parte de la región entre los años 1960 y 1990 imperan en las memorias discutidas y estudiadas.

En segundo término, que aquellos países donde inició el debate público en torno a los pasados recientes violentos, fueron los primeros también en desarrollar un trabajo académico sobre el tema: Argentina, Uruguay, Chile. Más aún, luego de casi treinta años de surgido el campo, son los países que más publicaciones tienen acerca de estas temáticas.

México y Colombia son quienes siguen en cantidad de producción. En estas naciones tomó más tiempo debatir públicamente el pasado reciente, que en ciertos sentidos sigue siendo un presente. Tal vez la urgencia por entender, explicar y quizás detener la violencia actual ha llevado a buscar comprender las violencias políticas, de Estado y delincuenciales en sus distintos momentos (Allier Montaño, Vicente y Granada, 2021).

Sin haberlo comprobado para esta investigación, tenemos la hipótesis de que en algunos casos la producción es menor debido a la configuración de las academias. Pensamos particularmente en el caso centroamericano, donde la academia no ha logrado desarrollarse plenamente por una mezcla de factores económicos, sociales y políticos (incluidos los conflictos armados internos vividos). Para países como El Salvador y Guatemala mucha de la producción es realizada desde Europa y Estados Unidos, países que no están representados en la muestra con la que trabajamos.

Hay pues una vinculación entre países, regiones y tiempos de las memorias públicas con las publicaciones académicas. Existe una estrecha relación entre las temáticas estudiadas por las academias de los distintos países y las materias más debatidas en las arenas públicas nacionales, particularmente las violaciones de derechos humanos cometidas en Latinoamérica durante conflictos armados internos, dictaduras y regímenes autoritarios. De esa manera, los desaparecidos políticos se han convertido en el eje de las discusiones públicas en la mayoría de los países, aunque el método represivo privilegiado en los distintos Estados no siempre haya sido la desaparición. Mencionamos que en Argentina la dictadura militar optó por la desaparición forzada, mientras en Uruguay se recurrió a la prisión política y en Chile al asesinato político. Aún así, en los tres países, los desaparecidos son el centro de los debates. Esa importancia social al desaparecido se la ha adjudicado también desde la academia, siendo una de las principales temáticas abordadas en los estudios sobre la memoria en la región. Y lo mismo ocurre con otras violaciones de derechos humanos: exilios, masacres, prisión política han sido estudiados y analizados en el campo de la memoria según el lugar que han tenido en las arenas públicas nacionales.

La basta literatura en América Latina muestra un campo de estudio consolidado y estrechamente vinculado con la violencia política en la región. Como lo presentamos, los estudios de la memoria han consolidado el conocimiento del presente histórico regional aportando desde diferentes temas, además de los ya mencionados: los usos políticos y las batallas por la memoria, las transiciones democráticas y las luchas en torno a la justicia, los lugares de memoria y la escritura de las militancias que han hecho frente a la violencia.

No es de extrañar que la academia refleje el mundo social y político. Los y las académicas reaccionamos al mundo en que vivimos. Quienes trabajamos en el campo de los estudios de la memoria solemos sentir compromiso ético, en mayor o menor medida, con lo estudiado, con aquellos que sufrieron violaciones de derechos humanos. Por ello no es de sorprender esta vinculación entre el mundo de lo socio-político y el académico. Pero lo que sorprende en los estudios de la memoria es la estrecha relación entre países, regiones, ciclos, tiempos y temáticas en las arenas públicas nacionales y en la producción académica. Este sólo ha sido un primer acercamiento a la temática, será importante continuar profundizando en la cuestión con abordajes más amplios.

Referencias

ACUÑA FLORES, M. G. et al. *Archivos y memoria de la represión en América Latina (1973-1990)*. Santiago de Chile: LOM ediciones 2016.

ALLIER MONTAÑO, E. *68, el movimiento que triunfó en el futuro*. Historia, memoria y presente del movimiento estudiantil. México: IIS-Unam, 2021.

_____. Balance de la historia del tiempo presente. Creación y consolidación de un campo historiográfico. *Revista de Estudios Sociales*, v. 65, 2018, p. 100-112.

_____. *Batallas por la memoria*: los usos políticos del pasado reciente en Uruguay. México: IIS-Unam; Trilce, 2010.

_____. Memoria: una lenta y sinuosa recuperación. En: DUTRÉNIT, S.; _____; CORAZA, E. *Tiempos de exilios*. Memoria e historia de españoles y uruguayos. Montevideo: Textual; Fundación Carolina; Instituto Mora, 2008, p. 151-266.

_____. Sara y Simón o la reconstrucción del pasado: el problema de la verdad en la escritura de la historia del tiempo presente. *Cuicuilco Revista de la Escuela Nacional de Antropología e Historia*, v. 11 n. 30, 2004, p. 9-45.

_____. *Une histoire des luttes autour de la mémoire sur le passé récent en Uruguay, 1985-2003*. Tesis (doctoral) — Escuela de Altos Estudios en Ciencias Sociales, 2004.

_____; CRENZEL, E. (Coords.) *Las luchas por la memoria en América Latina*. Historia reciente y violencia política. México: Bonilla Artigas Editores; IIS-Unam, 2015.

_____; VICENTE, C.; GRANADA, J. S. Rehacer la historia para conjurar las sombras. Violencias de Estado en México, 1958-2018. En: S. MANDOLESSI, S.; OLALDE, K. (Eds.). *Disappearances in Mexico*: from the "Dirty War" to the "War on Drugs". Londres: Routledge, 2021.

ARIZA-ARBOLEDA, J. C.; PIPER-SHAFIR, I.; VÉLEZ-MAYA, M. Políticas de la memoria de las violaciones a los derechos humanos en la historia reciente: una revisión bibliográfica desde el 2008 al 2018. *Revista Mexicana de Ciencias Políticas y Sociales*, v. 65, n. 239, 2020, p. 117-140.

ARNS, P. E. *Brasil, nunca mais*. Petrópolis: Vozes, 1985.

CRENZEL, E. *La historia política del Nunca Más*. La memoria de las desapariciones en la Argentina. Buenos Aires: Siglo XXI, 2008.

DA SILVA CATELA, L. *No habrá flores en la tumba del pasado*. La experiencia de reconstrucción del mundo de familiares de desaparecidos. La Plata: Al Margen, 2001.

ELIAS, N. *Los alemanes*. México: Instituto Mora, 1999.

FELD, C. *La télévision comme scène de la mémoire de la dictature en Argentine*. Une étude sur les récits et les représentations de la disparition forcée de personnes. Universidad de París VIII, Saint-Denis, 2004.

FREUD, S. Lo ominoso [1919]. En: _____. *Obras completas*. Buenos Aires: Amorrottu, 1992. t. XVII, p. 215-252.

GAMIÑO MUÑOZ, R. Memorias de la violencia política en América Latina: tensiones y complementariedades. *Historia y grafía*, v. 52, 2019, p. 267-299.

HUNTINGTON, S. *La tercera ola*. La democratización a finales de siglo XX. Madrid: Paidós, 1994.

JARAMILLO, J. Las comisiones de estudio sobre la violencia en Colombia. Un examen a los dispositivos y narrativas oficiales sobre el pasado y presente de la violencia. En: ALLIR.

JENSEN, S.; LASTRA, S. (Reflexiones sobre el campo de estudios de los exilios en Argentina (1996-2016). En: ALLIER MONTAÑO, E.; VILCHIS, C. I.; VICENTE, C. (Coords.). *La cresta de la ola*. Debates y definiciones en torno a la historia del tiempo presente. México: IIS-Unam; Bonilla Artigas, 2020, p. 395-412.

KAHAN, E. N. *Entre la aceptación y el distanciamiento: actitudes sociales, posicionamientos y memoria de la experiencia judía durante la última dictadura militar*. Tesis (doctoral) — Facultad de Humanidades y Ciencias de la Educación, Universidad Nacional de La Plata, La Plata, 2011.

MENDOZA, C. (2015). Políticas de la memoria y transmisión generacional de pasados recientes. La experiencia de "Hijos e hijas por la Identidad y la Justicia contra el Olvido y el Silencio" en Argentina y de "Hijos e hijas por la memoria y contra la impunidad en Colombia" en Colombia. México: Unam/Programa de Posgrado en Estudios Latinoamericanos, 2015.

MILTON, C. E. La verdad después de 10 años de la Comisión de la Verdad y la Reconciliación en Perú. En: ALLIER MONTANO, E.; CRENZEL, E. (Coords.). *Las luchas por la memoria en América Latina*. Historia reciente y violencia política. México: Bonilla Artigas Editores; IIS-Unam, 2015, p. 221-246.

NORA, P. La era de la conmemoración. En: _____. *Les lieux de mémoire*. Prólogo de J. Rilla. Montevideo: Trilce, 2008, p. 167-199.

OCAMPO, T. *Voces sobre la desaparición forzada de infantes durante la guerra en El Salvador*. Archivo para la memoria (1980-1984). México: Bonilla Artigas, 2018.

RICO, A. (Coord.). *Investigación histórica sobre la dictadura y el terrorismo de Estado en Uruguay*. 1973-1985. Montevideo: Universidad de la República; Ediciones de la Cruz del Sur, 2009.

RICOEUR, P. *La memoria, la historia, el olvido*. Buenos Aires: Fondo de Cultura Económica, 2004.

RONIGER, L. El legado del autoritarismo y la construcción y la construcción de memoria histórica en el Paraguay poststronista. En: ALLIER MONTANO, E.; CRENZEL, E. (Coords.). *Las luchas por la memoria en América Latina*. Historia reciente y violencia política. México: Bonilla Artigas Editores; IIS-Unam, 2015, p. 149-184.

STERN, S. *Battling for hearts. Memory and struggles in Pinochet's Chile, 1973-1988*. Durham; London: Duke University Press, 2006.

VILCHIS, C. I. Televisión e internet: fuentes para una historia del tiempo presente. En: ALLIER MONTAÑO, E.; VILCHIS, C. I.; VICENTE, C. (Coords.). *La cresta de la ola*. Debates y definiciones en torno a la historia del tiempo presente. México: IIS-Unam; Bonilla Artigas, 2020, p. 315-332.

VICENTE, C. *[Tiempo suspendido] Una historia de la desaparición forzada en México, 1940-1980*. México: Bonilla Artigas Editores, 2019.

VIÑAR, M. Sobre la memoria del horror (1976-1996), ¿por qué retornan nuestros muertos? *Cuadernos de Marcha, Tercera Época*, v. XI, n. 124, 1997.

Nas margens do tempo: a contribuição da Udesc para a história do tempo presente no Brasil*

Silvia Maria Fávero Arend
Reinaldo Lindolfo Lohn

A proposição de um curso de pós-graduação — mestrado e doutorado — com foco na história do tempo presente envolveu diferentes desafios. O presente texto não pretende abordar os de ordem institucional, dado que essa dimensão tem pouca relevância no que toca à discussão aqui proposta. Outra advertência necessária é a de que este capítulo segue a perspectiva particular de seus autores sobre um trabalho que foi e é coletivo; portanto, com muitas possibilidades de interpretação. É indispensável, contudo, compreender as dificuldades envolvidas em face de um empreendimento de investigação científica num domínio historiográfico de certa forma ainda pouco explorado no Brasil, o que diz respeito a construir um caminho próprio e a criar ferramentas capazes de dar conta de problemas de complexa abordagem.

O Programa de Pós-graduação em História da Universidade do Estado de Santa Catarina (Udesc) desenvolveu, entre 2007 e 2021, atividades acadêmicas em três sentidos, visando à construção de um campo relativo à história do tempo presente no Brasil: a formação de recursos humanos em nível de mestrado e doutorado, que resultou na produção de um conjunto significativo de investigações;[1] a promoção do Seminário Internacional de História do Tempo Presente, que contribui para promover a convergência de diferentes perspectivas; e a implementação da revista *Tempo e Argumento*, que, desde sua primeira edição, em 2009, buscou divulgar a produção

---

* Em memória de Luiz Felipe Falcão.

[1] O Programa de Pós-Graduação em História da Universidade do Estado de Santa Catarina (Udesc) conta com os cursos de mestrado e doutorado. Este último foi implementado em 2014.

historiográfica nacional e internacional relativa ao domínio da história do tempo presente.

Para a elaboração deste capítulo, buscamos não apenas descrever uma trajetória acadêmica, mas demonstrar como diferentes ferramentas teóricas amparam a empreitada, o que envolve uma constante reflexão sobre os processos de construção de uma perspectiva própria acerca da história do tempo presente, a qual vem sendo amadurecida e exposta em diferentes trabalhos (Lohn e Campos, 2017; Lohn, 2019). Além disso, cabe mencionar a elaboração de ao menos duas discussões acerca dos processos que se desdobraram a partir da produção de narrativas historiográficas sobre o tempo presente nos cursos de pós-graduação da Udesc. Luciana Rossato e Maria Teresa Santos Cunha (2017) analisaram a construção desse campo a partir de dados levantados nas dissertações de mestrado defendidas no curso entre 2008 e 2016. Posteriormente, outro trabalho discutiu as características da produção historiográfica brasileira acerca da história do tempo presente que foi publicada na revista *Tempo e Argumento* entre 2009 e 2017, com o intuito de compreender os caminhos que foram percorridos no período por diferentes investigadores e investigadoras (Arend e Lohn, 2019).

Tendo em vista tais balizas, a presente reflexão tanto dialoga com o esforço reflexivo empreendido por integrantes do curso quanto com as informações presentes nas teses de doutorado defendidas no curso entre 2018 e 2020. As teses, por comportarem investigações mais densas e realizarem discussões historiográficas mais robustas, fornecem uma espécie de cartografia do campo no Brasil.[2] É importante observar que não faremos uma exegese do conjunto de estudos, mas uma apreciação no que diz respeito aos temas predominantes, buscando construir uma análise que contribua para discussões de caráter epistêmico.

---

[2] Entre 2018 e 2020, foram defendidas 31 teses de doutorado, sendo 14 estudos vinculados à linha de pesquisa Culturas Políticas e Sociabilidades, 13 estudos à linha de pesquisa Linguagens e Identificações e quatro estudos vinculados à linha de pesquisa Políticas de Memória e Narrativas Históricas. As duas primeiras linhas de pesquisa mencionadas existem desde que o curso foi implementado em 2007. Já a outra linha de pesquisa foi criada em 2018 e incorporou vários docentes que ingressaram no curso mais recentemente. Este fato explica o número desigual de estudos em relação às linhas de pesquisa e às teses defendidas. Ver: www.udesc.br/faed/ppgh/teses.

Emergência e consolidação do curso

Qual a contribuição de um grupo de historiadores e historiadoras deslocados dos grandes centros acadêmicos do Brasil para a exploração e a construção de conhecimento em uma área de fronteira recentemente aberta pela historiografia? É possível adiantar que o grupo a que nos referimos — estudantes e diferentes colaboradores envolvidos no mestrado e no doutorado em História da Udesc — procurou meios para produzir escritas sobre a história do tempo presente que não apenas reproduzissem os primados originais do novo domínio historiográfico. Além de possíveis apropriações das operações e tramas envolvidas na constituição das fronteiras teóricas definidoras de uma prática de pesquisa cuja trajetória inicial traz as marcas fundamentais de proponentes europeus, trata-se aqui de apontar a realização de um esforço no sentido de se compreender o que se pode considerar uma temporalidade própria de sociedades como a brasileira. Cabe considerar — o que ainda é impossível de avaliar no que diz respeito ao êxito da empreitada — o empenho na construção coletiva de um nó ou um cruzamento de perspectivas diversas que enlacem formas de refletir sobre o passado recente e abordá-lo, o que envolve um olhar a partir do Sul do mundo. Neste caso, não se está pensando em uma referência regional ou geográfica, muito embora essa dimensão não possa ser descartada, mas em um posicionamento às margens do processo histórico dominante, evidenciando menos as tramas epistemológicas de uma historiografia consolidada e mais os temas e as difíceis condições para tratar de problemáticas alheias a uma gramática do tempo histórico estabelecida previamente por escolas ou vertentes hegemônicas.

Desde seu início, o Programa de Pós-Graduação em História da Udesc foi pensado na esteira da pluralidade que há décadas marca a produção historiográfica brasileira. O tempo presente apareceu como mais um dos domínios possíveis a serem explorados em uma historiografia em constante processo de renovação. Situar-se nessa perspectiva abriria novas problematizações e operações, a partir das quais teríamos meios para contribuir para o alargamento dos horizontes da disciplina. Essa seria a legitimidade básica de uma proposta de curso em nível de pós-graduação que aproveitava os intensos diálogos que pesquisadores(as) do Brasil promoviam com a produção internacional especializada. Tratava-se, contudo, de um esboço de um domínio de investigação ainda por ser delineado. Tínhamos mais ou menos nítido que a historiografia ocidental predominante havia, há muito, abandonado o tempo presente em função de operações ocorridas no século XIX, que institucionalizaram a disciplina, procurando dotá-la de cientificidade. Ao delimitar seus instrumentais de investigação e focos de análise, as fronteiras entre passado e presente tornaram-se rígidas e quase intransponíveis. Até a determinação dos padrões que se imporiam por mais de um século, diferentes escritas da história tiveram foco precípuo no presente e no tempo vivido. Por outro lado, não deixava de ser relevante a constante afirmação da importância do conhecimento histórico para a intervenção no presente, além de convicções sintetizadas na proposição de Benedetto Croce (1920:4), segundo a qual uma história digna desse nome seria história contemporânea. Assim, não deixa de ser relevante a compreensão de que as investigações históricas constituem escritas do presente, do qual não se podem desapegar.

Mas sabíamos que apenas aforismos clássicos de grandes historiadores não dariam sustentação a um conjunto de estudos e a um programa de curso em história do tempo presente. Cabia ligar a intenção inicial com temas, referenciais teóricos, fontes e métodos que assegurassem a capacidade de efetivamente compreender um presente denso, composto de dimensões do passado que tornassem urgentes as intervenções críticas de historiadores e historiadoras. Um dos temas mais evidentes estava na exploração das novas possibilidades abertas pelos estudos sobre a política, esta não mais vista como a "ossatura da história" (Le Goff, 1990) e narrativa institucional do Estado, mas como resultado da observação de redes de relações e interações que atravessam as sociedades modernas e dão forma à expressão de conflitos sociais e culturais que as definem.

Os renovados estudos sobre política têm favorecido investigações de notória qualidade desenvolvidas no Brasil, particularmente no Centro de Pesquisa e Documentação de História Contemporânea do Brasil (CPDOC), da Fundação Getulio Vargas. Não casualmente, é no âmbito dessa instituição que uma reflexão das mais significativas começou a ser produzida no Brasil sobre a história do tempo presente. O político e o presente entrelaçavam-se na investigação de temas constituintes de uma sociedade brasileira que se havia democratizado recentemente, embora sob as balizas de uma trajetória em que o autoritarismo fora parte marcante. A historiadora Marieta de Moraes Ferreira (2002:314) esteve entre as primeiras a perceber as importantes conexões estabelecidas entre a proposta de uma história do tempo presente recolhida da Europa, especialmente na França, a renovação dos estudos históricos no Brasil (particularmente pelo intenso recurso à história oral e aos relatos de vida provenientes de diferentes grupos sociais) e as novas interações com a política e o político. A autora publicou um importante e singular estudo no qual antecipou discussões sobre o tema ainda num momento de grande "suspeição" acerca da "incorporação à disciplina histórica do estudo da história recente e do uso de fontes orais".

A introdução deste debate no Brasil, obviamente, era tributária da criação do domínio e da delimitação primeva de seu alcance pela historiografia francesa, particularmente a partir do historiador François Bédarida (1996) e seus colaboradores do Instituto de História do Tempo Presente (IHTP), criado em 1978. A compreensão de uma história do pós-Segunda Guerra Mundial, que suscitava inúmeras problemáticas na França, particularmente no que dizia respeito à memória da Shoah e dos diferentes colaboracionismos com os invasores nazistas, traduziu-se numa renovada legitimidade da memória como relato de um passado que invade as antigas fronteiras do presente e suscitava demandas por justiça. O movimento que resultou na criação do IHTP, assim como num campo que punha em cena discussões epistemológicas de suma importância para a disciplina, foi descrito e analisado por Bédarida em sua relação com a constituição de um legítimo campo historiográfico:

> O primeiro número do *Bulletin de l'IHTP* trazia um editorial que orgulhosamente intitulei "A nova oficina de Clio". Era realmente um momento propício ao espírito criativo, à inovação, à audácia de uma aventura intelectual coletiva. Não que o IHTP fosse o único a encarnar a mudança operada no Zeitgeist — ou, se preferirmos, o corte epistemológico — que caracteriza a segunda metade dos anos 1970 e que em boa parte explica a sua criação: o retorno vigoroso da história e da memória, uma busca ansiosa de identidade, a crise dos paradigmas das ciências sociais, enfim, um presente cheio de incertezas em relação a si mesmo e ao futuro num mundo que não sabia mais se ia desembocar em Prometeu ou em Pandora. [Bédarida, 1996:219]

Acentue-se, portanto, que, mesmo em suas singularidades e dinâmicas próprias, a formação de um curso de pós-graduação voltado ao tempo presente foi tributária de contatos e conexões internacionais que dizem respeito à frequente influência da historiografia francesa no Brasil. Especialmente importantes, no âmbito da constituição do curso e dos estudos desenvolvidos em Florianópolis, foram as relações acadêmicas estabelecidas com o historiador Henry Rousso, que sucedeu a Bédarida na coordenação do IHTP entre 1994 e 2005. Vale observar que a edição inaugural da revista *Tempo e*

Argumento, publicada em 2009, apresentou uma entrevista com Rousso, na qual este descreveu as principais características da história do tempo presente, sobretudo a partir do caso francês (Arend e Macedo, 2009). Posteriormente, com vistas a adensar as confluências e convergências estabelecidas na constituição desse domínio historiográfico a partir da perspectiva originária dos franceses, uma parceria entre a Editora da Fundação Getulio Vargas e o curso de pós-graduação da Udesc resultou da edição brasileira da obra de Rousso (2016) intitulada *A última catástrofe: a história, o presente, o contemporâneo*.

Um particular âmbito de interesses que certamente moveu a aproximação com a perspectiva de Rousso (1987), particularmente as que investigaram as repercussões do período de ocupação nazista na França, esteve no objetivo de, também no Brasil, aprofundar as discussões das implicações das políticas de memória para a constituição de sociedades e Estados no tempo presente. Além disso, o historiador francês tratou de avançar para uma questão difícil e movediça que faz parte da própria trajetória dos estudos acerca do tempo presente, enfrentando o problema da demarcação temporal, ou cronológica, dos estudos que se voltem a tal domínio. Afinal, quando "começa" o tempo presente? Seria uma etapa histórica a mais, somada às anteriores? Um novo volume nos compêndios escolares? A resposta formulada por Rousso (2016) e, de certo modo, compreendida por quem se defronta com a renovação dos estudos históricos sem preconceitos ou objeções prévias, aponta para a necessidade de situar o tempo presente como uma referência cultural relativa ao que o autor chamou de a "última catástrofe".

Mas que catástrofe seria a última? Esta, pela perspectiva de uma historiografia que não se furta a discutir, a questionar seus próprios fundamentos e a deles desconfiar, não pode deixar de se apresentar como uma questão aberta e voluntariamente não respondida pelo grupo de historiadores(as) que se agregou na Udesc. Para Rousso, a tarefa de construir uma história do tempo presente como campo no interior da disciplina era (e é) desafiadora:

> Há, portanto, algumas convergências que permitem considerar que as catástrofes do século XX, e em particular o segundo conflito mundial, inauguraram com uma nova contemporaneidade, não marcada pelo otimismo, como acreditaram aqueles que fizeram do ano 1945, nos anos 1960, o ponto de partida de um novo mundo cheio de promessas — Europa, crescimento, paz —, mas, pelo pessimismo, um espírito do tempo que privilegia, no plano da memória coletiva, os momentos mais mortíferos do passado próximo, aqueles que têm dificuldade de "passar". O projeto de uma nova

história do tempo presente não foi o de acompanhar essa visão obsedante, traumática do passado, mas o de ajudar a compreendê-la, o de colocar essa história à distância apesar de sua imposição à memória. Essa historiografia teve de lhe dar as chaves de leitura frequentemente incompletas e incertas. [Rousso, 2016:27-28]

Em relação a eventos traumáticos que se situam no centro de conflitos acerca das narrativas sobre um passado que não passa e se estende ao presente, outra questão tornou-se estruturante para as reflexões sobre o tempo presente nas investigações e nos trabalhos conduzidos na Udesc. Para abordar adequadamente tais temáticas, não seria indispensável um período de latência, de modo a assegurar um distanciamento que garantisse legitimidade e consistência aos estudos? Uma das possibilidades para abordar um problema tão espinhoso no campo da história é recorrer à perspectiva de Dominick LaCapra (1998:6-20), para quem os eventos marcantes do último século, em grande medida catastróficos, alteraram a experiência do tempo histórico. Dessa forma, mais do que uma fronteira, as interações entre passado e presente constituíram-se num limiar que deslocou os padrões de comparabilidade ou de singularidade dos eventos. A porosidade entre tempo passado e presente reflete-se, entre outros processos, em traumas dificilmente superáveis a partir de estratégias como os silenciamentos ou as histórias oficiais nacionais. Coletiva ou individualmente, grupos sociais os mais diversos demandam formas para se compreender seus dilemas e heranças, num processo constante de disputas sobre o passado, que afeta tanto os relatos testemunhais quanto a própria escrita da história. História e memória passam a se opor em bases distintas das usualmente concebidas pelas historiografias tradicionais, tornando necessária a produção de narrativas sobre a dor, possibilitando formas ensaísticas que rejeitam o "modelo documental restritivo ou objetivista" (LaCapra 2013).

No Brasil, as narrativas sobre os efeitos da última ditadura militar na produção de diversos tipos de violência que se abateram contra diferentes grupos e pessoas favoreceram as expressões de uma "memória traumática". Para Carlos Fico (2017), contudo, cabe aprofundar o tema e discutir a tendência a reduzir as consequências das violações aos direitos humanos aos opositores mais francos ao regime em processos mais bem documentados, sendo indispensável esforçar-se para trazer ao proscênio da discussão as diferentes memórias de personagens singulares e anônimos.

A partir de questões centrais tão desafiadoras para a disciplina, desdobraram-se iniciativas para a convergência de interesses de investigação e reflexão.

HISTÓRIA DO TEMPO PRESENTE

Tratava-se de pôr em movimento discussões que se deveriam concretizar em projetos de pesquisa e estudo. Para tanto, grupos foram aglutinados em linhas de investigação nas quais o curso pôde se firmar, não apenas como intenção, mas como uma efetiva possibilidade para estimular investigações e formar recursos humanos. Foi então posta em prática a articulação das trajetórias de investigação de muitos dos docentes com as temáticas de uma história do tempo presente que discutisse efetivamente problemas localizados em uma sociedade como a brasileira. Optamos, inicialmente, por dois "caminhos", tendo em vista também os acervos documentais disponíveis na época, em especial os existentes nas regiões Sul e Sudeste do Brasil.

Uma frente de investigação que se apresentou como indispensável foi a relativa ao campo do político, mais especificamente, ao das culturas políticas. Conjugada a esse tema, tão vasto quanto complexo, foi conectada a questão das sociabilidades em suas diferentes configurações, constituídas em nível local, regional e/ou global. As relações que se constituem como culturas políticas no tempo presente não são fixas ou normativas, envolvendo a fluidez do cotidiano e as interfaces com discussões que tradicionalmente escaparam das histórias políticas usuais, como as relações de gênero e as que dizem respeito a transações interpessoais. Essas experiências compartilhadas envolvem a construção de representações com linguagens e códigos necessários à compreensão dos fenômenos que envolvem conflitos sociais, relações de produção e sociabilidades. Buscava-se, desta forma, privilegiar a recepção das representações sociais daí construídas e compreender as ações políticas como parte das experiências sociais e dos valores culturais em conflito e em constante recomposição e construção.

Trata-se, portanto, de uma compreensão do político que o situa como campo de articulação entre o social e suas representações, interessando-se justamente por investigar as fronteiras opacas e irredutíveis ao Estado ou a coletividades institucionalizadas. Daí, ainda, a necessidade de perceber as sociabilidades como práticas de convívio apreendidas historicamente, heterogêneas e mutáveis, por meio das quais as culturas políticas são operadas em âmbitos tais como o gênero e a família, além de práticas educativas, de movimentos sociais e instituições, atravessando as adesões a projetos políticos. Mais, era preciso incluir também as subjetividades e as narrativas sociais dispersas em formas variadas de expressão, incluindo as redes sociais. Tal abordagem dialoga com as possibilidades abertas pelos estudos de diferentes autores brasileiros. A partir das indicações de Serge Berstein e Jean-François

Sirinelli, pode-se apontar que, conforme Rodrigo Patto Sá Motta (2009:21), as culturas políticas envolvem um "conjunto de valores, tradições, práticas e representações políticas partilhado por determinado grupo humano", manifestado tanto nas identidades quanto nas "leituras comuns do passado", o que ampara "projetos políticos direcionados ao futuro".

Tais deslocamentos de abordagens implicam considerar a possibilidade de que as relações políticas devem também ser tomadas a partir de suas expressões em âmbitos que superam as perspectivas elitistas e centradas no Estado. Encontrar nas expressões e mobilizações de diferentes grupos sociais aspectos de culturas políticas plurais significa perceber como são partilhadas por indivíduos e grupos as experiências e expectativas que nutrem acerca do poder e de suas assimetrias. Ao concebê-la como constituída por leituras do passado e projetos sociais alternativos (Gontijo, 2005), a historiografia brasileira vem contribuindo para desligar a noção de cultura política de sua matriz norte--americana e normativa, derivada das teorias da modernização. Pressupor a relevância das sociabilidades na ação política põe em cena a dimensão cultural da política irredutível a uma estrita vinculação ou subordinação às instituições estatais. Assim, os estudos orientados por tais perspectivas procuram detectar sentidos e significados possíveis, observáveis em sociabilidades dispersas e em horizontes de expectativa experimentados por diferentes grupos sociais.

Outro caminho adotado para articular, tanto em termos epistêmicos quanto temáticos, os trabalhos desenvolvidos e dar-lhes consistência no curso buscou um diálogo mais estreito com diferentes disciplinas, com possibilidades tão plurais quanto a antropologia social, a teoria literária e a comunicação social, a educação, a música ou o cinema. As investigações elaboradas em tais interfaces encontraram um centro de convergência em estudos sobre as linguagens e as identificações, numa proposta de estudo que envolveu e ainda envolve problemáticas bastante amplas:

> Dentre as diversas implicações do tempo presente está a possibilidade de dele se produzirem leituras e traduções — materializadas em linguagens e identificações —, a fim de se perceber como se integra nos repertórios sensoriais e nos sistemas cognitivos que procuram emprestar-lhe alguns sentidos, mesmo que transitórios. Os procedimentos voltados a elaborar estas leituras e traduções representam tanto uma disponibilidade para desenvolver experiências estéticas inusitadas, quanto uma disposição para decodificar e recodificar, incessantemente, a miríade de signos mediante os quais homens e mulheres passaram a tecer contatos. Em outras palavras, linguagens

e identificações constituem, portanto, uma parte do amplo estoque de respostas em face das evidências da complexidade deste mundo e se configuram como tramas, composições, arquiteturas engenhosas que objetivam decifrar os acontecimentos e os processos históricos em que se inscrevem. [Rossato e Cunha, 2017:170]

Em 2018, a partir do ingresso de novos docentes no curso, assim como de importantes demandas sociais relativas às políticas de memória, houve uma nova convergência de interesses. O curso, embora mantendo a configuração inicial, somou novas discussões ao seu rol de linhas de pesquisa. Questões prementes que fazem parte da própria constituição do domínio da história do tempo presente, especialmente a função pública da historiografia ao intervir nos debates que atravessam a sociedade, ganharam dimensão no Brasil a partir, por exemplo, dos movimentos em favor de reparações históricas em temas que constituíram o foco das comissões da verdade instaladas em nível federal e estadual, da produção de documentos para a atribuição de territórios a populações quilombolas e indígenas, bem como dos processos de patrimonialização de bens materiais e imateriais. O enfoque das investigações dessa nova linha de pesquisa está associado sobretudo a três eixos interligados: a produção de políticas de memória pelo poder público; a elaboração de políticas de memória por outros agentes sociais, tais como organizações não governamentais e os meios de comunicação social; e a relação entre memória, usos do passado e produção de narrativas historiográficas a partir de perspectivas decoloniais.

Uma das tarefas apresentadas a quem se dedica à história do tempo presente está em realizar o escrutínio de questões que dominam a produção de conhecimento sobre o passado recente em determinada época e a formular novas perguntas que tenham mais a ver com as vidas de quem compartilha uma época histórica do que com a de seus predecessores. Historiadores e historiadoras foram chamados(as) a enfrentar questões como as políticas de memória conduzidas pelo poder público ou sob a pressão de movimentos sociais, como nas discussões em torno de "leis memoriais". Os usos políticos do passado tornaram o conhecimento histórico um terreno de constante conflagração e meio para a construção de plataformas que visam a mudanças sociais e pressionam pelo reconhecimento de segmentos sociais diversos, como as mulheres, as populações afrodescendentes, os indígenas e os diferentes trabalhadores precarizados pela ordem capitalista neoliberal (Taylor, 2013). As "memórias concorrenciais" e os traumas históricos persistem marcando um "passado que não passa", o que se evidencia em dimensões tão diversas

NAS MARGENS DO TEMPO

quanto as bandeiras políticas ou os instrumentos de patrimonialização de sítios e acervos históricos, compreendendo povos subalternizados que demandam as chamadas perspectivas decoloniais (Campbell, 2014).

Tendo em vista estas três linhas de pesquisa, o curso tem abrigado um amplo e desafiador campo de investigações, incentivando pesquisadores(as) a analisar a persistente profusão de informações nas fontes. Temos aberto possibilidades para a discussão sobre a perspectiva histórica da mobilidade das populações e suas implicações em termos de urbanização e de tensões identitárias; para as disputas em torno das políticas de memória em nível local, nacional e internacional; para os rearranjos no mundo do trabalho e a emergência de novas formas de economia; para a atuação dos meios de comunicação de massa nas sociedades; para as novas modalidades de organização social e de exercício da ação política; para a instituição de outras práticas e configurações de família; para os debates sobre a introdução e consolidação de direitos, com ênfase nos direitos humanos.

Sobre as temporalidades

Como foi mencionado anteriormente, a pretensão de definir uma marcação temporal para o tempo presente, como se este apenas viesse a se somar a uma cronologia linear e à tradicional divisão tripartite da história, foi logo descartada pelos idealizadores do curso da Udesc. Embora seja alvo de constante preocupação e de discussões que permanecem como estímulo à reflexão, um dos componentes do processo de elaboração de pesquisas e trabalhos acerca do tempo presente está na pressuposição de construir, aos poucos, mas constantemente, um outro tipo de abordagem do tempo histórico. Trata-se de evitar modelos prévios, que costumam apontar para uma lógica sucessiva de grandes etapas, saltos evolutivos e teleologias ocidentalistas e eurocêntricas (Chesnaux, 1995:96). Ao problematizar as relações entre tempo e história, as investigações orientadas à abordagem do tempo presente compreendem ser este repleto de camadas de tempos passados, o que tende a dissolver noções como a de "sentido da história" e suas "durações". Como aponta Jacques Le Goff, "o historiador está submetido ao tempo em que vive" (Le Goff, 1994:13). Assim, os pontos de partida e as periodizações mais frequentes deixam de ser centrais na escrita de uma história que percebe seus objetos atravessados pelo tempo da memória. O passado não explica o presente por si só. De sua parte, o presente não apenas se impõe ao passado, mas cabe ainda discutir o quanto este último faz parte do vivido.

Os debates realizados no curso em relação a essas questões de ordem epistêmica, consideradas basilares para o domínio historiográfico do tempo presente, tiveram que caminhar em direções que garantissem abertura a demandas e perspectivas de uma historiografia construída a partir das margens das narrativas estabelecidas. Tais narrativas, dominantes e/ou hegemônicas, produzidas e acalentadas desde o século anterior, foram postas em questão ao longo do século XX e chegam ao nosso tempo não mais como referências, mas como temas a serem explorados nas abordagens que se dedicam a compreender as tragédias que as envolveram, evidenciando o largo espectro da chamada consciência histórica (Rüsen, 2001). A crise das narrativas totalizantes invadiu as questões próprias ao ensino da história, seja em espaços escolares institucionais, seja, talvez principalmente, nos meios informais pelos quais a informação histórica circula, como em filmes, seriados e vídeos difundidos pelas redes sociais. A disputa aberta pela definição do que seja a história "verdadeira", paradoxalmente, deu espaço à difusão de mentiras e distorções praticada, por conveniência política, principalmente por ativistas de direita como arma para suas "guerras culturais" (Hunter, 2009).

Este processo apontou para a emergência da singularidade, tão cara à historiografia que precede a vaga estruturalista que ganhou terreno até mais ou menos a década de 1960. Tendo uma existência precedida pela intervenção de diferentes agentes, principalmente as novas mídias e as corporações públicas e privadas gestadas neste campo de negócios e disputas políticas, os acontecimentos renasceram para a historiografia, ganhando não apenas uma configuração renovada na escrita histórica, mas assumindo, muitas vezes, um papel de estruturadores do tempo histórico, como apontado por Pierre Nora (1988) ao perceber o "retorno do fato". O tempo histórico ganha contornos e dinâmicas presididos pela intervenção dos meios de comunicação de massa e a presença constante do acontecimento no cotidiano.

Mais recentemente, François Dosse (2013) mapeou essa trajetória epistêmica do acontecimento por conta de seu fetichismo pela Escola Metódica, passando por um eclipse quando do predomínio da lógica estrutural, até seu renascimento em nova configuração, impondo-se como capaz de dar início e desfecho à própria realidade social tal como é constantemente apresentada nas narrativas que o amparam. Os acontecimentos ganham espessura histórica ao darem vazão a temas sensíveis para os indivíduos e grupos sociais dispersos, até então externos à escrita predominante da história. Vale observar que várias investigações feitas no curso se valeram dessa abordagem, com destaque para os estudos que utilizaram a imprensa e os debates parlamentares. Sobre essa problemática, tão cara à história do tempo presente, Dosse atenta para a articulação entre temporalidades, escalas e espaços:

> O acontecimento-monstro, o acontecimento-mundo que atinge o cerne da Comunidade, ou ainda o microacontecimento que perturba a vida cotidiana do indivíduo se afirmam cada vez mais como enigmas irresolutos, de Esfinge, que interrogam as capacidades da racionalidade e conseguem demonstrar não a sua inanidade, porém a sua incapacidade de saturar o sentido do que intervém como novo, porque fundamentalmente o enigma carregado pelo acontecimento sobrevive ao seu desaparecimento. [...] Esfinge, o acontecimento é igualmente Fênix, que, na realidade, nunca desaparece. Deixando múltiplos vestígios, ele volta constantemente, com sua presença espectral, para brincar com acontecimentos subsequentes, provocando configurações sempre inéditas. [Dosse, 2013:7]

A partir de questões tão vastas e difíceis, o tempo histórico passou a compor, de modo inarredável, as dimensões exploradas por investigadores(as) dedicados(as) ao tempo presente. Tal historiografia, como passou a ser explorada em diferentes estudos conduzidos na Udesc, compreende uma atitude metodológica pela qual se busca tratar das interações sociais tomadas como objeto de investigação, e as singularizar. Neste sentido, as contribuições do historiador alemão Reinhart Koselleck (2006; 2014) para este debate — especialmente após a tradução para o idioma português de algumas de suas obras na década de 2010 — foram incorporadas às discussões realizadas em diferentes disciplinas do curso da Udesc acerca do problema do tempo histórico, o que permitiu o aprofundamento das pesquisas. Observamos que as proposições do referido historiador, relativas ao que ele denomina de "estratos do tempo", nortearam a abordagem sobre temporalidades em um número significativo de estudos do curso, principalmente nos relativos à implementação de políticas públicas e/ou sociais no país.

Para o autor, de longa data, os historiadores analisam o tempo nos processos históricos a partir de dois modos: por meio da singularidade dos eventos e das estruturas de repetição. Construir uma narrativa histórica tendo em vista os "estratos do tempo" implica, então, identificar esses movimentos que ocorrem em "velocidades" diferenciadas:

Fenômenos de recorrência podem ser demonstrados como condição da singularidade em todos os âmbitos da vida. Mas encontramos uma dificuldade quando nos perguntamos se e como essas estruturas de repetição duradouras adquirem um caráter singular. Aqui surge um fenômeno que torna tão interessante a história: não só acontecimentos súbitos e singulares produzem mudanças; as estruturas de maior duração — que possibilitam as mudanças — parecem estáticas, mas também mudam. O proveito de uma teoria dos estratos do tempo consiste em sua capacidade de medir diferentes velocidades, acelerações ou atrasos, tornando visíveis os diferentes modos de mudanças, que exibem grande complexidade temporal. [Koselleck, 2014:22]

Outra proposição de Koselleck (2006), considerada produtiva por animar diferentes estudos, é a relativa ao uso das categorias "espaço de experiência" e "horizonte de expectativas". Essas duas categorias colocam em xeque as noções de passado, presente e futuro construídas a partir de uma perspectiva de tempo linear. O "espaço de experiência", que comporta o conhecimento racional e o produzido de outras formas em uma perspectiva individual e coletiva, é, segundo o autor, o "passado atual", expresso no presente. As expectativas, também construídas de forma individual e coletiva, seriam o "futuro presente" que se encontra no limiar do horizonte. Todavia, é importante lembrar que, na modernidade, "horizonte" é quase sempre sinônimo de inalcançável:

De acordo com a minha tese, a diferença entre a experiência e expectativa tem aumentado cada vez mais na modernidade. Mais precisamente: a modernidade só foi compreendida como tempo novo a partir do momento em que as expectativas começaram a se distanciar cada vez mais das experiências realizadas. Já expliquei que a expressão "progresso" conceitualizou pela primeira vez essa diferença. [Koselleck, 2014:309]

Quem se dedica ao tempo presente no âmbito historiográfico tem sido incentivado a se debruçar sobre dimensões subjetivas, mas com efeitos concretos sobre as relações sociais que marcam boa parte das sociedades no início do século XXI. As formas de concentração e circulação de riquezas postas em operação por sistemas produtivos orientados por um capitalismo que parece não mais encontrar barreiras e opositores alternativos expressam-se não apenas por gritantes assimetrias e desigualdades sociais, mas também pelo estreitamento das perspectivas de futuro. Além das mudanças culturais supostas por novas estruturas tecnológicas e relações produtivas, a historiografia depara-se com o possível esgotamento da cultura histórica referenciada pelos primeiros séculos da chamada modernidade ocidental. Esvaziamento de projetos sociais e disseminação de incertezas põem definitivamente em xeque as narrativas laudatórias do progresso, o que se junta à flexibilização das relações de trabalho e às ameaças de degradação ambiental irreversível. O passado assume então as expressões de uma cultura nostálgica, celebrada em signos comerciais que retiram da história a condição de "mestra da vida". A experiência da "destemporalização" torna-se parte da cultura urbana de populações espalhadas pelo globo e influenciadas pelo capitalismo ocidental. Para Hans Gumbrecht (2008:23), a passagem do tempo, por si só, deixa de ser o indício de um "agente absoluto de mudança" e, assim, "o futuro não se apresenta como um horizonte a ser moldado e determinado no presente", o que "neutraliza — ou pelo menos enfraquece — aquele aspecto de ação que o papel do sujeito assimilou ao longo do século XVIII".

Desse modo, uma das maneiras pela qual a história do tempo presente pode ser apropriada nos estudos da Udesc diz respeito a se tornar o estudo das intensas mutações culturais que presidem as novas acepções do "tempo histórico". Observamos o uso das categorias "espaço de experiência" e "horizonte de expectativas" relativas ao tempo histórico sobretudo em estudos do curso que investigaram as tentativas de normalização das populações pelo Estado ou por outros agentes sociais por meio de prescrições enunciadas nas legislações, em documentos relativos a políticas sociais, na imprensa, na literatura, em manuais de etiqueta e *blogs*. Em sociedades, tais como a brasileira, cujas desigualdades econômicas e diferenças socioculturais se agigantaram, especialmente no século XX, esses processos necessitam ser analisados a partir de uma acepção temporal, calcada nas múltiplas temporalidades.

Sobre as temáticas e as fontes

A história do tempo presente é uma modalidade historiográfica que ainda está sob a égide de temáticas que dizem respeito às matrizes europeias; contudo, aponta para disputas que devem ser enfrentadas. É possível, assim, abrir a possibilidade para outros caminhos e outras geografias para uma escrita da história com vistas a formas de historiar nosso tempo e nossas vivências. No denominado Sul, predominam sociedades marcadas por abrangentes processos coloniais como parte da construção do chamado Estado-nação moderno.

Uma historiografia voltada ao tempo presente necessita, neste caso, voltar-se às experiências, aos discursos e às memórias acerca das disputas em torno de projetos no campo do político, do econômico e do sociocultural. Os considerados "avanços" e "regressos" apresentam um sentido de urgência para os estudos históricos, ainda mais intenso do que naquelas sociedades que fazem parte do centro do mundo capitalista.

Embora continuando a se mostrar úteis para diferentes abordagens, as ferramentas teóricas que ainda predominam na historiografia, e em diferentes áreas das ciências humanas, apresentam-se incompletas a quem se situa na perspectiva de uma mirada a partir do Sul do mundo. Os processos sociais que interferem em povos e relações situados às "margens" dos cenários em que se situam as centralidades hegemônicas não podem ser entrevistos em sua complexidade sem que se considerem novas epistemologias e estruturas de conhecimento que levem em conta as agências e os protagonismos dos que foram afetados por séculos de colonialismo e exploração. Diferentes lugares e vidas aparecem, assim, "repletos de tempo" (Sennett, 1990:169), o que por si só desafia uma lógica que repele a diversidade e a pluralidade de perspectivas.

Esta pode ser uma das mais produtivas contribuições dos estudos elaborados na Udesc, que, segundo expressão de Boaventura de Sousa Santos (2009:452), buscam por respostas à altura de "perguntas fortes" das quais por vezes escapamos, mas que sejam elaboradas considerando as margens imprecisas do nosso tempo. Estudos construídos com tal ênfase partem da percepção de que os processos sociais estão em constante mutação, embora se caracterizem por sua incompletude e permanência no próprio tempo de realização das investigações. Os cenários nos quais se desenrolam as trajetórias históricas abordadas são movediços em seus contornos, em sua diversidade, na fragmentação da documentação disponível e na multiplicidade de interpretações. Por outro lado, são, muitas vezes, objeto e abordagem ainda em busca de uma efetiva legitimidade por parte das interpretações hegemônicas do campo disciplinar. Exemplos disso são os estudos realizados no curso que tem como tema os processos relativos à emergência de fenômenos sociais derivados da construção de relações sociais no âmbito da internet.

As narrativas ocidentais que delinearam os marcos de um tempo histórico, nos moldes dos modelos eurocêntricos, são atualmente incapazes de fornecer respostas a boa parte das "perguntas fortes" apresentadas pelo tempo presente. Daí que a história do tempo presente, tal qual foi sendo praticada no âmbito da Udesc, passou a ser uma evidência da necessidade de explorar paradigmas aproveitando o cenário nacional e internacional favorável à proposição de abordagens deslocadas de parâmetros consagrados e voltadas a questionar uma certa ordem do saber que reproduz as assimetrias das relações de poder em diferentes âmbitos, a começar pelas populações oriundas de processos massivos de colonização. Com vistas, em parte, a dar conta desse cenário no campo historiográfico, a revista *Tempo e Argumento* publica, desde 2017, a seção "História do tempo presente e a América Latina". A seção apresenta entrevistas com historiadores(as) de diferentes países da América Latina, ao tempo em que realizam uma cartografia dos estudos sobre o campo disciplinar em seus países. Já foram publicadas entrevistas com os(as) seguintes pesquisadores(as): Hugo Antonio Fanzio Vengoa (Colômbia),[3] Maria Inês Mudrovic (Argentina),[4] Maria Eugênia Allier Mantaño (México),[5] Cristina Moyano Barahona (Chile)[6] e Jaime Yaffé (Uruguai).[7] Pretende-se, num futuro próximo, divulgar entrevistas de pesquisadores oriundos de outros continentes.

A uma história do tempo presente vista do Sul cumpre ainda conectar, ao invés de separar, as fronteiras culturais e nacionais, mais como limiares e menos como divisões estanques. Assim, será possível superar o "isolamento das historiografias nacionais" e atuar na perspectiva de encontrar nós de interação e vínculos entre processos e populações separadas pelo colonialismo e pela ação de Estados hegemônicos (Gruzinski, 2001). Cabe ainda questionar as fronteiras disciplinares que reificam extensos continentes de temporalidades abstratas, na forma de "eras", "idades", "períodos", "governos" etc., por vezes alheias a sociedades situadas além dos centros hegemônicos de produção do saber, mas que ainda aparecem como referência para as empreitadas ex-

---

[3] MACHIESKI, Elisangela da S. História do tempo presente e América Latina: Colômbia — uma entrevista com Hugo Antonio Fazio Vengoa. *Tempo e Argumento*, Florianópolis, v. 9, n. 20, 2017, p. 344-357.

[4] DAMINELLI, Camila S.; MACHIESKI, Elisangela da S. História do tempo presente e América Latina: Argentina — uma entrevista com María Inés Mudrovcic. *Tempo e Argumento*, Florianópolis, v. 9, n. 21, 2017, p. 450-471.

[5] MACHIESKI, Elisangela da S.; CENAMO, Tamy. I. História do tempo presente e América Latina: México — uma entrevista com Eugenia Allier-Montaño. *Tempo e Argumento*, Florianópolis, v. 11, n. 26, 2019, p. 601-615.

[6] OLIVEIRA, Carlos E. P. de. História do tempo presente e América Latina: Chile — uma entrevista com Cristina Moyano Barahona. *Tempo e Argumento*, Florianópolis, v. 11, n. 28, p. 528-533, 2019.

[7] YAFFÉ, Jaime; PEREIRA DE OLIVEIRA, Carlos E. História do tempo presente e América Latina: Uruguai — entrevista com Jaime Yaffé. *Tempo e Argumento*, Florianópolis, v. 12, n. 31, 2020, p. e0401.

ploratórias a que se dedicam historiadores(as) de diferentes lugares, mesmo aqueles que são justamente marginalizados por tais divisões e demarcações. Observamos o exercício exploratório de uma operação historiográfica que põe em cena a dispersão e a pluralidade, sobretudo nas investigações do curso da Udesc que tomam como foco a circulação de ideais em nível global, analisadas especialmente por meio da imprensa, da literatura, da música, da Web e das relações diplomáticas, além das que analisam as políticas de memória no âmbito do Estado e as relativas à circulação de memórias acerca de grupos sociais (étnicos e de outras naturezas) e indivíduos.

Uma sociedade como a brasileira, a um só tempo apresentada a partir de imagens tão díspares como a da modernidade e as do arcaísmo, da violência e da celebração festiva, da pluralidade e do autoritarismo, pressupõe desafios teóricos e metodológicos que não podem ser enfrentados a não ser pela exploração dos temas que afetam diretamente investigadores e investigadoras (Müller e Iegelski, 2018). Mais importantes do que as operações historiográficas que procuram estabelecer gramáticas disciplinares, são os temas urgentes que desafiam a historiografia a se pronunciar junto aos que vivem os conflitos de um tempo que não mais pode ser abordado a partir de narrativas consideradas apaziguadoras. Historiadores(as) foram então impelidos(as) a debater e a compreender uma consciência histórica que se recusa a simplesmente realizar o trabalho de luto por gerações passadas e a criar formas renovadas de dar conta das experiências dos vivos (Ricoeur, 2007), correspondendo a diversas camadas de temporalidades presentes. Neste sentido, os estudos feitos no curso sobre as temáticas relativas às violações de direitos humanos ocorridas em relação a vários grupos sociais, em especial as ocorridas no Brasil e em outros países da América Latina nos períodos ditatoriais mais recentes e, posteriormente, nas redemocratizações, estão inseridos nestas problemáticas.

Diferentemente de outros campos da disciplina, a gama de *fontes* existentes que possibilitam a escrita da história do tempo presente é bastante ampla. As narrativas produzidas na Europa utilizavam, preferencialmente, os testemunhos, gerando, inclusive, um profícuo debate epistemológico sobre esta fonte (Ricoeur, 2007; Araújo, 2019). Esta documentação investigada possibilita, assim, uma hermenêutica que aproxima pesquisador e testemunho, viabilizada *metodologicamente* pela agência que ocorre no próprio trabalho de investigação. Tal atitude contribui para os que desejam "lutar contra a tendência a se considerar o passado do ponto de vista do acabado, do imutável, do irretocável" (Ricoeur, 1997:372), acentuando a indeterminação e a provisoriedade dos processos históricos. Essas noções remetem aos entrelugares e às relações pós-coloniais (Bhabha, 2001:308), situados em territórios imprecisos, cujos objetos podem ser, a um só tempo, uma coisa e outra.

Todavia as narrativas produzidas no curso (e no Brasil) caminham em outras direções em relação às fontes. Embora a história oral e os testemunhos norteiem um conjunto significativo de narrativas, o que se observa é que a imprensa (especialmente os jornais e as revistas de grande circulação), os documentos emitidos pelo Estado, as fontes relativas à cultura visual (rádio, televisão e fotografia) e as produzidas no âmbito da internet ganham em importância ao também balizarem a escrita desses trabalhos. Possivelmente, nessa questão reside uma das grandes diferenças entre as produções historiográficas da Europa e as do Sul. Entendemos que os usos desta gama de fontes nas referidas narrativas impulsionam a emergência ou a renovação de discussões de cunho teórico-metodológico, ampliando assim um dos debates fundamentais da disciplina, conforme sugere Maria Paula Nascimento Araújo (2019). Entre esses debates destaca-se o relativo às fontes consideradas "sensíveis", especialmente as produzidas a partir da oralidade ou então por instituições do Estado (polícias, Poder Judiciário, Poder Legislativo etc.) ou civis (hospitais, asilos, orfanatos etc.). É importante destacar alguns dos problemas que as investigações voltadas ao tempo presente têm que enfrentar na tarefa de lidar com suas fontes documentais e as questões éticas:

As referidas fontes documentais "sensíveis" envolvem a produção de uma História com protagonistas vivos e a escalada de uma onda conservadora no país, sobretudo a partir dos últimos anos e os processos de desestabilização política promovidos no país. Cabe questionar ainda se são suficientes para a resolução de questões de dimensão tão ampla os procedimentos que envolvem a submissão das investigações e de seus resultados ao crivo de comitês de éticas das universidades, geralmente subordinados à ótica de campos de conhecimento alheios às Ciências Humanas, por vezes com fundamentos epistemológicos profundamente distintos, ou se há eficácia na ocultação ou alteração de nomes de personagens individuais ou coletivos que são foco do processo de construção da narrativa. [Arend e Lohn, 2019:164]

Considerações finais

O que tem movido uma parcela considerável do esforço de se criar e manter um curso de pós-graduação voltado a explorar a história do tempo presente diz respeito a uma compreensão necessariamente diferente e plural da realidade social. Enquanto é praticamente impossível evitar o envolvimento com objetos e temas tão próximos e candentes, estes são alvo de análises e interpretações que não renunciam ao aprofundamento teórico e ao rigor metodológico. Trata-se, assim, de dar concretude às experiências alvo das investigações, construindo uma historiografia dos vivos e para os vivos. Tem constituído um esforço constante não se render à superficialidade, assumindo que se voltar ao tempo presente compreende inúmeros desafios e problemas complexos, comprometendo-se com a qualificação dos estudos históricos no Brasil. Dessa forma, é possível sugerir que a trajetória ainda recente do Programa de Pós-Graduação em História da Udesc é tão inacabada quanto seu objeto de investigação, embora seja possível apontar para potencialidades, bem como, obviamente, perceber limites. Estes últimos derivam tanto da própria inconsistência ainda perceptível na definição de um campo de investigação quanto das próprias condições institucionais e acadêmicas disponíveis a quem se depara com questões tão desafiadoras.

Os esforços voltados a dar conta de processos sociais complexos e em andamento, como os que são tomados como objeto de nossos estudos, pressupõem alguma dose de "desobediência epistêmica" (Mignolo, 2008), sem a qual não será possível uma mirada que evidencie personagens e histórias situados ao Sul. Além disso, os delineamentos de tais temáticas e abordagens são tão imprecisos como os da própria vida, sugerindo devires amplos e indeterminados. E sabe-se que viver não é preciso...

Referências

ARAÚJO, Maria Paula Nascimento. Violência, trauma e testemunho: desafios para uma historiografia latino-americana. In: ELÍBIO, Antônio; SCHURS-TER, Karl; PINHEIRO, Rafael (Org.). *Tempo presente*: uma história em debate. Recife: EDUPE, 2019, p. 101-124.

AREND, Silvia Maria Fávero Arend; LOHN, Reinaldo Lindolfo. Geografias historiográficas o tempo presente visto do Sul em uma revista brasileira. In:

ELÍBIO, Antônio; SCHURSTER, Karl; PINHEIRO, Rafael (Org.). *Tempo presente*: uma história em debate. Recife: Edupe, 2019, p. 147-169.

_____; MACEDO, Fabio. Sobre a história do tempo presente: entrevista com o historiador Henry Rousso. *Tempo e Argumento*, Florianópolis, v. 1, n. 1, 2009, p. 201-216.

BHABHA, Homi. *O local da cultura*. Belo Horizonte: UFMG, 2001.

BÉDARIDA, François. Tempo presente e presença da história. In: FERREIRA, Marieta de Moraes; AMADO, Janaína (Org.). *Usos & abusos da história oral*. Rio de Janeiro: Editora FGV, 1996, p. 219-232.

BERSTEIN, Serge. L'historien et la culture politique. *Vingtième siècle. Revue d'histoire*, Paris, n. 35, 1992, p. 67-77.

CAMPBELL, Sue. *Our faithfulness to the past*: the ethics and politics of memory. Oxford: Oxford University Press, 2014.

CHESNAUX, Jean. *Devemos fazer tábua rasa do passado?* Sobre a história e os historiadores. São Paulo: Ática, 1995.

CROCE, Benedetto. *Teoria e storia della storiografia*. Bari: Laterza & Figli, 1920.

DOSSE, François. *Renascimento do acontecimento*: um desafio para o historiador: entre Esfinge e Fênix. São Paulo: Ed. da Unesp, 2013.

FERREIRA, Marieta de Moraes. História, tempo presente e história oral. *Topói*, Rio de Janeiro, v. 3, n. 5, 2002, p. 314-332.

FICO, Carlos. Ditadura militar brasileira: aproximações teóricas e historiográficas. *Tempo e Argumento*, Florianópolis, v. 9, n. 20, 2017, p. 5-74.

GONTIJO, Rebeca. História, cultura, política e sociabilidade intelectual. In: SOHIET, Rachel; BICALHO, Maria Fernanda; GOUVÊA, Maria de Fátima (Org.). *Culturas políticas*: ensaios de história cultural, história política e ensino de história. Rio de Janeiro: Mauad, 2005, p. 259-284.

GRUZINSKI, Serge. Os mundos misturados da monarquia católica e outras "connected histories". *Topói*, Rio de Janeiro, v. 2, n. 2, 2001, p. 175-196.

GUMBRECHT, Hans Ulrich. *Modernização dos sentidos*. São Paulo: Ed. 34, 2008.

HUNTER, James D. The culture war and the sacred/secular divide: the problem of pluralism and weak hegemony. *Social Research*, Baltimore, v. 4, n. 76, 2009, p. 1.307-1.322.

KOSELLECK, Reinhart. *Estratos do tempo*: estudos sobre a história. Rio de Janeiro: Contraponto; Ed. da PUC-RJ, 2014.

_____. *Futuro passado*: contribuição à semântica dos tempos históricos. Rio de Janeiro: Contraponto; Ed. da PUC-RJ, 2006.

LACAPRA, Dominick. *History and memory after Auschwitz*. Nova York: Cornell University Press, 1998.

_____. Retórica e história. *Territórios e Fronteiras*, Cuiabá, v. 6, n. 1, 2013, p. 97-118.

LE GOFF, Jacques. A política será ainda a ossatura da história? In: _____. *O maravilhoso e o quotidiano no Ocidente medieval*. Lisboa: Edições 70, 1990, p. 221-242.

_____. *História e memória*. Campinas: Ed. Unicamp, 1994.

LOHN, Reinaldo Lindolfo; CAMPOS, Emerson Cesar de. Tempo presente: entre operações e tramas. *História da Historiografia*, Mariana, v. 10, n. 24, 2017, p. 97-113.

LOHN, Reinaldo Lindolfo. Reflexões sobre a história do tempo presente: uma história do vivido. In: REIS, Tiago Siqueira et al. (Org.). *Coleção história do tempo presente*. Boa Vista: Editora da UFRR, 2019, v. 1, p. 11-26.

MIGNOLLO, Walter. Desobediência epistêmica: a opção descolonial e o significado de identidade em política. *Cadernos de Letras da UFF*, Niterói, v. 34, 2008, p. 287-324.

MOTTA, Rodrigo Patto Sá. Desafios e possibilidades na apropriação de cultura política pela historiografia. In: _____ (Org.). *Culturas políticas na história*: novos estudos. Belo Horizonte: Argvmentvm, 2009, p. 13-37.

MÜLLER, Angélica; IEGELSKI, Francine. O Brasil e o tempo presente. In: FERREIRA, Jorge; DELGADO, Lucília de A. Neves (Org.). *O tempo da Nova República*: da transição democrática à crise política de 2016 — Quinta República (1985-2016). Rio de Janeiro: Civilização Brasileira, 2018, p. 13-26. (O Brasil republicano, v. 5).

NORA, Pierre. O retorno do fato. In: LE GOFF, Jacques; NORA, Pierre (Org.). *História*: novos problemas. Rio de Janeiro: Francisco Alves, 1988, p. 179-193.

RICOEUR, Paul. *A memória, a história, o esquecimento*. Campinas: Ed. Unicamp, 2007.

_____. *Tempo e narrativa*: tomo III. Campinas: Papirus, 1997.

ROSSATO, Luciana; CUNHA, Maria Teresa Santos. Vetores para uma escolha: história do tempo presente e as pesquisas discentes no PPGH/Udesc. *Tempo e Argumento*, Florianópolis, v. 9, n. 20, 2017, p. 162-185.

ROUSSO, Henry. *A última catástrofe*: a história, o presente, o contemporâneo. Rio de Janeiro: Editora da FGV, 2016.

ROUSSO, Henry. *Le syndrome de Vichy*: de 1944 à nos jours. Paris: Éditions du Seuil, 1987.

RÜSEN, Jörn. *Razão histórica*. Teoria da história: os fundamentos da ciência histórica. Brasília: Ed. da UnB, 2001.

SANTOS, Boaventura de Sousa. Um ocidente não ocidentalista? A filosofia à venda, a douta ignorância e a aposta de Pascal. In: _____; MENESES, Maria Paula (Org.). *Epistemologias do Sul*. Coimbra: Almedina, 2009, p. 445-486.

SENNETT, Richard. *The conscience of the eye*: the design and social life of cities. Nova York: WW Norton & Company, 1990.

SIRINELLI, Jean-François. Les vingt décisives. Cultures politiques et temporalités dans la France fin de siècle. *Vingtieme siecle. Revue d'histoire*, Paris, n. 44, 1994, p. 121-127.

TAYLOR, Diana. *O arquivo e o repertório*. Performance e memória cultural nas Américas. Belo Horizonte: Editora da UFMG, 2013.

Presentismos e desordens climáticas

Os impasses do presentismo*

François Hartog

Na Europa, desde os anos 1970, alguma coisa se desfez em nossa relação com o futuro, mas também com o passado, enquanto a categoria do presente crescia em força: um presente invasivo, como se aspirasse à autossuficiência, único horizonte possível ao mesmo tempo que se deteriorava a cada instante no imediatismo (Hartog, 2012). Planejamento, prospectiva, futurologia, foram grandes palavras de ordem dos anos 1960, agora lançadas no esquecimento. As Comissões de Planejamento** desapareceram e a "ardente obrigação" (General de Gaulle) do planejamento foi suplantada pela valorização da flexibilidade e, no que diz respeito à produção, pela valorização do *Just in time*. A inovação é mais valorizada do que a invenção, considerada muito longa, muito incerta, muito pesada.

Para onde passou o futuro?

A urgência está no comando. Estamos completamente concentrados na resposta imediata ao imediato: é preciso reagir em tempo *real*, como quem é capaz de fazer até a charge, no caso da comunicação política. Ou, atitude diferente, oposta à primeira vista, mas que também reconduz ao presente

---

* Traduzido do francês por Tiago Santos Almeida.
** As Comissões de Planejamento eram um tipo de comissão de Estado, criada pelo General de Gaulle em 1946, que se ocupava de realizar os planos quinquenais da economia francesa até 2006. [N. do T.]

único: o futuro nada é senão algo muito previsível. Confrontados com uma irreversibilidade, da qual somos cada vez mais claramente os iniciadores, entramos, repete-se, "no tempo das catástrofes". O filósofo Jean-Pierre Dupuy desenvolveu uma reflexão sobre aquilo que propôs denominar "catastrofismo esclarecido".[1] O problema, segundo ele, não é saber se um desastre (climático, sanitário, nuclear ou outro) vai acontecer, mas acreditar que ele acontecerá e agir de acordo. Nós sabemos, mas não acreditamos. Em 2020, a pandemia da Covid-19 veio confirmar esse diagnóstico. É preciso "projetar-se", disse ele, "no pós-catástrofe", como se a catástrofe já tivesse ocorrido, para parar, se possível, o Relógio do apocalipse. Para ele, longe de deixar o campo livre ao irracional, essa pedagogia da catástrofe deveria convidar a um aumento da racionalidade, já que o trem ou o *trend* da história tende para a catástrofe. Muito antes de acontecer, o futuro já teria sido jogado, se é que de fato já não foi. Trata-se de encará-lo sem ceder aos sombrios regozijos do apocalipse ou aos anúncios de um colapso próximo, que se espalham em certos meios que se reivindicam de um ecologismo radical, até mesmo violento.

Esse futuro, que não é mais concebido como indefinidamente aberto, é, ao contrário, percebido como cada vez mais restrito, senão fechado. Descobrimos, de forma cada vez mais acelerada e inquietante, não apenas que um futuro portador de ameaças se estende mais e mais à nossa frente, mas também que o que fazemos ou deixamos de fazer hoje mesmo incide sobre este futuro que é tão distante que representa nada ou quase nada na escala de uma vida humana. Na outra direção, rio acima, aprendemos que o passado vem de longe, cada vez mais longe: o tempo do aparecimento dos primeiros hominídeos, de fato, não parou de retroceder. Diante dessas convulsões em nossos marcos — lembremos que a cronologia de 6 mil anos da Bíblia, que mais ou menos se manteve até o final do século XVIII, estabeleceu o quadro das histórias universais —, muitos são tentados a dizer *stop*, a advogar um retorno ao que ficou para trás e encontrar paraísos perdidos. A indústria do lazer imediatamente percebeu a vantagem que poderia tirar das ilhas "paradisíacas" e de outros territórios "virgens", onde o veranista compra, por uma ou duas semanas, experiências bem calibradas de desaceleração programada. Quanto ao passado histórico, tendemos a "tratá-lo" ou "administrá-lo" em lugares específicos (os tribunais) e por meio de ações específicas (as políticas

---

[1] Dupuy (2002). Em 2020, a pandemia de Covid-19 mostrou que o catastrofismo esclarecido ainda não havia feito escola na Europa.

memoriais). Esse passado histórico tanto está no presente quanto existe no presente: sob a autoridade da memória. Então, não sabemos mais o que convém entender por "história", ela que foi a grande crença dos tempos modernos (Hartog, 2016.).

O desenvolvimento incrivelmente rápido experimentado pelo "princípio da precaução" também fornece o testemunho dessa transformação da nossa relação com o futuro: chegou a ser incluído na Constituição Francesa em 2005. Dependendo do uso, este princípio, que é a tradução de uma incerteza indissolúvel, ao menos no estado atual dos conhecimentos científicos, pode transformar-se num simples princípio de abstenção. É um modo de nada fazer para evitar se expor a eventuais procedimentos judiciários. O princípio então se transforma em uma espécie de guarda-chuva.

Outra expressão desse deslocamento se manifesta na importância cada vez maior atribuída à "prevenção", notadamente em matéria penal, bem como ao tema da segurança, cada vez mais presente nos discursos políticos. Assim, a lei francesa relativa à prisão preventiva (25 de fevereiro de 2008) "permite manter um condenado em detenção, depois do cumprimento da sua pena, por um período de um ano, renovável indefinidamente, tendo apenas sua periculosidade como critério" (Delmas-Marty, 2010:7). Avalia-se, portanto, a partir de cálculos de probabilidades, a "periculosidade" de uma pessoa e decide-se, por exemplo, mantê-la trancada (mesmo após o cumprimento de sua pena), o que equivale a privá-la do futuro. Vemos como essas abordagens levam a considerar o futuro como uma ameaça e, em certo sentido, a suprimir a história, mais exatamente a sua possibilidade, em nome da urgência do presente e sob o pretexto de sua proteção (Garapon, 2008:151-154).

De modo mais amplo, certos perigos planetários

> têm efeitos potencialmente ilimitados no tempo. Dependendo se estão ligados à violência inter-humana (terrorismo global) ou ao domínio do homem sobre a natureza (perigos ecológicos ou biotecnológicos) [...], esses perigos levam a várias formas de segurança antecipada: às vezes é o momento que perdura quando a emergência se torna permanente, às vezes é o futuro que se integra ao direito positivo, por meio de técnicas que vão da prevenção à precaução, das gerações presentes às gerações futuras. [Delmas-Marty, 2010:188]

No domínio militar, recentemente passamos a utilizar a noção de "guerra preventiva". São todas decisões, disposições, modos de ser que reforçam o caráter onipresente do presente como horizonte insuperável do nosso contemporâneo.

O futuro, enfim, tornou-se um fardo que ninguém, empresas ou instituições, quer mais assumir. "Não temos visibilidade, ou não o suficiente, para contratar, investir, tomar uma decisão etc." A frase, que os candidatos a emprego ouvem com muita frequência, reaparece constantemente. Por outro lado, sabemos ligar os computadores cada vez mais rápido — ganha aquele que conseguir comprar ou vender um nanossegundo antes dos outros —; quanto a compreender além, meio que renunciamos a isso.[2] Os únicos "planos" sobre os quais ainda falamos são os planejamentos sociais? Eles nada fazem além de acompanhar o que se declara já ter acontecido: a falência da empresa. Os cenários de previsão são limitados ao curtíssimo prazo. Se continuamos a multiplicar o número de tabelas e as baterias de indicadores, é sobretudo para compreender aquilo que se passa e avaliar (tanto quanto possível) seu curso. Um acontecimento expulsa o outro, embora qualquer instituição privada ou pública deva sempre produzir mais eventos. O imperativo é ser reativo, sempre mais móvel, mais flexível, mais ágil, ou seja, mais rápido na corrida sem fim em direção a uma aceleração cada vez maior.

Fazemos do futuro tábula rasa, ou quase! Quanto ao passado, há a memória (com o patrimônio — e a economia que o acompanha — e as comemorações), bem como a justiça: para julgar a história de ontem, anteontem ou mesmo de hoje, senão do amanhã.

Um presente onipresente

Nem o tempo da economia nem mesmo o tempo político — ou melhor, os tempos políticos — podem se ajustar ao imediatismo do tempo dos mercados. Há, de fato, o tempo imperioso dos calendários eleitorais, aquele conhecido desde o alvorecer dos tempos, que consiste em "ganhar tempo" (decidindo deixar a decisão para mais tarde), e aquele, que veio por último e nem por isso é menos exigente, da comunicação política. Ainda mais grave, as já velhas de-

---

[2] Juvin (2009). Ele descreve, p. 11-12, o que chama de "a liquidação do futuro": "a valorização permanente, [...] possibilitada pela cotação eletrônica contínua dos títulos de uma empresa, é um incentivo à sua liquidação, isto é, à sua conversão em dinheiro". Ainda com mais força, no caso das operações alavancadas, as opções nada mais são do que "essa capacidade inaudita de obter ganhos futuros no presente".

mocracias representativas estão descobrindo que não sabem muito bem como ajustar os modos e os ritmos da tomada de decisão a essas tiranias concorrentes e concomitantes — a tirania do momento, mas também a de um futuro já quase determinado e, muitas vezes, a de um passado traumático ou criminoso —, e isso sem arriscar comprometer aquilo que, precisamente, de pouco em pouco as tornou democracias. O e-mail, sem falar no *tweet*, tornou-se um espantoso instrumento presentista: é inútil dar exemplos! Mas pode-se fazer democracia instantânea e com transmissão ao vivo? Ultimamente, as redes sociais nas quais tudo circula instantaneamente (imagens virais e *fake news*, notadamente) têm reforçado ainda mais a força do presentismo. A emoção torna-se a fonte de informação mais poderosa: o "eu…, eu" e o "eu também", ou seja, "eu também, eu sou uma vítima".

A Escola, que é por definição a instituição aberta para o futuro, não escapa desses questionamentos. Ela garantia a autoridade do professor ou do mestre em nome de uma promessa de sucesso, postergado, mas real para o aluno. Hoje, ela é vista cada vez mais como um serviço em que as interações são regidas por cálculos de juros de curto prazo. Conhecemos a eficácia imediata dos saberes instrumentais adquiridos rapidamente e pelo menor custo. A obsessão pelas "competências" (a serem adquiridas) decorre de uma concepção produtivista do ensino, que tende a reduzir a transmissão a uma transação. De forma mais geral, os alunos querem saber, mas não querem aprender: o progresso tecnológico nos faz acreditar que podemos saber imediatamente sem ter que aprender, economizando o tempo de aprendizagem graças a alguns cliques.

Longe de mim a ideia de simplificar essas questões complexas, aqui apenas enumeradas, tantos são os indícios do ar ambiente presentista. Muito pelo contrário. Não se trata de sugerir que o presentismo bastaria para explicar a crise atual nas sociedades ocidentais (ele não tem essa pretensão), mas diagnosticá-lo permite ao menos sublinhar os riscos e as consequências de um presente onipresente e onipotente, impondo-se como o único horizonte possível do viver em conjunto. Encheram nossos ouvidos com um capitalismo financeiro ruim (míope), em oposição ao bom capitalismo industrial dos administradores de antigamente ou mais recente. Mas desde que os historiadores se debruçaram sobre a história do capitalismo, eles reconheceram sua plasticidade. Se existe certa unidade do capitalismo, da Itália do século XIII ao Ocidente de hoje, concluiu Fernand Braudel, é preciso situá-la, em primeiro lugar, na sua plasticidade à toda prova, isto é, na sua capacidade de transformação e adaptação. Para Braudel, que distinguiu a economia de mercado do capitalismo, este sempre vai para onde se pode fazer mais lucro: "Ele representa a zona de alto lucro" (Braudel, 1987:72). Mas hoje, o capitalismo financeiro quer os maiores lucros imediatamente. Este é o imperativo do rápido retorno sobre o investimento exigido pelos acionistas (em particular pelos grandes fundos de pensão americanos).

Uma vez superada com urgência, nos Estados Unidos e na Europa, a grave crise financeira de 2008, reinou e reina por toda parte uma extrema dificuldade de ver além. Reagimos mais do que agimos. Daí o valor tranquilizador de uma fórmula como a "retomada" das economias, que é o verdadeiro *mantra* dos políticos. Retomar é, na verdade, recomeçar lá de onde havíamos parado e reencontrar o caminho ascendente que já conhecíamos; o mesmo serve para a virtude invocatória do "crescimento". O tempo moderno, carregado pelo progresso, não poderia ter outro horizonte. Essas disposições estão diretamente ligadas às nossas incapacidades coletivas de escapar daquilo que é costumeiramente chamado de curto-termismo (um termo emprestado das finanças) e que prefiro chamar de presentismo. O presente apenas: aquele da tirania do instante e do presente perpétuo que pesa, pisoteia.

Mas se tornou cada vez mais claro que, longe de ser uniforme e inequívoco, o presente presentista é vivido de maneiras muito diferentes, dependendo do lugar que ocupamos na sociedade. Temos, de um lado, um tempo de fluxos, de aceleração e uma mobilidade valorizada e que valoriza; de outro lado, daquele que o sociólogo Robert Castel chamou de "precariado", em oposição ao assalariado que até então foi a regra, temos um presente estagnante. Pois para todos aqueles que vivem em situação precária, a quem é interditada a possibilidade de fazer planos, resta apenas uma vida de dia a dia, talvez mesmo uma sobrevivência. Tal é o caso, hoje, daqueles que chamamos de "migrantes": indivíduos cuja existência inteira se resume à migração, jogados em uma embarcação improvisada no meio do Mediterrâneo. O presentismo pode, assim, ser um horizonte aberto ou fechado: aberto a cada vez mais aceleração e mobilidade, fechado sobre a sobrevivência cotidiana e sobre um presente sem horizonte. A isso também devemos acrescentar essa última dimensão do momento presente, já mencionada anteriormente: a de um futuro percebido não mais como promessa, mas como ameaça. As ameaças mais recentes são o aquecimento climático e a rápida redução da biodiversidade. Elas nos obrigam a reintroduzir o futuro e até mesmo o futuro de longa duração. Pois o tempo da Terra é contado em bilhões de anos. Durante os primeiros 20 anos do século

XXI, consolidou-se a noção de antropoceno: a humanidade, tomada como espécie humana, deve doravante ser concebida como uma força geológica. É como se a bolha presentista, na qual nossas sociedades estão mais ou menos fechadas, fosse repentinamente atingida pelos tempos da Terra, que se contam em bilhões de anos.

Presentismo, memória, história

Paradoxalmente, à primeira vista, as décadas de presentismo foram também aquelas de memória, primeiro na Europa e nos Estados Unidos, depois um pouco por todo o mundo. Devemos então considerar que os fenômenos memoriais e o presentismo estão intrinsecamente ligados? Se as duas coisas andam juntas, a memória não se reduz de forma alguma ao presentismo, mesmo que haja apenas memória no presente. Pois ela é evocação, convocação, o surgimento de um elemento do passado no presente, antes e acima de tudo para o uso do próprio presente. Pensar a memória implica pensar a razão pela qual dado elemento foi escolhido e por que em tal momento em vez de outro. Essa é toda a questão do contexto dessas emergências. Mas essas operações memoriais são também maneiras de escapar do presente único, justamente aquele do presentismo, para fazer surgir momentos do passado, preservados, como se diz, em sofrimento; esquecidos, se quiserem, mas um tipo particular de esquecimento. Por causa desses eventos, dessas situações, dessas personagens, não tenho memória direta, não tendo eu mesmo os conhecido. Na melhor das hipóteses, alguns traços incertos. Trata-se, portanto, de uma memória diferente, nova, se quisermos, que nada tem a ver com uma memória involuntária (como em Marcel Proust); ela é, ao contrário, voluntária, investigativa, arquivística: historiadora, como Pierre Nora a qualificou em *Lieux de mémoire* (1984-1992).

Memória que não temos, que não pôde ser transmitida, ela responde a uma forma, mais ou menos surda, frequentemente dolorosa, de insistência do passado. Quantas investigações, quantas obras literárias se desdobram dela? Para citar apenas dois exemplos: o escritor Patrick Modiano, que recebeu o Prêmio Nobel de Literatura em 2014, nunca deixou, desde seu primeiro romance, *Place de l'Etoile* (1968), de questionar esse passado dos anos da Segunda Guerra Mundial, que, no entanto, ele não viveu diretamente, já que nasceu em 1945. Também estou pensando neste magnífico livro que é *Os desaparecidos* (*The*

HISTÓRIA DO TEMPO PRESENTE

lost), de 2007, do autor americano Daniel Mendelsohn (nascido em 1960), que é o relato de uma investigação cuidadosa sobre os pais que ele não conheceu. Originários de uma pequena cidade da Galícia, eles foram assassinados pelos nazistas. No início, ele não sabia nada além disso. Mas, no final da investigação, feita durante vários anos e em diferentes países, o que também é uma busca, ele sabe. E ele pode até realizar, nos próprios locais do assassinato, o ritual de luto graças ao qual esses "desaparecidos" podem finalmente morrer.

Tocamos aqui em um elemento fundamental para a compreensão daquilo que aconteceu na relação das sociedades ocidentais com o tempo. A lenta tomada de consciência do que pôde representar o extermínio deliberado e organizado de seis milhões de seres humanos — e de tudo o que o desencadeamento de tal crime envolveu, passo a passo, até as menores decisões individuais (ver, não ver, fingir que não via etc.) — deixou escancarada a questão da humanidade do homem. O aumento das interrogações foi tal que a própria ideia de um tempo fundamentalmente progressivo, voltado para o futuro, unindo o progresso técnico e o progresso da humanidade, esvaziou-se de seu sentido ou acabou se desfazendo, se reconhecermos que essa desintegração começou com a Grande Guerra, cujo centenário provocou muitos escritos, muitas conversas e muitas comemorações, ao mesmo tempo que morriam os últimos combatentes.

Os sobreviventes do extermínio navegaram dolorosamente entre o esquecimento e o esquecimento impossível: "Queremos esquecer, mas não devemos esquecer, não podemos esquecer", disse um sobrevivente a Daniel Mendelsohn. As gerações posteriores buscaram, cada vez com mais força, conhecer e dar a si mesmas uma memória daquilo que elas mal conheceram ou não conheceram de modo algum (a exemplo de Patrick Modiano). A catástrofe do extermínio não é, definitivamente, a única explicação para as mudanças profundas de nossa relação com o tempo, mas ela atingiu, se assim posso dizer, o coração do tempo moderno e do conceito de história que o acompanhava (como marcha para cada vez mais o progresso). Mas a Europa levou quase meio século para tomar plena consciência disso, ainda mais porque todo o período da Guerra Fria teve um poderoso efeito retardante. A rivalidade entre Oriente e Ocidente, no início uma corrida armamentista, acionou novamente o tempo moderno, enfatizando a velocidade e a aceleração.

A "memória" não pode ocupar o lugar que foi ou ainda é da história. Ela deve ocupar um lugar, com certeza, mas não o mesmo. Todo um conjunto de operações passa a ser da sua competência ou de seu magistério: as relações com o passado em geral e, mais especificamente, o vasto domínio dos crimes perpetrados, recentes ou menos recentes, o lugar concedido aos testemunhos, a escuta das vítimas, as reparações, quando possível, as injustiças sofridas, a votação das "leis memoriais", a implementação de "políticas de memória", a gestão do dever de memória, pedidos de transformação ou mesmo de remoção de monumentos históricos. Estátuas para as quais já não olhávamos de repente se tornam visíveis novamente e, ao mesmo tempo, ofensivas, conflituosas. Elas ferem a memória, pois impõem uma história que nos Estados Unidos, por exemplo, os afro-americanos nunca poderão compartilhar. Elevado, portanto, é o papel da memória. Resta, no entanto, uma diferença entre ela e a história: suas respectivas relações com o futuro. A história, a do conceito moderno de história, via o passado à luz do futuro. A memória vê o passado à luz do presente. Eis aí uma grande diferença de ponto de vista, que é melhor ser mensurada do que levada a julgamento. Ela é, de fato, a marca de uma mudança de época.

No regime presentista, não sabemos mais o que fazer do passado, pois sequer o vemos mais, e não sabemos mais o que fazer com o futuro, que vemos menos ainda. Só há eventos que não deixam de se suceder, de se telescopar e de se aniquilar, aos quais é preciso "reagir" com urgência ou extrema urgência, no ritmo incessante das "*Breaking news*", zapeando incessantemente os canais de notícias, e, agora, também no ritmo dos *tweets*, dos vídeos virais e das "*fake news*". Pois com a internet se impôs o tempo real, a simultaneidade de tudo com tudo e o contínuo. Tudo aparece no mesmo plano em um presente tão extenso quanto a própria rede. A internet não apaga, não esquece e, portanto, tudo permanece no presente. Nessa nova "condição digital", que é também uma nova condição histórica, articular passado, presente e futuro torna-se mais problemático do que nunca, mas parece ainda mais necessário, por mais que pareça retrair a possibilidade de qualquer narrativa comum: a cada um a sua memória, a sua identidade, o seu site, o seu blog, os seus *followers*, segundo uma multiplicação que parece que nunca vai parar.

Enfim, quem desejasse ter uma experiência presentista só teria que abrir os olhos percorrendo estas grandes cidades pelo mundo para as quais o arquiteto holandês Rem Koolhaas propôs o conceito de "Cidade Genérica", associado ao de *Junkspace*. Ali, o presentismo é rei, corroendo o espaço e reduzindo o tempo ou expulsando-o. Livre da submissão ao centro, a cidade genérica é sem história, mesmo que seja muito ansiosa para dotar-se de um bairro álibi, aonde a história volta sob a forma asséptica de um serviço turístico, com pequenos trens ou carruagens. E se, apesar de tudo, ainda há um centro, ele deve, escreve Koolhaas, "como o lugar mais importante", ser simultaneamente "o mais novo e o mais antigo", "o mais fixo e o mais dinâmico". Quanto ao *Junkspace*, ele é o produto, continua, "do encontro da escada rolante com o ar-condicionado, projetado em uma incubadora de gesso acartonado". O *Junkspace* ignora o envelhecimento: ele só conhece a autodestruição e os reparos localizados, ou então uma degradação ultrarrápida. Os aeroportos tornaram-se os bairros emblemáticos da Cidade Genérica ou, melhor, o *Work* sempre *in progress* da sua realização (com os seus cartazes: "Desculpe-nos pelo transtorno, mas estamos..."). Cidades sempre em movimento, em transformação, elas inventam rotas cada vez mais complicadas para seus habitantes temporários (vistos como clientes a serem conquistados). Os aeroportos são os grandes produtores de *Junkspace* na forma de bolhas de espaços em expansão e transformáveis. Deste espaço não conseguiríamos nos lembrar porque, aponta ainda o arquiteto, "a sua recusa de se fixar lhe garante uma amnésia instantânea" (Koolhaas, 2011:49, 82, 86, 95). Mas podemos viver de modo durável em uma cidade presentista?

Referências

BRAUDEL, Fernand. *A dinâmica do capitalismo*. Tradução Álvaro Cabral. Rio de Janeiro: Rocco, 1987.

DELMAS-MARTY, Mireille. *Libertés et sûreté dans un monde dangereux*. Paris: Seuil, 2010.

DUPUY, Jean-Pierre. *Pour un catastrophisme éclairé*: quand l'impossible est certain. Paris: Seuil, 2002.

GARAPON, Antoine. La lutte antiterroriste et le tournant préventif de la justice. *Esprit*, mar./abr. 2008, p. 151-154.

HARTOG, François. *Croire en l'histoire*, Paris: Champs-Flammarion, 2016.

_____. *Régimes d'historicité*: présentisme e expériences du temps. Paris: Points-Seuil, 2012.

JUVIN, Hervé. La crise d'un monde fini? *Le Débat*, n. 155, 2009, p. 4-22.

KOOLHAAS, Rem. *Junkspace*: repenser radicalement l'espace urbain. Traduction de Daniel Agacinski. Paris: Payot, 2011.

A "catástrofe cósmica" do presente: alguns desafios do antropoceno para a consciência histórica contemporânea

*Rodrigo Turin**

> [...] o dia da degradação da História chegou. Pois, para o momento, já que ela própria se revelou mortal (tão mortal como qualquer fragmento de natureza ou qualquer segmento da História), não parece mais plausível lhe outorgar um grau superior de existência.
> Gunther Anders, *Le temps de la fin.*

A história se revelou mortal. Esse diagnóstico de Günther Anders poderia ser gravado como o aviso de entrada do presente em que habitamos.[1] Desde o século XVIII, no mesmo movimento em que o tempo da natureza recuava "rumo ao infinito", implodindo a cronologia bíblica, a história assumia para si a herança teológica da imortalidade, voltando-se a um futuro cada vez mais disponível à ação humana (Kosellek, 2013:166-170). Se os bilhões de anos que se descortinavam para o passado do planeta faziam com que o tempo da história da humanidade parecesse proporcionalmente apenas um grão de areia, essa assimetria não deixava de produzir o efeito de uma ampla abertura do

---

* Agradeço a leitura atenta e as sugestões de Nathália Sanlgard, Fernando Nicolazzi, Temístocles Cezar e Leonardo Marques, assim como os comentários de diversos e diversas colegas que contribuíram com essa reflexão durante os meses de pandemia, na medida em que as linhas de interpretação desse texto foram sendo elaboradas em diferentes "lives" — um desses novos modos de habitar as ruínas do tempo presente.

[1] Anders (2007:14). "[...] le jour de la dégradation de l'Histoire est arrivé. Car, pour l'instant, puisque celle-ci se révèle être elle-même mortelle (tout aussi mortelle que n'importe quel fragment de nature ou n'importe quel segment d'Histoire), il ne semble plus plausible de lui accorder un degré d'être supérieur".

horizonte de expectativas. A incomensurabilidade entre os tempos da humanidade e da natureza, distinguidos então pelos saberes geológico e histórico, produzia a sensação de um horizonte ilimitado para os humanos, a natureza tornando-se um palco estável (e mais ou menos interativo) no qual o drama, a tragédia ou a comédia da história universal poderia se desenrolar, mas sem realmente terminar. Mesmo o famoso "fim da história", de Fukuyama, ainda implicava essa estabilidade de um horizonte no qual a democracia capitalista liberal poderia se estender pelo globo, eternizando-se como o melhor dos mundos possíveis.

As modulações dessa narrativa de uma "redenção sem apocalipse", ainda segundo os termos de Anders, ao atualizarem a herança teológica cristã, traziam a imortalidade para o plano da imanência histórica. E em uma torção que faria sorrir qualquer dialético, foi justamente a poderosa crença nessa imortalidade histórica o que veio a produzir seu contrário: o fechamento do futuro e a iminência de um "apocalipse sem redenção". A hiperaceleração social e a expansão planetária da produção capitalista, com sua dependência de uma "natureza barata", associada a um avanço disruptivo das tecnologias, convergiu para um cenário cada vez mais distópico, acenando para um "mundo sem nós" — esse ponto de virada onde a imaginação falha e para o qual o próprio conceito de história se torna obsoleto.

Os avisos de incêndio enunciados por parte de autores como Anders tenderam a se tornar minoritários durante o século XX e pouco ecoaram na guilda historiográfica, para a qual a imortalidade de seu objeto reverberava como garantia da legitimidade de seu ofício. Mesmo um historiador que dedicou sua vida a historiar o presente, como François Bédarida, não mostrava insegurança ao afirmar que "a história não tem fim, salvo se houver uma catástrofe cósmica" (Béderida, 2016:229). Opondo-se aqui ao fim da história de Fukuyama — que, como vimos, era um fim sem final —, Bédarida não deixava de compartilhar com o cientista político a crença em uma perpetuidade da história, ainda que sob outros ritmos e outras formas. A estabilidade do palco, de todo modo, garantia a continuidade do tempo histórico, fosse como uma expansão do presente, fosse como a emergência de novas realidades humanas a serem historiadas.

Vale a pena se ater ainda à sentença de Bédarida. Não deixa de ser significativo ele usar o termo "catástrofe cósmica" para indicar o (im)possível fim da história. Para um outro grande historiador, Henry Rousso (2012), é justamente a dimensão da "última catástrofe" o que define a forma de presença e a extensão do presente. A Segunda Guerra, para a Europa, assim como as Ditaduras, para o Cone Sul, são casos exemplares.[2] Retorcendo o regime de historicidade moderno, feito de continuidades, Rousso aponta para um regime de descontinuidades, marcado por rupturas traumáticas. A história é entendida aqui, desde a Revolução Francesa, menos como um processo de desenvolvimento de forças latentes, progressistas, do que a emergência recorrente de catástrofes e a elaboração de seus traumas. Essas catástrofes, no entanto, são sempre catástrofes históricas, e não as "catástrofes cósmicas" sugeridas por Bédarida, que poriam fim às condições de possibilidade de outras catástrofes.

Talvez o que mais marque nossa condição contemporânea seja o fato de que essa "catástrofe cósmica" que Bédarida evocava não é mais algo inscrito em um horizonte inabarcável ou improvável, distante de nossos olhos, e sim uma experiência contemporânea e imediata. Com a crise ambiental, a história se descobriu mortal e não pode mais negar sua mortalidade. A bomba climática, diferente da bomba atômica que assombrava Günther Anders, já foi acionada e estamos todos expostos a ela, ainda que de forma desigual. O que significa pensar essa "catástrofe cósmica" para o tempo presente? Se a última catástrofe é aquilo que define a extensão e a qualidade do presente, como a catástrofe planetária redefine aquilo que entendemos por "nosso tempo"? Quais os efeitos dessa condição para o pensamento e o fazer históricos? Em que medida, enfim, o antropoceno pode ser entendido como um modo de figurar essa nova experiência do tempo?

Como apontaram Déborah Danowski e Eduardo Viveiros de Castro (2020), apropriando-se da noção de Marcel Mauss, o antropoceno pode ser concebido como um "fato cosmopolítico total", na medida em que implica "uma catástrofe ecológica, uma tragédia econômica, uma ameaça política, uma comoção religiosa". Do mesmo modo, sua existência e definição transitam (e são disputadas) entre e para além de dicotomias sedimentadas, como *fato* e *processo*, *passado* e *presente*, *história* e *natureza*. O antropoceno, como bem apontou Pierre Charbonnier, não diz respeito apenas a uma descoberta científica, não se reduz a um novo fato que se acrescenta ao mundo, mas implica a elaboração e a organização, em diferentes linguagens, de toda uma nova relação entre humanos e natureza, ou, de modo mais amplo, entre hu-

---

[2] E como sugeriram recentemente Müller e Iegelski (2018), o golpe de 2016, com seus efeitos políticos e sociais, também abre um novo tempo na história do Brasil República.

HISTÓRIA DO TEMPO PRESENTE

manos e não humanos (Charbonnier, 2017:201). Se já é possível fazer uma história do antropoceno, no sentido de estabelecer e narrar seus principais fatos e atores, mais fundamental é entender como o antropoceno muda o que entendemos por história, seja ela concebida como experiência ou disciplina. Melhor dizendo, talvez não seja mais possível fazer uma coisa sem a outra, o que implica dizer que não há história do antropoceno sem, ao mesmo tempo, um enfrentamento teórico das condições de possibilidade de sua enunciação e seus efeitos, tanto em suas dimensões epistemológicas como sociais.

* * *

Alguns dos desafios que essa "catástrofe cósmica" traz à história podem ser desvelados a partir de sua própria nomeação. *Antropoceno, capitaloceno, plantionceno, intrusão de Gaia, chthuluceno*, essas são apenas algumas das denominações que circulam para nomear esse evento/processo. Cada uma delas carrega posições políticas, pressupostos epistemológicos e implicações éticas diferentes, cruzando agentes e instituições as mais variadas.

Como lembrava Koselleck (2006:305), a partir de Schiller: dizer que alguma coisa é, já é dizer *o que* ela é, e não é indiferente o modo como dizemos. Koselleck referia-se ao papel dos conceitos na experiência histórica, o modo como a sedimentação de conceitos sempre se relacionou com a mediação entre experiência e linguagem, configurando unidades de ação possíveis, assim como sua inteligibilidade histórica. O que vemos hoje com essa pluralidade de nomeações é algo que mereceria a atenção dos historiadores dos conceitos do tempo presente. Sem ter tempo ou condições de realizar essa história, gostaria aqui apenas de indicar o que me parece ser uma de suas características principais: a instabilidade que se instaura entre a experiência e forma de classificação herdada. Não se trata apenas, como em outros casos, de uma opção exclusiva entre conceitos, como "revolução" ou "golpe", "descoberta" ou "invasão"; do mesmo modo, como categoria epocal, aquelas denominações não necessariamente se excluem ou se opõem (ainda que também o possam), mas indicam fenômenos sobrepostos, que não se deixam sintetizar em uma unidade temporal definida cronologicamente. Mais do que apenas a "essencial contestabilidade dos conceitos", a atual instabilidade entre experiência e forma de classificação talvez diga respeito a uma mudança profunda no modo como a experiência da crise climática nos faz conceber e nomear o tempo, afastando-nos de vez do modelo singular da modernidade e seus "nomes

A "CATÁSTROFE CÓSMICA" DO PRESENTE

de época" (Kalifa, 2020). É isso, aliás, o que tenta abarcar a proposição de *chthuluceno*, de Donna Haraway, e sua sugestão de "ficar com o problema".[3]

Antes de permanecer com o problema, contudo, faz-se necessário delinear alguns de seus contornos básicos. Se é possível buscar antecedentes para a consciência dos impactos da ação humana para o globo terrestre, que recuam pelo menos até o século XVIII, é com os textos de Paul Crutzen e Eugene Stroemer, na virada do milênio, que o termo antropoceno ganha repercussão como modo de nomear os efeitos da ação humana no planeta Terra.[4] Sua tese central diz respeito à nomeação de uma nova época geológica, sucedendo o holoceno, cuja principal característica seria a emergência da humanidade como um agente geológico. Nesses 20 anos desde sua primeira inscrição na comunidade científica internacional, já foram criadas revistas especializadas, dezenas de grupos internacionais de pesquisa, milhares de artigos científicos, e uma crescente (e assimétrica) repercussão na esfera pública (Lewis e Maslin, 2015). Pode-se dizer que o antropoceno é, também, um raro evento na história da ciência, dada a velocidade de sua expansão e difusão, compondo uma ampla e diversa "antropo cena" (Lorimer, 2016).

Uma das repercussões da proposta de Creutzen e Stroemer foi a criação do Grupo de Trabalho do Antropoceno (Anthropocene Working Group, AWG), dentro da Comissão Estratigráfica Internacional, com a tarefa de levantar dados e sistematizar a discussão a respeito da nomeação dessa nova época geológica (Zalasiewicz, 2019). A partir dos trabalhos realizados pelo grupo, apresentaram-se algumas opções de classificação temporal, indicando qual seria o início do antropoceno, variando desde a extinção dos grandes mamíferos ou a revolução do neolítico, cerca de 11 mil anos atrás, até a "grande aceleração" ocorrida no pós-guerra. Deve-se considerar, aqui, que a autoridade da nomeação oficial se restringe a uma área científica especializada, a geologia, com suas instituições, seus protocolos de validação empírica e esquemas de classificação.

Um dos desafios que se impõe a essa disciplina, no caso do antropoceno, é realizar uma "estratigrafia do tempo presente", quando na tradição da disciplina geológica essa operação costumava ser aplicada a intervalos longuís-

---

[3] Haraway (2016). Importante lembrar aqui que o termo "*trouble*" tem conotações mais amplas do que o termo "problema", apontando para um estado, uma situação de estar envolvido, emaranhado, afetado ("*troubled*") em relação a algo, como em "She seemed *troubled* about something". O que tem implicações para o argumento de Haraway.

[4] Crutzen e Stoermer (2000); Crutzen (2002); Bonneuil e Fressoz (2013).

simos, de milhares, milhões ou bilhões de anos. Outra questão que se coloca ao AWG é o critério de encontrar indícios sincrônicos globais que permitam uma demarcação clara de distinção estratigráfica no planeta. Após uma primeira inclinação para o final do século XVIII, com a revolução industrial, a AWG passou a defender como marco temporal do antropoceno o período entre 1945 e 1950, apoiando-se na evidência dos radionuclídeos artificiais produzidos pela tecnologia termonuclear (Freyesleben, 2020). Além disso, outro argumento forte dessa opção cronológica são os gráficos dos efeitos da produção e do consumo humanos após 1950, cuja verticalidade ilustra o que se denomina como a "grande aceleração" do pós-guerra (gráfico 1) (Steffen et al., 2015).

Gráfico 1
A grande aceleração das tendências socioeconômicas (1750-2000)

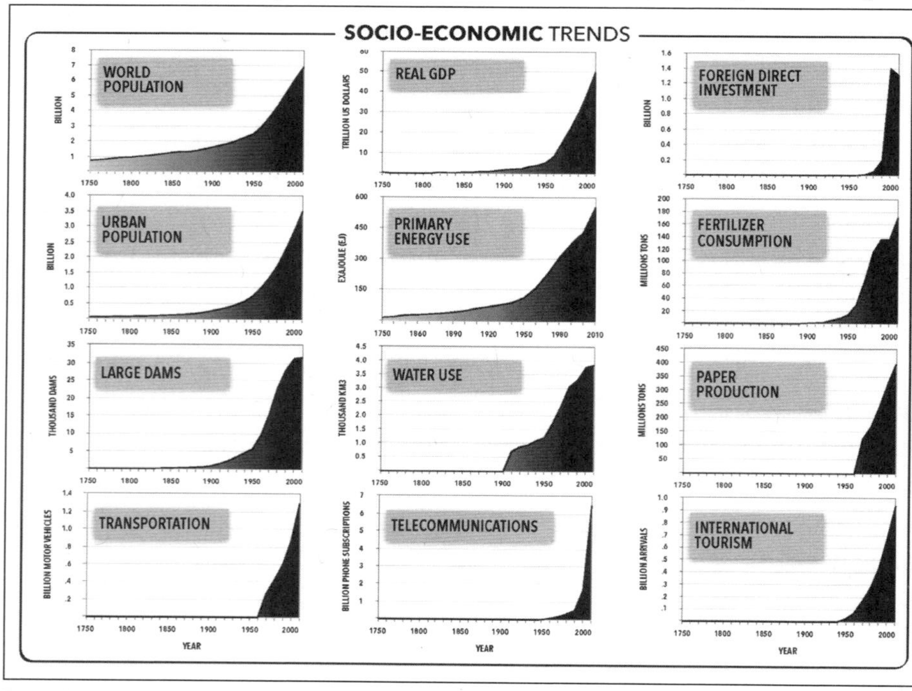

Fonte: Steffen et al. (2015).

Toda essa operacionalidade disciplinar, com sua dinâmica própria, não deixa de ter efeitos políticos. Todo historiador sabe, ou deveria saber, que nunca é neutra a nomeação de uma classificação temporal, por mais técnica que ela aparente ser. Ainda que o termo antropoceno tenha sua entrada controlada e disciplinada em função de protocolos técnico-científicos, designando uma época geológica, ele não deixa de ter implicações que ultrapassam e conturbam as fronteiras disciplinares e sociais. A definição da metade do século XX como marcador inicial representa, no final das contas, não apenas uma ordem geológica, mas também um sentido histórico. Esse início implica, por exemplo, que não são a sociedade industrial ou o capitalismo os fatores causais da crise climática, mas apenas uma de suas variações: aquela que se desenvolveu no pós-guerra. Tal diagnóstico leva a determinados prognósticos possíveis, com seus efeitos políticos e sociais. Toda questão gira, ao final, entre os marcadores estratigráficos do presente e suas condições históricas de possibilidade, no cruzamento dos planos geológico e histórico.

Outras classificações que foram propostas remetem a narrativas e cruzamentos distintos. A proposta original de Crutzen e Stroemer de identificar na invenção da máquina a vapor o início da nova época geológica, por exemplo, identifica o antropoceno como resultado direto da revolução industrial e sua dependência de combustíveis fósseis. Em outra chave, a vinculação da crise climática com a "constituição dos modernos" e sua separação entre sociedade e natureza responsabiliza menos o capitalismo em si do que toda uma cosmologia de época, a modernidade, como causa da "intrusão de Gaia" (Latour, 2020). Já apontar o processo de expansão marítima e de colonização, no século XVI, implica, por sua vez, o reconhecimento da configuração de um "sistema-mundo" e sua concepção de "natureza barata" como fatores estruturais de uma forma de desenvolvimento histórico que resultou na degradação ambiental do presente (Moore, 2015). Por fim, em proposta ainda mais radical, estabelecer o "período axial" (entre 800 e 300 a.C.) como a condição original de possibilidade do modelo de civilização que resultou na atual catástrofe climática nos levaria a trabalhar com um plano de historicidade muito mais amplo e profundo, uma "estrutura da história mundial" (Jaspers) envolvendo dimensões fundantes, ou ontológicas, como imanência e transcendência (Danowski e Viveiros de Castro, 2020).

Tabela 1
Datas potenciais para o início do antropoceno

Evento	Data	Extensão geográfica	Marcador estratigráfico primário
Extinção da megafauna	50.000-10.000 anos	Quase global	Fóssil da megafauna
Origem da agricultura	~11.000	Sudoeste da Ásia, tornando-se global	Fóssil de pólens e fitólitos
Agricultura extensiva	~8.000 até o presente	Evento euroasiático, impacto global	Inflexão de CO_2 em glaciais
Produção de arroz	6.500 até o presente	Evento do sudoeste asiático, impacto global	Inflexão de CH_4 em glaciais
Solos antropogênicos	~3000-500	Evento local, impacto local, mas espalhado	Solo escuro com alto teor de matéria orgânica
Colisão Novo-Velho Mundos	~1492-1800	Evento euroasiático-americano, impacto global	Ponto baixo de CO_2 em glaciais
Revolução Industrial	1760 até o presente	Evento do noroeste europeu, impacto local, tornando-se global	Cinzas volantes da queima de carvão
Detonação de armas nucleares	1945 até o presente	Eventos locais, impacto global	Radionuclídeos (14C) em anéis de árvores
Produtos químicos industriais persistentes	~ 1950 até o presente	Eventos locais, impacto global	Por exemplo, o pico de SF_6 nos glaciais

Fonte: Lewis e Maslin (2015).

Cada uma dessas opções de cronologia e de nomeação do antropoceno aponta para fenômenos diferentes, trabalhando com planos de historicidade (mais curtas ou longas) e com fenômenos (formas de produção, modelos de trocas, ontologias) que implicam diferentes visualizações do cruzamento entre humano e natureza. E cada uma delas traz implicações políticas diferentes ao presente, desenhando formas e horizontes de ação possíveis, algumas mais convergentes ou divergentes das outras. Mais do que apenas optar por uma ou outra, me parece que enfrentar o desafio colocado pelo antropoceno obriga a jogar com essa pluralidade, experimentando e desenvolvendo suas implicações e potencialidades, confrontando suas antinomias e seus pontos cegos, revelando as camadas de historicidade que lhe são próprias.

De todo modo, para além das escolhas e tomadas de posição, o que parece ficar claro é a impossibilidade de restringir o ato de classificação temporal apenas a um ramo disciplinar, quando a própria natureza dessa experiência demanda um trabalho conjunto e um rearranjo dos saberes. Para além de sua dimensão geológica, o antropoceno também é um problema histórico, pois aponta — de modo inédito — para as condições de possibilidade de qualquer história possível. E suas repercussões se estendem tanto ao futuro como ao passado.

* * *

Dentro do campo da disciplina histórica, o antropoceno vem sendo tematizado de diferentes formas. Talvez a mais evidente seja com a história ambiental, cuja emergência na década de 1970 converge com o início do processo de maior conscientização dos efeitos de degradação climática da ação humana (Worster, 1990; Pádua, 2010). Focando-se na relação histórica entre as dimensões natural e social (e/ou cultural), com suas formas de interações e confrontos, a história ambiental constitui-se hoje como um campo fundamental da historiografia, contribuindo para uma maior compreensão das questões que a crise climática contemporânea coloca aos historiadores (Pádua, 2015). Outra entrada do tema na disciplina tem sido pela retomada da reflexão sobre o capitalismo histórico e o "sistema mundo". Na esteira de trabalhos clássicos como os de Braudel e Wallenstein, pesquisadores têm investigado o papel estrutural que a exploração da natureza exerceu no acúmulo de capital, nas formas de troca e nas organizações geopolíticas do mundo moderno (Hornborg, McNeill e Martinez-Alier, 2007).

De modo mais tardio, a reflexão sobre o antropoceno entrou no debate de teoria da história a partir do texto de Dipesh Chakrabarty (2013), *O clima da história*, originalmente publicado em 2009. Desde então, diferentes autores e autoras, como Zoltan Simon, Marek Tamm e Eva Domanska, têm desenvolvido questões relativas ao impacto do antropoceno para a consciência histórica. As questões centrais que cercam esse debate dizem respeito ao modo como essa "catástrofe cósmica" transcende o escopo do conceito moderno de história; sobre as (im)possibilidades de figurar ou conceitualizar as novidades que emergem; e, por fim, como redesenhar a disciplina histórica e as humanidades nesse novo cenário.

Em textos recentes, Zoltán Simon (2019) ofereceu algumas proposições fortes a esses desafios. Primeiro, ao formular que as experiências que emergem no mundo contemporâneo são, de modo radical, "sem precedentes". Com essa designação, Simon quer dizer algo distinto do que significava a novidade dentro do moderno conceito de história. A emergência do novo no cenário contemporâneo não se deixa mais encaixar em uma narrativa processual, de encadeamento com experiências passadas, mas produz uma ruptura radical com aquilo que preexistia, criando novas realidades. Nessa chave, qualquer possibilidade de aprender com o passado se esvai definitivamente, seja como modelo, seja como oferta de sentido. Essa sensação de uma ruptura radical se deve ao que Simon designa como um "evento epocal", caracterizado pelo inédito entrelaçamento entre humano, tecnologia e natureza. A ameaça ambiental, a possível sexta extinção em massa, o horizonte de uma singularidade entre humano e máquina, a inteligência artificial, os projetos de colonização de outros planetas, entre outros fatores, configurariam um ponto de limite para a imaginação histórica (Simon, 2020).

Diante desse cenário, Simon e Marek Tamm defenderam recentemente a necessidade de um novo conceito de história, substituindo o conceito moderno. Essa nova noção de história, para abarcar uma realidade mais-que-humana, deveria ser constituída por três elementos estruturais: a) uma abordagem multiespécies, b) uma dimensão multiescalar, c) uma forma não contínua. Nesse sentido, segundo os autores, o antropoceno "nos obriga a elaborar uma nova noção de história que descentralize radicalmente os humanos e que posicione nossas ações em entrelaçamentos multiespécies e em uma configuração de tempos múltiplos" (Tamm e Simon, 2020:204).

Se propostas como essa de Simon e Tamm, de um novo conceito de história, têm contribuído para a figuração da nova experiência planetária, elas não deixam de também apresentar seus pontos cegos, principalmente quando lidas a partir de outros eixos geopolíticos. A própria ideia de um "sem precedentes" radical poderia ser relativizada. Se é o horizonte de uma catástrofe cósmica (incluindo aí a dimensão tecnológica) aquilo que distingue nossa época, o quanto ela seria propriamente inédita para outros povos, como sociedades indígenas, que já viveram em seu passado (e em sua forma de passado) um fim do mundo? (Kopenawa e Albert, 2015). Do mesmo modo, a própria relação entre o diagnóstico de uma experiência de ruptura e a elaboração

A "CATÁSTROFE CÓSMICA" DO PRESENTE

de um novo conceito normativo de história já não carrega, ela mesma, uma estrutura de repetição? Além disso, dimensões sociais e econômicas como o capitalismo e o colonialismo, tão cruciais para pensar a experiência política do antropoceno, não se mostrariam como sinais de continuidade ante essa expectativa de uma completa ruptura?[5] Não deixa de ser significativo que os dois termos, colonialismo e capitalismo, sejam ausentes nas reflexões de Simon e Tamm, quando sabemos que — nessa estrutura de repetição — a elaboração de um novo conceito singular de história, por mais bem intencionada que seja, sempre tendeu a resultar em formas de colonização e de exploração. Sob uma certa fascinação diante do inaudito, do absolutamente novo, do sem precedentes, acabam sendo invisibilizadas experiências históricas que ainda nos dizem respeito — ou, melhor, que dizem respeito mais a certos grupos do que a outros — e que tendem a ter implicações políticas fundamentais em um futuro próximo, com o agravamento da crise climática.

Em vez de repetir esse gesto, cheio de precedentes, generalizando e singularizando — mesmo com uma multiplicidade de tempos abarcados em sua singularidade — *um* novo conceito de história, talvez seja o caso de recusar as pretensões demasiadamente generalizantes da teoria, com seus efeitos (geo)políticos. Agora se torna oportuno voltar à sugestão de Donna Haraway: em vez de buscar enquadrar de modo rápido e enfático o problema, talvez seja mais prudente permanecer nele, aprendendo a habitá-lo. Afinal, habitar o problema significa tomar pé dos diferentes agentes envolvidos e de seus *habitats*, reconhecendo a sua dimensão "eto-ecológica", ou seja, como o *habitat* (*oikos*) no qual os agentes vivem o problema acaba por contrariar ou satisfazer exigências associadas a um *éthos* proposto para sua resolução universal. Dito de outro modo, nas palavras de Isabelle Stengers:

> o problema não é o dos saberes articulados, mas da pretensão que redobra esses saberes: aqueles que sabem se apresentam como pretendendo saber aquilo que sabem, como sendo capazes de conhecer de um modo independente de sua situação "ecológica", independente do que o seu *oikos* lhes obriga a levar em conta, ou, ao contrário, lhes permite ignorar. [...]
>
> o *oikos* próprio à consulta coloca em suspenso os hábitos que nos fazem pensar que sabemos aquilo que sabemos e quem somos, que detemos o sentido daquilo que nos faz existir. [Stengers, 2018:9, 15]

---

[5] Nesse sentido, uma análise como a de Achille Mbembe (2020) é mais eficaz em levar em conta o efeito desses novos entrelaçamentos dentro da dinâmica capitalista e colonial.

É com essa suspensão ou esse estranhamento dos hábitos, implícitos também na aceleração da teoria generalizante, que a ideia de habitar o problema pode servir como um desvio de pensamento a partir do qual a teoria da história e a história do tempo presente podem produzir uma reflexão sobre o antropoceno.

Para desenvolver a noção de habitar, de habitabilidade, como um modo de pensar e viver o antropoceno, vale retomar aqui algumas das reflexões desenvolvidas por Chakrabarty. Em seus últimos textos, Chakrabarty diagnosticou a necessidade de operar tanto com o tempo planetário quanto com o tempo global, reconhecendo suas irredutíveis diferenças. Se o tempo global diz respeito ao plano de trabalho mais tradicional dos historiadores, composto por Estados, nações, grupos sociais e intenções, já o tempo planetário — ou regime antropocênico — demanda uma inteligibilidade distinta, constituída antes por forças do que por atores. O tempo planetário, resumindo, é o tempo que hoje se encontra nos trabalhos da ciência do Sistema Terra. De natureza eminentemente multidisciplinar, essa nova ciência busca entender o modo como o planeta Terra se comporta como um sistema autorregulador, formado por componentes físicos, químicos, biológicos e humanos (Veiga, 2019). O que interessa destacar aqui é o fato de que o humano, nesse enquadramento, não se divide em grupos, classes ou nações, mas é entendido como "espécie". A espécie humana atua nesse plano de temporalidade como uma das forças, entre outras, que constituem o Sistema Terra — o qual, aliás, começou sem os humanos e pode continuar sem ele.

O ponto principal do argumento de Chakrabarty (2018; 2015) diz respeito à necessidade atual de considerar a forma de relação entre esses dois planos de temporalidade. A tematização do tempo planetário deve-se ao imperativo trazido pela crise climática de delinear as condições de habitabilidade do planeta. "Habitabilidade" refere-se aqui à vida em geral e, de modo mais específico, à vida multicelular, complexa — e não apenas dos humanos. Ela é, portanto, um termo técnico, seguindo protocolos científicos que determinam certos ciclos, níveis e dinâmicas necessários para a existência da vida na Terra.

Essa condição de habitabilidade, ainda que não seja antropocêntrica, é a condição de possibilidade de qualquer história humana possível. Compreender o que significa a experiência do antropoceno não pode se reduzir, portanto, apenas às categorias históricas tradicionais — ainda que também sejam necessárias —, mas deve passar a considerar fatores geológicos, químicos e biológicos. Com a redescoberta de sua mortalidade, a história é forçada a reencontrar suas condições de existência, operando em relação a elas. Levar em conta a habitabilidade do planeta é, enfim, ter que (re)desenhar os horizontes das histórias possíveis.

Um ponto fundamental que se coloca a partir dessa argumentação de Chakrabarty diz respeito à distinção entre o estabelecimento de um fato científico — a habitalidade da Terra — e a formulação de juízos político-morais, direcionados às formas possíveis de sustentabilidade histórica que aquela habitabilidade abarca. A tensão que se estabelece entre esses dois planos demanda uma nova "consciência epocal", cujos efeitos políticos ainda precisam ser elaborados. Como afirma o historiador indiano:

> Qualquer teoria política adequada à crise planetária enfrentada pelos seres humanos hoje teria que partir da mesma velha premissa de garantir a vida humana, mas agora baseada em uma nova antropologia filosófica, um novo entendimento da mudança de lugar dos seres humanos na rede da vida e nas histórias ligadas, mas diferentes, do globo e do planeta. [Chakrabarty, 2020:65-66]

As teorias políticas orientadas a um crescimento contínuo, com suas filosofias da história, esbarram agora nos limites impostos pelo planeta. Uma nova antropologia filosófica, calcada na noção de habitabilidade e na consciência do novo papel dos humanos no equilíbrio do planeta, impõe-se como pré-requisito para o futuro do processo de globalização. A preocupação de Chakrabarty dirige-se, aqui, aos efeitos da promessa de emancipação que alimenta a política em países como a Índia e a China, com seus bilhões de habitantes. Uma política global climática para ser eficiente, segundo o historiador, deve ser capaz de equacionar o horizonte legítimo de emancipação social desses países — herdeiros, pela colonização, da promessa iluminista — com os limites planetários recém-descobertos (Chakrabarty, 2020). Nessa difícil equação, a noção de habitabilidade torna-se fundamental como um critério de referência para a discussão sobre a justiça climática e a justiça social.

Diferentemente de Simon e Tamm, Chakrabarty não propõe um novo conceito positivo ou substancial de história. A noção de habitabilidade funciona antes como um conceito negativo: ela impõe limites, mas não diz o que deve ser. A distinção proposta pelo historiador indiano entre os dois planos de temporalidade carrega, contudo, um critério técnico-científico que não deixa de pressupor uma forma de universalidade. Cabe à ciência — e, mais especificamente, aos estudos do Sistema Terra — a definição do que constitui a habitabilidade da Terra. Essa habitabilidade diz respeito a limites (de emissão de gases, de acidificação do oceano etc.), estabelecidos por protocolos e agentes científicos e que não podem ser ultrapassados, caso a humanidade ainda queira ter alguma história possível. Estabelece-se, assim, a enunciação científica dos estudos do Sistema Terra como o modo universal de dizer o que é o planeta, qual sua condição, como estabelecer seus limites.

Um dos problemas que surge com essa concepção puramente técnica do conceito de habitabilidade é sua despolitização, uma vez que ela se apresenta como eminentemente pré-política, ou seja, definindo as condições de qualquer política possível. O próprio Chakrabarty, em seus estudos anteriores, apontou de que forma uma concepção universal e técnica de ciência exerceu papel fundamental no processo de colonização europeia, justificando e orientando formas de controle e de expropriação. Podemos perguntar em que medida, com essa divisão, não se abre novamente a possibilidade de ocorrer um processo semelhante no contexto atual, associando agora globalização e crise climática.[6] A definição técnica da noção de habitabilidade como um universal negativo não tenderia a produzir uma governança planetária, um "geopoder", monopolizando o gerenciamento das formas de sustentabilidade global? Essa forma de preocupação de um desencontro de calendários entre a justiça social e a crise ambiental não correria o risco de levar a um novo "Leviatã Climático", soberano em relação ao planeta? (Wainwrigth e Mann, 2020).

Por mais fundamental (e ameaçado) que seja o papel da ciência — ou, melhor, das práticas e da comunidade científicas — no cenário contemporâneo de compreensão e de conscientização dos efeitos climáticos, pode-se questionar se sua elevação a uma posição pré-política é o melhor caminho para habitar a presente catástrofe cósmica. Afinal, a própria nomeação do antropoceno e sua classificação temporal, como vimos, implicam efeitos políticos que não podem ser desconsiderados. Daí a necessidade de reconhecer a dimensão política das ciências e, com isso, também uma noção política de habitabilidade do planeta. Ou, então, talvez pensar a habitabilidade como uma proposição cosmopolítica, no sentido que Stengers atribui ao termo. A proposição cosmopolítica,

---

[6] Um exemplo dessa possibilidade de uma tecnocracia planetária é o que afirmou recentemente Alysson Paolinelli, ex-ministro da Agricultura e indicado ao prêmio Nobel, de que é preciso "colocar a ciência antes de qualquer tipo de produção. Ela definirá o que pode ser mexido nos diversos biomas, mas sempre com as regras dela". Disponível em: www1.folha.uol.com.br/colunas/vaivem/2021/01/indicado-para-o-nobel-da-paz-diz-que-a-ciencia-deve-coordenar-as-acoes.shtml. Acesso em: 28 fev. 2021.

A "CATÁSTROFE CÓSMICA" DO PRESENTE

segundo a autora, é "incapaz de dar uma 'boa' definição dos procedimentos que permitem alcançar a 'boa' definição de um 'bom' mundo comum". O que ela implica, antes, é a criação de um ambiente no qual "todos devem estar presentes de um modo que confira à decisão o seu grau máximo de dificuldade, que proíba qualquer atalho, qualquer simplificação, qualquer diferenciação *a priori* entre aquilo que conta e aquilo que não conta" (Stengers, 2018:463). Um ambiente, por fim, onde as partes assumam as responsabilidades pelas consequências de suas ações. É nesse tipo de ambiente, ou de ambientação, que habitar o planeta e viver com o problema se conjugam, ainda que de diferentes formas e com diferentes agentes, humanos e não humanos.

* * *

Deparamo-nos, assim, com um dos problemas mais prementes trazidos por essa "catástrofe cósmica": que novas formas histórico-políticas vão emergir dessa experiência? A relação entre as figurações historiográficas do antropoceno e suas possíveis formas políticas ganha especial relevância, já que obriga a um rearranjo das conjugações modernas envolvendo noções como história, soberania, cidadania, identidade, entre outras. A necessidade de estabelecer novas relações entre sociedade e natureza, entre humanos e não humanos, com vistas a evitar o "apocalipse sem redenção" que se anuncia, parece estar resultando em um cenário composto por algumas posições fortes, transitando entre a aposta em uma singularidade planetária e a defesa de uma pluralização de mundos. A experiência do antropoceno provoca, desse modo, tanto movimentos centrípetos como movimentos centrífugos, estruturando novos parâmetros políticos.

Se o antropoceno emerge como uma nova força de sincronização global, trazendo a urgência de ações para controlar a mudança climática, apenas uma forma planetária de governo poderia estar à altura do desafio. Esse pode ser o resumo — em extremo — do argumento da posição que defende a instauração de uma governança planetária. O tempo acelerado da degradação ambiental não poderia mais ser enfrentado com o tempo lento das deliberações políticas dos Estados-nação, seja internamente, seja na dimensão interestatal — como atestam os recorrentes fracassos dos acordos internacionais dos últimos 30 anos. Atualizando a fórmula schmittiana, pode-se dizer que, nesse novo estado de exceção climático, soberano é aquele que é capaz de evitar o fim do mundo com os meios que se mostrem necessários. Nessa chave, a sincronização climática

HISTÓRIA DO TEMPO PRESENTE

também demandaria um novo conceito singular de história, capaz de abarcar a multiplicidade global em uma nova metanarrativa aglutinadora. Junto com o horizonte de um Leviatã climático, seja em suas versões capitalista ou socialista, federativa ou centralista, surgem novas filosofias planetárias da história.

Um modo diverso de reação à experiência da mudança climática é o ressurgimento de ideologias nacionalistas, autoritárias e racialistas, promovendo um retraimento do movimento de globalização, ao mesmo tempo que uma aceleração do processo de destruição ambiental. O que mais parece caracterizar esse modo de habitar o antropoceno é a captura de afetos produzidos tanto pela precarização neoliberal das últimas décadas, assim como pelo fechamento de futuro trazido pela mudança climática. Um *éthos* niilista alimentado pelas novas direitas, fertilizado pela arquitetura das plataformas digitais, acaba por reatualizar um evolucionismo social no qual o mais forte não é aquele que sobrevive, mas apenas aquele que morre por último. Aqui, em vez de filosofias planetárias da história, o que surge são reelaborações de narrativas identitárias essencialistas, patriarcais e conspiracionistas, estruturadas em função de inimigos a serem combatidos (Brown, 2019).

Em outra chave, há a defesa da pluralização de formas de vida e da diversificação dos modos de habitar o antropoceno. Se a posição de uma governança planetária resulta em dobrar a aposta moderna na capacidade humana de planejamento e de gerenciamento do mundo, agora visto como finito e ameaçador, o que parece caracterizar a posição — ela mesma plural — da pluralidade de formas de vida é o abandono dessa dimensão prometeica. Uma das primeiras formas de figurar essa posição pode ser encontrada na proposição de Günther Anders acerca do "desnível prometeico": a consciência da distância crescente entre o homem e seus artefatos tecnológicos, levando a uma incapacidade de dominá-los ou de prever seus efeitos (Anders, 2011:35-105). Essa consciência de uma indisponibilidade da história — e, agora, também do planeta — implica novos imperativos éticos voltados a desarmar a pulsão fáustica de domínio e exploração ilimitada da natureza. Nesse sentido, não há o horizonte de um "bom antropoceno", tecnicamente disciplinado, mas sim o reconhecimento da fragilidade das coisas e a consciência de que, nas palavras de Ailton Krenak, já "estamos dentro do desastre".[7]

---

[7] Krenack (2020: versão Kindle, posição 567). Entre essas posições da singularidade planetária e da pluralidade mundos, formatam-se diferentes perspectivas. Do lado da singularidade, surgem horizontes de uma federação global e liberal; de um Estado tecnocrata de vigilância; ou, ainda, de

A "CATÁSTROFE CÓSMICA" DO PRESENTE

É aqui que uma proposição cosmopolítica da habitabilidade pode se mostrar efetiva, principalmente para ajudar a refigurar o pensamento e o fazer históricos, desarmando o gesto de singularização e sua potencialidade colonizadora. Se uma noção técnica de habitabilidade pode resultar em uma governança planetária, com uma tecnocracia gerindo os riscos ambientais e desenhando uma forma global de "desenvolvimento sustentável", uma formulação cosmopolítica da habitabilidade demanda uma outra relação com o espaço-tempo. Habitabilidade não seria, assim, um conjunto formalizado de números e medidas que descrevem o estado planetário e que definem as condições históricas sustentáveis possíveis a serem gerenciadas, mas uma condição de coexistência, um movimento de colocar-se em situação com os implicados, negando uma posição neutra e desresponsabilizada.

Formas diferentes de habitar o planeta implicam modos específicos de "se fazer presente", de assumir as responsabilidades, assim como formas localizadas de agenciamentos, que não podem ser singularizados em escala planetária. E não podem ser singularizados em uma escala planetária não apenas por uma questão de tamanho, ou mesmo de perspectiva sobre um mesmo objeto, mas porque implicam formas de vida distintas, plurais. Essa localização da pluralidade de formas de vida, importante ressaltar, não se restringe a dimensões territoriais delimitadas e fixas, mas envolve diferentes estratos e feixes de relações, abarcando distintas espacialidades e camadas temporais. Não há, de todo modo, um ponto arquimédico de traduzibilidade entre elas, como bem indicou Sanjay Seth. Nessa chave, a própria reafirmação de um "direito universal à história", mais do que um gesto humanitário de atender as diferenças, pode significar uma nova universalização de "uma maneira em particular de conceber, de se relacionar e de registrar o passado" (Seth, 2013).

A própria disciplina histórica implica, nesse sentido, uma condição de habitabilidade que deve ser reconhecida e enfrentada. Ela responde a uma "cultura de passado" específica, inserida em uma forma de vida, com suas potencialidades e seus limites próprios (Nicolazzi, 2019). Entendê-la desse modo resulta situá-la em um ambiente no qual ela não possa desresponsa-

---

um "leninismo climático". Do lado da pluralidade, por sua vez, é possível encontrar desde a proposição de uma "anarquia ontológica", da relocalização dos "comuns", até o reacionarismo identitário e niilista dos neofascismos. São modos diferentes, poderíamos dizer, de viver "o tempo fim". Sobre essas configurações políticas, ver: Wainwrigth e Mann (2016); Charbonnier (2020).

bilizar-se pelas suas formas de agenciamento, por suas narrativas, pelo *éthos* que configura sua prática, devendo colocar-se em situação, reconhecendo seus *habitats* próprios e aqueles — humanos e não humanos — que são por ela implicados. Não se trata, portanto, nem de recusar em bloco sua tradição, nem de defendê-la a qualquer custo. Trata-se, antes, de outro modo de engajar-se com o mundo, de habitá-lo, ao mesmo tempo com e contra suas heranças.

Pensar a história sob o signo cosmopolítico da habitabilidade pode ajudar a enfrentar sua tradição e seus efeitos, refazendo certos hábitos disciplinares. Se o papel da história, em grande medida, foi o de promover uma sincronização dos indivíduos em um tempo singular — da nação, da civilização, da razão etc. —, a exigência cosmopolítica obriga, antes, o reconhecimento e o enfrentamento da coexistência de tempos distintos. Ao se ambientar, ao se situar diante de outros implicados, é a própria disciplina que se vê dessincronizada, posta em um tempo que lhe é estranho. Nos últimos anos, com a democratização da universidade e sua diversificação, boa parte dos professores universitários já deve ter experimentado essa sensação desconfortável de uma dessincronização disciplinar diante de faces que carregam e que reivindicam outras histórias, que se situam em outros tempos. Como lidar com essas situações? Como resolvê-las? Seguindo aqui a proposição cosmopolítica, o que importa é menos dar uma resposta apressada, dizendo qual é a "boa saída", do que o próprio fato de se colocar em situação. Não há uma transcendência, uma filosofia da história que venha novamente englobar seu contrário; não há sequer a promessa de uma paz ecumênica. Há, antes, uma desaceleração e, com ela, uma hesitação necessária antes que algo ali se crie, que uma forma possível de coabitar emerja, por mais precária que seja.

O reconhecimento de uma cosmopolítica da história pode, no mesmo movimento, contribuir no engajamento com outros modos de habitar o tempo e o espaço, refigurando a própria disciplina história e as humanidades como um todo, como já tem acontecido em disciplinas como a antropologia. Penso aqui, por exemplo, nas formas indígenas e quilombolas de temporalização e de agenciamento entre natureza e humano. Nos últimos anos, há um movimento importante de inclusão dessas histórias nos currículos escolares e acadêmicos. No entanto, mais do que a simples inclusão de novos objetos, do que a emergência de novas especialidades, o que entra em jogo aqui é o reconhecimento pleno e legítimo dessas formas de habitar o mundo. Algo que se torna ainda mais premente com a experiência da mudança climática.

A "CATÁSTROFE CÓSMICA" DO PRESENTE

O engajamento com esses modos de temporalização, com suas cosmologias, tende a se mostrar um meio de enriquecer as percepções historiográficas, complexificando sua linguagem (Pereira, 2019). Afinal, são povos que já viveram outros fins do mundo, que estabelecem há tempos outras relações entre humanos e não humanos, e cujas "tradições de raciocínio" ou ordens cosmológicas têm muito a oferecer.

Não se trata, necessário dizer novamente, de reduzir umas às outras, encontrando uma nova singularidade, mas sim de promover um encontro, não ausente de tensões, mas capaz de possibilitar traduções e trocas mais complexas. Uma teoria simétrica da história: não teorizar *sobre* o tempo do outro, mas teorizar *com* o outro, dialogando com seus tempos e suas linguagens. Um dos resultados dessas trocas pode ser a emergência de novas formas de aprendizagem com o passado. A disciplina histórica emergiu dentro de uma rede semântica ordenada por um *télos* futurista, composta por conceitos como "progresso", "desenvolvimento", "nação" e "cidadania". Aprender a história para ser "cidadão" era, em boa medida, sincronizar-se no tempo do desenvolvimento do Estado. No tempo presente, aquela rede semântica moderna vai sendo substituída por uma nova linguagem, de caráter presentista, constituída por conceitos como "flexibilidade", "inovação", "empreendedorismo" e "resiliência". Boa parte da crise disciplinar atual se deve a essa passagem de universos conceituais (Turin, 2019). A experiência do antropoceno, esse tempo do fim, surge como um grande desestabilizador desse processo histórico, abrindo novas demandas e possibilidades. Nessa brecha do tempo, talvez uma nova inserção pedagógica da história possa se abrir à dimensão da habitabilidade, transformando os passados e os presentes em grandes laboratórios de formas de habitar o mundo. A noção de habitabilidade, assim, pode se inscrever não apenas na forma de se colocar em situação, mas também nos objetos a partir dos quais (e com os quais) a disciplina reflete sobre a experiência de coabitar o planeta. Isso implicaria tanto acionar as diferentes ferramentas metodológicas desenvolvidas pela tradição disciplinar, já em prática por especialidades como a história ambiental, como também desenvolver novos conceitos capazes de produzir outros agenciamentos entre humanos e não humanos. Uma pedagogia histórica, enfim, que seja capaz de promover a habilidade de respostas responsáveis — *response-ability* — diante do mundo. Nas palavras de Donna Haraway: "ficar com o problema requer aprender a estar verdadeiramente presente, não como um pivô desaparecendo entre passados terríveis ou edênicos e futuros apocalípticos ou salvíficos, mas como criaturas mortais entrelaçadas em uma miríade de configurações inacabadas de lugares, tempos, assuntos, significados".[8]

Diante da catástrofe cósmica que redefine nosso presente, abrindo o tempo em diferentes possibilidades, a (re)inserção social da disciplina histórica vai depender da resposta que ela será capaz de ofertar, do modo como ela vai se colocar em situação. Se o antropoceno não significa um enésimo fim da história, como apontou Hartog, talvez seja o caso de reformulá-la agora não mais na chave da singularidade conceitual, do Um, mas como um modo — entre outros — de aprender a ficar com o problema, um meio aberto e plural de figurar modos de habitar o mundo, ou, pelo menos, suas ruínas[9].

Referências

ANDERS, Günther. *Le temps du fin*. Paris: Éditiond de l'Herne, 2007.

ANDERS, Günther. *La obsolesciencia del hombre*. Sobre el alma em la época de la segunda revolución industrial. Madri: Pre-textos, 2011, v. 1.

BÉDERIDA, François. Tempo presente e presença da história. In: AMADO, Janaína; FERREIRA, Marieta de Moraes (Org.). *Usos e abusos da história oral*. Rio de Janeiro: Editora FGV, 2016, p. 219-229.

BONNEUIL, Christophe; FRESSOZ, Jean-Baptiste. *L'évenement anthropocène*. La Terre, l'histoire et nous. Paris: Seuil, 2013.

BROWN, Wendy. *Nas ruínas do neoliberalismo*. A ascensão da política anti-democrática no ocidente. São Paulo: Politeia, 2019.

CHAKRABARTY, Dipesh. O clima da história: quatro teses. *Sopro*, v. 91, 2013, p. 2-22.

CHAKRABARTY, Dipesh. Anthropocene time. *History and Theory*, v. 57, n. 1, p. 5-32, mar. 2018.

_____. *The human condition in the anthropocene*. The Tanner Lectures in Human Values, Yale University, 2015.

_____. *O planeta*: uma categoria humanista emergente. Dansk: Zazie, 2020.

---

[8] Haraway (2016:1). *"Staying with the trouble requires learning to be truly present, not as a vanishing pivot between awful or edenic pasts and apocalyptic or salvific futures, but as mortal critters entwined in myriad unfinished configurations of places, times, matters, meanings."*

[9] Hartog (2020:344). Para uma reflexão do que pode significar "viver nas ruínas", e suas múltiplas histórias, ver Tsing (2019). Como afirma Tsing: "muitas histórias, humanas e outras, reúnem-se em lugares de socialidade mais que humana. Uma história só não é o suficiente".

_____. World-making, "mass" poverty, and the problem of scale. *E-flux*, v. 114, 2020, p. 1-4.

CHARBONNIER, Pierre. A genealogy of anthropocene. The end of risk and limits. *Annales*, 72, n. 2, 2017, p. 199-224.

_____. The three tribe of political ecology. *Green European Jornal*, v. 19, s.p., 2020.

CRUTZEN, Paul J.; STOERMER, Eugene F. The anthropocene. *Global Change Newsletter*, v. 41, n. 17, 2000, p. 17-18.

CRUTZEN, Paul J. Geology of mankind. *Nature*, v. 415, p. 23, 2002.

DANOWSKI, Deborah; VIVEIROS DE CASTRO, Eduardo. The past is yet to come. *E-flux*, n. 114, s.p., dez. 2020.

FRASE, Peter. *Four futures*. Life after capitalismo. Nova York: Verso, 2016.

FREYESLEBEN, Alice Fernandes. Crônicas da urgência: os desafios das ciências na criação do futuro no antropoceno. *Caderno Brasileiro de Ensino de Física*, v. 37, n. 3, 2020, p. 1.099-1.119.

HARAWAY, Donna. *Staying with the trouble*: making kin in the cthulhucene. Durham; Londres: Duke University Press, 2016.

HARTOG, François. *Chronos*. L'Occident aux prises avec le Temps. Paris: Gallimard, 2020.

HORNBORG, Alf; McNEILL, J. R.; MARTINEZ-ALIER, Joan. *Rethinking environmental history*: world-system history and global environmental. Plymouth: Altamira Press, 2007.

KALIFA, Dominique (Org.). *Les noms d'époque*. De "Restauration" à "années de plomb". Paris: Gallimard, 2020.

KRENACK, Ailton. *A vida não é útil*. São Paulo: Companhia das Letras, 2020.

KOPENAWA, David; ALBERT, Bruce. *A queda do céu*. Palavras de um xamã yanomami. São Paulo: Companhia das Letras, 2015.

KOSELLECK, Reinhart. *Futuro passado*: contribuição à semântica dos tempos históricos. Rio de Janeiro: Contraponto; PUC-Rio, 2006.

KOSELLEK, Reinhart. *O conceito de história*. Rio de Janeiro: Contraponto, 2013.

LATOUR, Bruno. *Diante de Gaia*: oito conferências sobre a natureza no antropoceno. São Paulo; Rio de Janeiro: Ubu Editora; Ateliê de Humanidades Editorial, 2020.

LEWIS, Simon L.; MASLIN, Mark A. Defining the anthropocene. *Nature*, v. 519, n. 7542, 2015, p. 171-180.

LORIMER, Jamie. The anthropo-scene: a guide for the perplexed. *Social Studies of Science*, v. 47, n. 1, 2016, p. 117-142.

MBEMBE, Achille. *Brutalisme*. Paris: La Découverte, 2020.

MOORE, Jason W. *Capitalism in the web of life*: ecology and the accumulation of capital. Londres: Verso, 2015.

MÜLLER, Angélica; IEGELSKI, Francine. O Brasil e o tempo presente. In: FERREIRA, Jorge; DELGADO, Lucilia de Almeida Neves (Org.). Rio de Janeiro: Civilização Brasileira, 2018, p. 13-25.

NICOLAZZI, Fernando. Culturas de passado e eurocentrismo: o périplo de tláloc. In: AVILA, Arthur; NICOLAZZI, Fernando; TURIN, Rodrigo (Org.). *A história (in)disciplinada*. Teoria, ensino e difusão do conhecimento histórico. Vitória, Milfontes, 2019, p. 211-243.

PÁDUA, José Augusto. As bases teóricas da história ambiental. *Estudos avançados*, v. 24, n. 68, 2010, p. 81-101.

PÁDUA, José Augusto. Vivendo no antropoceno: incertezas, riscos e oportunidades. In: OLIVEIRA, Luiz Alberto. (Org.). *Museu do Amanhã*. Rio de Janeiro: Edições de Janeiro, 2015.

PEREIRA, Ana Carolina Barbosa. *Na transversal do tempo*: natureza e cultura à prova da história. Salvador: Editora da UFBA, 2019.

ROUSSO, Henry. *La dernière catástrofe*. L'histoire, le présent, le contemporain. Paris: Gallimard, 2012.

SETH, Sanjay. Razão ou raciocínio? Clio ou Shiva? *História da Historiografia*: International Journal of Theory and History of Historiography, v. 6, n. 11, 2013, p. 173-189.

SIMON, Zoltán Boldizsár. *History in times of unprecedented change*: a theory for the 21st century. Londres: Bloomsbury, 2019.

_____. *The epochal event*: transformations in the entangled human, technological, and natural worlds. Cham: Palgrave, 2020.

STEFFEN, Will et al. *The trajectory of the anthropocene*: the great acceleration. *The Anthropocene Review*, v. 2, n. 1, 2015, p. 1-18.

STENGERS, Isabelle. A proposição cosmopolítica. *Revista do Instituto de Estudos Brasileiros*, n. 69, 2018, p. 442-464.

TAMM, Marek; SIMON, Zoltán Boldizsár. More-than-human history: philosophy of history at the time of the anthropocene. In: KUUKKANEN, Jouni-Matti (Ed.). *Philosophy of history*: twenty-first-century perspectives. Londres: Bloomsbury, 2020.

TURIN, Rodrigo. *Tempos precários*: historicidade, aceleração e semântica neoliberal. Dansk: Zazie Edições, 2019.

TSING, Anna Lowenhaupt. *Viver nas ruínas*: paisagens multiespécies no antropoceno. Brasília: IEB Mil Folhas, 2019.

VEIGA, José Eli. *O antropoceno e a ciência do Sistema Terra*. São Paulo: Editora 34, 2019.

WAINWRIGTH, Joel; MANN, Geoff. *Climate Leviathan*: a political theory of our planetary future. Nova York: Verso, 2020.

WORSTER, David. Transformations of the Earth: toward an agroecological perspective in history. *The Journal of American History*, v. 76, n. 4, 1990, p. 1.087-1.106.

ZALASIEWICZ, Jan (Org.). *The anthropocene as a geological time unit*: a guide to the scientific evidence and current debate. Cambridge: Cambridge University Press, 2019.

HTP, o político e os historiadores

A indústria das *fake news* como um problema historiográfico: atualismo e política em um presente agitado*

Mateus Henrique de Faria Pereira
Thiago Lima Nicodemo
Valdei Lopes de Araujo

> Em memória de José Lúcio Nascimento, jovem e brilhante historiador cuja trajetória foi interrompida pela Covid-19 e pelas políticas genocidas do bolsonarismo.

> Mas nada é inteiramente novo no mundo, todo fenômeno, toda noção, toda tendência, levados até o limite, se alteram e se transformam em algo de sensivelmente diferente. Sustentamos que nunca mentimos tanto quanto em nossos dias, e que nunca mentimos de modo tão massivo e total quanto o fazemos hoje. [...] A palavra escrita e falada, o jornal, o rádio... todo o progresso técnico é posto a serviço da mentira. [Alexandre Koyré, *Reflexões sobre a mentira*, 1943]

Neste texto procuramos problematizar uma crença presente no senso comum de que basta à história profissional dizer a verdade e denunciar o falso para lidar com o fenômeno da desinformação. Uma crença, cuja consagração pode ser traduzida na expressão inglesa denominada *fake news*. Isso é particularmente sensível quando lidamos com notícias falsas produzidas em escala industrial, isto é, em um cenário em que todo o progresso técnico é

---

* Uma primeira versão de alguns dos argumentos aqui desenvolvidos pode ser encontrada em Pereira e Araujo (2021). Apoio: CNPq, Capes, Fapemig, Fapesp e INCT Proprietas.

posto a serviço da mentira, da má intenção, do descolamento da realidade e da desfactualização. Mas há uma dicotomia entre essas dimensões? Koyré, em 1943, já indicava que essa é uma relação dialética, e é com essa precisa formulação que vamos nos guiar para pensarmos a relação entre mudança e permanência nos fenômenos aqui tratados, ressaltando que resistiremos à ideia de que não há nada de novo sob a luz do sol.

Ainda que a postura de uma historiografia guardiã de certa concepção realista da verdade seja necessária, tal postura nos parece insuficiente hoje. O suporte digital representa um desafio sem precedentes à história, já que a profusão de dados e informações torna o arquivamento quase impossível. Isso significa que a preservação da memória da epopeia humana neste planeta nunca esteve tanto em risco quanto agora. Essa ameaça não se deve somente à instabilidade do formato digital, mas, também, às práticas organizadas e/ou espontâneas de desinformação.[1]

Ao longo deste texto pretendemos mostrar as razões da crise atual. Acreditamos que uma das saídas passa, em especial, por atualizar um certo legado dos *Annales*, quando exigiam da produção historiográfica o engajamento com os problemas do presente. Tratar historiograficamente o presente, na historiografia e no ensino de história, é um dos antídotos ao que definiremos como atualismo, pois reverte a tendência de se confundir a realidade com um presente isolado de sua historicidade, ou seja, de seus passados e futuros possíveis.

O atualismo e o novo tempo das *news*: produção, arquivamento e desinformação

Um dos efeitos do tempo que consideramos atualista é a crença de que estar atualizado com as últimas notícias é o mesmo que estar certo. A expansão dos canais de notícias 24 horas e das novas plataformas digitais se alimenta

---

[1] Ainda assim, no que se refere à questão da verdade, levaremos a sério as reflexões de Breno Mendes a partir de Paul Ricoeur, a saber: "Se a verdade, particularmente, a histórica, não deve ser reduzida à mera verificação, disso não se deve deduzir um relativismo insensato, que interdita ao conhecimento histórico a construção de algum tipo de verdade. [...]. Ainda que entremeada pela subjetividade, a história possui um certo tipo de objetividade. Embora não chegue a uma verdade nua, crua e imutável, o saber histórico pode atingir uma verdade no âmbito da probabilidade, o que impulsiona a história a ser constantemente reescrita" (Mendes, 2015:104).

dessa pulsão pela atualização. Nesse ambiente, as *fake news*, produzidas, disseminadas e impulsionadas em escala industrial, tendem a desempenhar papel determinante em nossas vidas. No lugar de checar fontes, buscar suas origens e consequências, toda a nossa energia é capturada pelo próprio fluxo contínuo das notícias e de seus comentadores. Não parece sem razão que a hibridização entre propaganda, comerciais, religião, política e entretenimento seja um fenômeno simultâneo ao tempo atualista. Assim, não por acaso, a política atualista é dominada por infomerciantes, tele-evangelistas e subcelebridades opiniático-digitais.

A essa historicidade hegemônica, em que o real se confunde com a atualidade, experimentada como um presente vazio e autocentrado, Pereira e Araujo descrevem como sendo o atualismo (2019). Sair da "gaiola" atualista passa por desafiar a compreensão corriqueira de que a história é apenas passado. Parcela significativa das chamadas história do tempo presente e história pública parecem avançar nessa direção de uma reivindicação do presente pela historiografia, como os textos e bibliografias deste livro ilustram muito bem[2]. Entendemos que esse enfrentamento é cada vez mais necessário.

Após a vitória de Trump, em 2016, intensificou-se o esforço da comunidade global de especialistas na busca de possíveis alternativas teóricas e políticas que contribuam para compreendermos a (re)emergência das direitas e extremas-direitas mundiais (entre outros, Cheyfitz, 2017; Valencia-García, 2020). As direitas têm se expandido por surfar melhor na agitação do fluxo de atualizações, se beneficiando da desinformação, alimentando e sendo alimentadas por um ambiente amplamente favorável à disseminação de *fake news* (Pereira e Araujo, 2020).

Sublinhamos, assim, o caráter inédito da atual onda de desinformação, ressaltando sua força em produzir universos paralelos simulados, nos quais é possível viver com relativo grau de sucesso. Nesse sentido, cabe exemplificar que, em meados de julho de 2020, o presidente da Comissão Parlamentar Mista de Inquérito sobre as Fake News, o senador Angelo Coronel, protocolou um ofício solicitando ao Facebook o acesso aos dados de perfis bloqueados pela empresa, que ocorrera poucas semanas antes. Por serem consideradas de "comportamento inautêntico", 35 contas, 14 páginas, um grupo e mais 38 contas do Instagram — outra plataforma pertencente à mesma empresa —, o

---

[2] Sobre os desafios contemporâneos da história do tempo presente no Brasil ver, também, entre outros, Motta e Napolitano (2020).

Facebook decidiu bloquear essas contas. Segundo as estimativas, haveria cerca de 350 pessoas envolvidas com esses perfis, que chegariam a ter algo como um 1,8 milhão de seguidores (Alessandra, 2020). Dada essa elevada capacidade de disseminação de [des]informações, justificava-se o interesse da CPMI em investigar os dados desses perfis, especialmente pela probabilidade de difusão exponencial desses conteúdos, por meio de replicações e encaminhamentos em massa. Nesse ocorrido, é notável o ordenamento das ações envolvidas na identificação de um comportamento digital considerado socialmente danoso.

Nesse sentido, é preciso dizer que na língua inglesa a palavra *disinformation* é reservada às práticas deliberadas e planejadas de se produzir e promover informações falsas. Desse modo, considera-se como um tipo particular de *misinformation*, já que este último conceito abrangeria as formas deliberadas e não deliberadas, por meio das quais as informações falsas são disseminadas. Na Wikipédia em português, por exemplo, os redatores introduziram a expressão "informação falsa" para traduzir o conceito de *misinformation*. Assim, haveria desinformação quando a informação falsa é produzida e/ou disseminada de modo deliberado. Neste texto, acreditamos que a ideia de notícias simuladas é mais precisa para entendermos o que está em jogo com as *fake news*.

As notícias simuladas são um dos aspectos fundamentais do que chamamos de atualismo. Inicialmente, é preciso dizer que a experiência atualista é uma estratégia que está incorporada no cotidiano das grandes empresas do capitalismo de vigilância, que oferecem produtos e serviços em constante atualização. Em nosso tempo, não são apenas os objetos e programas que "precisam" estar atualizados, os humanos também vivem, constantemente, a pressão, o medo e o desejo por atualização. E os sujeitos se percebem e são percebidos como mais ou menos atualizados ou obsoletos, tendo em vista a forma como lidam com a pressão desse movimento de repetição com novidades. Nesse sentido, ser novo não é sinônimo de estar atualizado. Mas o que acontece quando a atualização recebida está ancorada na produção organizada e/ou espontânea de simulações?

As transformações do mundo da técnica têm modificado nossa relação com o futuro, pois, paulatinamente, ele tem deixado de ser o lugar da transformação e da esperança para se tornar uma cópia atualizada deste lugar e, por essa razão, ele é, em teoria, melhor do que o presente, mas não diferente dele. Enquanto as teorias do presentismo e do presente amplo insistem na predominância de expectativas catastróficas com relação ao futuro, a historicidade atualista tem o futuro como algo garantido como repetição em expansão linear do presente; dito de outro modo, o futuro atualista é apenas o presente 2.0. Portanto, essa experiência do tempo produz e é produtora de uma compreensão de que a ação não é necessária ou possível. Paradoxalmente, o progresso técnico cria a expectativa de mudança/atualização constante, o que produz uma agitação temporal que dificulta o diagnóstico e a abertura para transformações estruturais.

Essa agitação se diferencia, portanto, da aceleração do tempo na modernidade, já que aqui o espaço para a utopia e a mudança qualitativa é reduzido, o *télos* é ausente, tautológico ou fragmentado. Talvez essa compreensão possa refinar nossas leituras sobre a própria ideia moderna de aceleração do tempo, ou ao menos de sua percepção pelos sujeitos históricos: o quanto do que geralmente caracterizamos como aceleração não seria mais bem descrito como agitação? O tempo agitado do atualismo conjuga dois sentidos usuais dessa palavra em nossa língua que, às vezes, parecem contraditórios: atividade desordenada e/ou regular. O movimento aparentemente regular, mas imprevisível, das ondas do mar talvez seja uma boa imagem para caracterizar essa experiência de tempo histórico, no lugar da clássica metáfora moderna da história como um rio.

Caso pudéssemos nos referir a uma agência atualista, ela seria mais próxima do gesto do surfista que precisa unir virtude e fortuna para sobreviver às regulares, mas imprevisíveis, ondas de atualização. Como historiadores, devemos insistir que a intransparência dessas ondas, que a um olhar superficial parecem simplesmente brotar do espelho d'água do oceano, está articulada a complexos jogos de força, que, mesmo não determinando cada onda como evento, as enquadram em um campo de possibilidades.

Se, por um lado, certos aspectos da historicidade atualista parecem lembrar uma radicalização de tendências modernas, enquadrando-se na perspectiva de uma hiperaceleração; por outro, o questionamento, a desregulação e a perda de autonomia de subsistemas, como a religião, a política e a mídia, revelam um lado do atualismo que parece dissolver estruturas fundamentais da modernidade, deixando em seu lugar um vazio continuamente ativado pela agitação, mais do que simplesmente diferentes acelerações.

A *desinformação* como arma em tempos de radicalização e reconfiguração política

Com certeza, um dos melhores exemplos do sucesso da fabricação de realidades simuladas, com alto grau de projetividade e integração, foi a estratégia utilizada por Trump e seus aliados, ao produzirem um ambiente conspiracional integrado para acomodar seus eleitores e clientes, antes mesmo do resultado das eleições de 2020.

Um caso extremo pôde ser visto no canal do Youtube de Rudolph Giuliani, chamado *Common Sense*, uma espécie de *podcast* que é também veiculado em vídeo em plataformas como o Youtube. O canal rapidamente ganhou quase meio milhão de inscritos, tendo sido criado em janeiro de 2020.[3] No dia 27 de novembro daquele ano, um dos episódios recupera evidências e argumentos falsos que provariam a existência de um amplo esquema articulado de fraude nas eleições. Além disso, o ex-prefeito de Nova York, e principal advogado de Donald Trump, aparece — para o nosso assombro — como garota-propaganda em dois intervalos comerciais da transmissão de quase 14 minutos. Em um deles, vende assinaturas de um seguro contra fraudes em titularidades imobiliárias, e, no outro, faz propaganda de uma tabacaria de luxo. Ao final, fica evidente que a audiência, atraída pela narrativa de fraude eleitoral, é também financiadora-consumidora de serviços os mais diversos, tudo empacotado como uma mistura de entretenimento e (des)informação.

Pois foi presenciando esses e muitos outros acontecimentos semelhantes, no Brasil e em outros lugares do mundo, que constatamos que, muitas vezes, em certas dimensões da temporalidade atualista, a "verdade" é aquela que se apresenta na forma de notícia, de *news*, em especial, em fluxo contínuo. E a notícia mais recente e atual tende a ser tomada como a mais verdadeira, principalmente se a mesma tiver sido produzida e compartilhada pelos membros de nossa bolha ou de nosso enclave. Como as condições de arquivamento e curadoria dessas notícias são altamente complexas e problemáticas, elas podem ser facilmente apagadas, alteradas, falsificadas por diversas razões e sujeitos. Assim, produz-se uma tendência de encurtamento da memória/arquivo, a própria memória passa a se confundir com as lembranças que vêm à tona de modo fragmentário no fluxo de notícias. Como no Facebook, é uma razão intransparente para as pessoas comuns que evocam o repertório de suas supostas lembranças.

---

[3] Ver, por exemplo: www.youtube.com/watch?v=sd-5Xm5PFmg.

Em seu ensaio de 1972 intitulado "Mentira na política", Hannah Arendt (1972) analisa os chamados *Pentagon Papers*, uma coleção de relatórios produzidos por agências dos Estados Unidos, detalhando os bastidores das decisões políticas para o Vietnã. Os relatórios secretos foram vazados em reportagem do *The New York Times* em 1971, provocando ampla e negativa repercussão. Para Arendt, os relatórios demonstravam como a manipulação organizada e sistemática da mentira poderia corromper a democracia, assentada em práticas de "desfactualização" da realidade, na substituição do juízo pelo cálculo de probabilidades e na busca de manipulação psicológica no lugar de resultados concretos nas políticas públicas.

Arendt denunciava que um dos objetivos da administração Nixon era desacreditar a imprensa antes das eleições de 1972. Na descrição da filósofa, o escândalo do uso da mentira, como política pública sistemática, só foi possível pelo autoengano produzido pelo efeito bolha na conjunção entre agências públicas e *think tanks* que se reforçavam mutuamente e que tentaram convencer a sociedade da validade de suas próprias fantasias. Essas fantasias encontraram seu limite operativo em uma opinião pública bem informada por uma imprensa com credibilidade. Por fim, e ainda de interesse para nossa investigação, Arendt escreve que ao ler os relatórios tinha a impressão de que computadores e não "tomadores de decisão" haviam sido soltos no sudeste asiático (Arendt, 1972:168). Esse caráter automatizado representava a crença em uma concepção de história em que a contingência poderia ser plenamente eliminada.

Talvez o que temos chamado atualismo tenha um parentesco óbvio com esse *éthos* emergente identificado por Arendt, e sua disseminação epidêmica tenha sido possível justamente por causa do enfraquecimento de instituições como a imprensa e os especialistas. Talvez, em 2020, as ambiguidades e contradições desse processo tenham ganhado uma visibilidade inédita. Vejamos mais alguns exemplos.

Em 2020, na eleição dos EUA, a pandemia e sua gestão criminosa por parte do governo Trump foram decisivas para sua apertada derrota, mas o discurso de normalização e unidade, articulado por Biden, foi incapaz de se converter em uma vitória proporcional ao tamanho das suas ambições. No início do ano de 2020, quando estávamos ainda animados com o desempenho de Sanders, nas primárias do Partido Democrata, era inimaginável pensar que a verdadeira facada, isto é, a contingência dessa eleição, se chamaria Sars-CoV-2. Além dessa derrota, assistimos, ainda, neste mesmo ano, às derrotas relativas de Bolsonaro (e não do bolsonarismo)[4] e de parte da esquerda (em especial, para o Executivo) nas eleições municipais. Eleições em que a desinformação voltou a desempenhar um papel desestabilizador em algumas cidades, em especial, no segundo turno.

Acreditamos que o quadro descrito por Pereira e Araujo (2020) ainda se mantém estável, em especial, na maior eficácia da articulação estratégica entre atualizados e obsoletos de direita. No caso americano, Joe Biden prometeu a volta da política tradicional, mas resta saber se os atualizados da esquerda e da direita permitirão, ou se a velha política será capaz de atender às enormes expectativas dos eleitores em um mundo que parece desmoronar.[5] Estaríamos, então, na encruzilhada entre duas possibilidades? De um lado, uma atualização, em estilo moderno, e, de outro, uma atualização em chave atualista, que se alimenta tanto de algumas estruturas da modernidade (foco no sujeito, democratização e setorização de valores, politização, racionalidade instrumental) quanto da destruição de outras (autonomia das instituições, regulação dos limites entre política, religião, arte, ciência, informação e propaganda, direito das minorias)?

Muitos analistas apontaram o cansaço, com a agitação e a instabilidade do novo normal de Trump, como uma das causas de sua derrota. Mas essa mesma agitação mostrou-se eficiente em garantir-lhe a maior votação de um presidente em disputa por um segundo mandato na história dos EUA. A narrativa da fraude eleitoral demonstra como as estruturas da desinformação continuam eficazes e, mesmo, com um grande potencial de radicalização, como assinala a rápida emergência da Newsmax TV, como desafio à suposta posição mais moderada da Fox News em defesa do Show de Trump (Grynbaum e Koblin, 2020). Bolsonaro, mais de um ano antes da eleição de 2022 para presidente, já fazia uso da mesma estratégia em sua campanha pelo chamado "voto impresso auditável", com certa repercussão positiva no núcleo

---

[4] Em agosto de 2020, a revista *Piauí* revelou que no dia 22 de maio Bolsonaro pensou seriamente em enviar tropas para o Supremo Tribunal Federal. Seu golpismo e autoritarismo, tão bem analisados por Bauer (2020) e Pinha (2020), são uma estrutura do movimento que corporifica. Ainda assim, como mostra, entre outros, Aarão Reis (2020), não podemos explicar o bolsonarismo apenas em função das tradições autoritárias brasileiras, mesmo que isso seja um elemento importante.

[5] Em coluna publicada no *The New York Times* em 6 de agosto de 2021, o articulista Alex Pareene acredita que a solução Biden conseguiu atualizar a política tradicional no Congresso em detrimento das pautas mais avançadas da base do partido democrata. Disponível em: www.nytimes. com/2021/08/06/opinion/senate-infrastructure-bill-bipartisan.html. Acesso em: 7 ago. 2021.

duro do bolsonarismo. Esses exemplos evidenciam a dimensão pandêmica do fenômeno e da indústria das *fake news*.

Ainda sobre Bolsonaro e Trump, utilizados aqui como exemplos do objeto desta reflexão, podemos dizer que eles fazem, a todo o tempo, esse jogo de representarem uma "maioria" ameaçada e supostamente oprimida. Esse tipo de estratégia tem se mostrado eficiente e parece que será um fenômeno duradouro. Nos termos do antropólogo indiano Arjun Appadurai (2009), trata-se de uma angústia da incompletude que parece estar no DNA dos Estados nacionais. Fato que implica a construção de identidades predatórias, isto é, identidades majoritárias que se representam como ameaçadas em suas fantasias narcísicas de viverem em uma sociedade sem diferenças, onde todos seriam o retrato delas mesmas. Nas eleições municipais de 2020, percebemos que o núcleo dos discursos da maioria dos candidatos evangélicos e militares tem como base esses códigos. Assim, Bolsonaro não precisa interferir diretamente nas eleições, pois a agenda, a linguagem e a energia de seu movimento já estão colocadas nos pleitos, atravessando um amplo espectro partidário.

Como cidadãos e historiadores, podemos dizer que enquanto não formos capazes de entender essas e outras mudanças em curso, presentes por exemplo nos mundos da religião, do capital, e do trabalho, as *fakes news* continuarão a se propagar com grande adesão. Esse tipo de compreensão é fundamental, em especial, para a luta política e acadêmica das estruturas do capitalismo de vigilância, que criam as condições de possibilidade para que o fenômeno das *fake news* ganhe escala industrial e coloque em risco as democracias contemporâneas (ver também, entre outros, Zuboff, 2019).

Sem abandonar suas especificidades e suas pautas, afirmamos que um dos desafios das humanidades é ajudar ao campo progressista na construção de discursos e políticas públicas concretas, também para as "maiorias ansiosas", as quais podem se tornar, como dissemos, predatórias, mas que, também, podem assumir formas solidárias. Do contrário, o medo continuará a ser o afeto dominante de nossa vida política e social. O bolsonarismo sempre esteve entre nós e continuará presente por muito tempo, nos resta trabalhar para desativá-lo, atualizando outras histórias. Assim, derrotar Trump, por exemplo, não é o mesmo que derrotar o neoliberalismo, o capitalismo de vigilância e suas relações parasitárias com a historicidade atualista.

HISTÓRIA DO TEMPO PRESENTE

O futuro da história ante a indústria e o fenômeno das *fake news*

Diante desse contexto, e da limitação da capacidade de armazenamento e progressivo fechamento das plataformas digitais, como resgatar e preservar publicações antigas que são soterradas pelo fluxo atualista de produção incessante de *news*? Como estudar a origem dos movimentos que produzem notícias falsas nas redes sociais em escala industrial? Como estabelecer qual foi a primeira publicação que utilizou determinado termo ou que repercutiu determinado conteúdo? Qual usuário se aproxima mais da categoria de "autor" de uma determinada tendência nas redes sociais? Como esses conteúdos foram apropriados? Quais grupos estiveram interessados na sua disseminação?

Essas são perguntas que interessam aos historiadores(as) que voltam sua atenção para o estabelecimento de técnicas adaptadas ao meio digital-atualista. Neste caso, a determinação da cadeia de transmissão e disseminação das informações se enquadra no campo da filogenia digital, que é a atividade de busca da linhagem de transmissão dessas publicações, resgatando qual foi a primeira aparição de determinado conteúdo e como ele se difundiu entre os usuários, recebendo variações e novos significados.

O campo da filogenia digital traz diversas aproximações com o método histórico. Parte do método histórico se estabeleceu por meio da comparação entre diferentes manuscritos, de modo a apontar, mediante o exame minucioso de suas características particulares, quais eram as famílias e linhagens documentais que haviam chegado até o presente. Além disso, com comparação entre manuscritos, buscava-se eliminar os equívocos ocasionados pela passagem do tempo para chegar à versão mais próxima às intenções originais do autor.

Entretanto, se a passagem do tempo implicou que a historiografia se afastou cada vez mais das preocupações desse tipo, principalmente com a introdução de novas fontes documentais e a ampliação do questionário do historiador, as tecnologias digitais implicam a necessidade de renovar o estudo da veracidade dos documentos on-line e pensar métodos que permitam garantir sua autenticidade. Essa é uma atividade prioritária para distinguir, em um contexto de proliferação de ambientes de realidades simuladas, o verdadeiro, o falso e o verossímil, a mensagem e o ruído no ambiente digital que atualmente vivemos, o que também permitirá ampliar a indagação acerca da responsabilidade histórica dos grupos responsáveis pela disseminação de *fake news* e outros conteúdos prejudiciais ao debate público na internet.

Como navegar sobre o que é relevante na informação efêmera, publicada em redes sociais, em particular? É impossível dar conta de tanta coisa! Um grupo de cientistas da computação, por exemplo, armazenou (ou "raspou", segundo o jargão) 72 bilhões de *tweets* ao longo do ano de 2020. Assim como é impossível saber, sem a ajuda de máquinas, o que é importante para ser guardado, também é muito difícil entender o contexto do qual emana cada enunciado produzido.

As dificuldades de construção de um arquivo em uma historicidade atualista são imensas. Mas necessárias. No caso das *fake news* e demais evidências de comportamentos digitais socialmente danosos, a necessidade de preservação permanente é redobrada, na medida em que esse conjunto de documentos compõe a peça central para o princípio da reparação histórica, e para a busca da justiça, em dois planos. Primeiro, no sentido jurídico, na medida em que essas evidências comporiam as provas de processos autônomos e soberanos de órgãos públicos competentes, acusando em vida aqueles responsáveis pela criação e propagação de informações que, em última análise, feriram a vida de cidadãos. Em segundo lugar, no cumprimento do dever da memória, imbuído da modulação de uma narrativa de reconhecimento de crimes e abusos, a fim de criar um consenso prolífero para uma justiça histórica reparatória às vítimas, assim como prevenir desvios em cenários análogos futuros.

O jogo entre passado e futuro, hoje, se desenrola também na definição da identidade do saber histórico, conforme ele varia com o tempo. Valores como a capacidade de reflexão e problematização, a adoção de uma perspectiva crítica e a busca por enunciados mais responsáveis, balizados com os princípios do método histórico, não precisam ser abandonados — tampouco defendidos de maneira conservadora — apenas porque nossa paisagem tecnológica, midiática e disciplinar mudou. Pelo contrário, deve-se avaliá-los, julgá-los e atualizá-los conforme as demandas de cada época.

A CPI da Covid, em 2021, por exemplo, demonstrou o quanto certas dimensões ambíguas da historiografia moderna podem ser úteis na responsabilização política: sentido, narrativa, orientação, crítica das fontes e do testemunho etc. Vemos na ação da CPI não apenas uma simples disputa de narrativas, mas a luta entre práticas modernas de organização judicial e historiográfica dos eventos a fim de produzir efeitos e ação política. Os próprios senadores mais diretamente envolvidos perceberam que, além de descobrir e organizar a "verdade", eles precisavam revelá-la em tempo real nas redes. As transmissões ao vivo da CPI se tornaram um fenômeno nas redes, nela podemos ver a disputa em tempo real entre a base governista e a oposição, em uma batalha

HISTÓRIA DO TEMPO PRESENTE

para organizar o passado-presente da pandemia. Os métodos tradicionais de arquivamento, cronologia, mas também de falsificação e desinformação acontecem em tempo real.

É preciso reconhecer que as mídias digitais possuem, de certo modo, uma linguagem própria, baseada em protocolos numéricos e algorítmicos pré-formulados por profissionais da área da tecnologia de informação. Esses protocolos permitem a operação mecânica da projeção de dados, o que tem efeitos tanto positivos quanto negativos. É positivo que essas mídias proporcionem uma capacidade de colaboração, velocidade e acessibilidade sem igual na história da experiência arquivística; mas é negativo que, no geral, os fundamentos disciplinares da história e da arquivística não constem nesses protocolos digitais. Assim, preocupações como os critérios sobre a lembrança e o esquecimento, a classificação e a ordenação das informações e o agenciamento sobre as memórias criadas pela circulação social desses registros são delegados a profissionais cuja competência técnica não é acompanhada pela reflexão teórica, quando não são objeto de preocupações puramente mercadológicas, com todos os danos que a falta de moderação do conteúdo on-line tem causado às nossas democracias.

Assim, uma das nossas tarefas principais para lidar com as *fakes news/desinformação* é reativar histórias no tecido homogêneo da historicidade atualista. Não apenas produzir mais histórias, pois de algum modo há mesmo um excesso de histórias e pseudo-histórias atualistas, o atualismo não é carente de história, já que se trata ainda de um fenômeno humano. O que precisamos é de abrir espaço e reativar outras camadas e formas de historicidade não atualistas que possam nos ajudar a viver melhor (ver, por exemplo, entre outros, Oliveira e Pinha, 2020).

Considerações finais

A historiografia profissional está atenta para outras historicidades emergentes, não convencionais e indisciplinadas.[6] Devemos aproveitar das brechas contra-atualistas na luta contra as notícias e informações simuladas, se tomarmos o

---

[6] Ver, entre outros, Pereira, Bianchi e Abreu (2018); Araujo (2017); Pereira (2018; 2019); Avelar e Bentivoglio (2019); Rodrigues (2019); Nicolazzi et al. (2019); Oliveira (2018); Guimarães (2020); Santos et al. (2017).

fenômeno como um problema historiográfico em sua complexidade. O que pode contribuir para a evidenciação dos ambientes e estruturas do capitalismo de vigilância com sua consequente entrada da agenda política via, por exemplo, projetos de regulamentação. Também significa estarmos atentos à emergência de novas formas de organização política (coletivos) que podem apresentar um potencial contra-atualista e nos levar para além do historicismo, tanto na escrita da história quanto na compreensão do fenômeno da desinformação em sua dimensão de novidade na era das redes e do capitalismo de vigilância.

Por mais incoerente que possa parecer, o universo paralelo do trumpismo, por exemplo, consegue dar sentido a essa agitação em um ambiente em que os demais sistemas parecem existir apenas para traduzi-lo. Talvez a palavra simulação seja uma das chaves, pois, por exemplo, a NewsMax não pode deixar de parecer com uma rede de notícias real, embora nada tenha daquilo que na modernidade garantiu ao jornalismo seu lugar entre as instituições da democracia. No limite, essa noção de simulação nos ajuda a entender como a história produzida pela nova direita e extrema-direita, mesmo quando não usa do negacionismo, apenas simula os procedimentos de uma historiografia acadêmica, como o faz, por exemplo, o "Brasil Paralelo" (ver, por exemplo, Nicolazzi, 2020). Sem essa simulação ela perderia eficácia, o que não significa que podemos confundir essa produção com aquilo que produz a disciplina histórica, da forma como se constituiu, como uma das estruturas dos Estados nacionais modernos (ver, entre outros, Cezar, 2018 e Dutra, 2013).

Um caminho contra-atualista passa pela reivindicação do presente como parte incontornável do trabalho do historiador (resgatando, por exemplo, o legado dos *Annales* de uma história a partir do presente, como dissemos na introdução), mas com uma ênfase renovada na compreensão do passado e do futuro como tempos presentes, ativos, que não estão ao dispor do presente apenas, mas que formam uma parte de nosso ambiente existencial. Assim, não é apenas tratar o presente como um espaço de uma historiografia especializada — embora isso seja também relevante —, mas como dimensão transversal em qualquer esforço de historicização. Resistir de modo firme à tendência, que já estava presente em certas derivações do historicismo, de que história é a ciência do passado, ideia que se ancora na experiência cotidiana que naturaliza a identificação da história com um passado morto.

Talvez devêssemos retomar a ideia de processo, desde que não seja aplicado a uma compreensão totalizante e global da realidade. A história humana é, também, formada por processos regionais, setoriais, que podem oferecer uma compreensão importante de duração não atualista, evidenciar os efeitos de passado e futuro no presente, sem reintroduzir a imagem do bonde da história e seu atônito anjo vingador como passageiro involuntário.

Assim, o que podemos fazer para enfrentar a indústria e o fenômeno das *fakes news* e da desinformação como historiadores e historiadoras? Deixamos aqui 10 sugestões para contribuir para o debate: 1) valorização da intenção de verdade que funda a nossa disciplina; 2) lutar pela criminalização de diversas formas de negacionismo e/ou apologia do autoritarismo, se possível no interior de uma lei de Defesa do Estado Democrático que possa vir a substituir a Lei de Segurança Nacional; 3) defesa de certas possibilidades de regulação das estruturas e empresas do capitalismo de vigilância, como Facebook, Amazon, Google etc.; 4) combater, em espaços públicos, práticas e ambientes atualistas, que transformam o especialista em um inimigo, o que implica algum nível de engajamento nas guerras culturais do nosso tempo; 5) ampliação dos auditórios, tornando a história cada vez mais pública; 6) reafirmação do nosso compromisso pela democracia; 7) aproveitar as brechas contra-atualistas; 8) abordar, de forma consciente e intencional, o presente e o futuro como dimensões da história e da historiografia; 8) combater as experiências impróprias da atualização, tendo em vista nosso compromisso com as lutas contra todas as formas de opressão: classe, gênero e raça; 9) continuar desenvolvendo uma educação histórica atualizada, que ajude no combate às desinformação do nosso tempo, nos diferentes níveis de ensino; e por fim, 10) lutar, combater e agir nessas e em outras dimensões poderá nos ajudar a reatualizar a esperança por meio da defesa do direito à história, em especial, nas relações geracionais do campo historiográfico. Temos, portanto, muito trabalho pela frente.

Referências

AARÃO REIS, Daniel. Notas para a compreensão do bolsonarismo. *Estudos Ibero-Americanos*, Porto Alegre, v. 46, n. 1, 2020, p. 1-11.

ALESSANDRA, Karla. CPMI das Fakenews pede acesso a conteúdo bloqueado no Facebook. *Agência Câmara de Notícias*, 10 jul. 2020. Disponível em: www.camara.leg.br/noticias/675489-CPMI-DAS-FAKENEWS-PEDE--ACESSO-A-CONTEUDO-BLOQUEADO-NO-FACEBOOK. Acesso em: 11 ago. 2020.

APPADURAI, Arjun. *O medo ao pequeno número*. São Paulo: Iluminuras, 2009.

ARAUJO, Valdei Lopes de. O direito à história: o(a) historiador(a) como curador(a) de uma experiência histórica socialmente distribuída. In: OLIVEIRA, Rodrigo Perez; GUIMARÃES, Gessica; BRUNO, Leonardo (Org.). *Conversas sobre o Brasil*: ensaios de crítica histórica. Salvador: Provisória, 2017, p. 27-50

ARENDT, Hannah. *Crisis of the republic*. Boston: Houghton Mifflin Harcourt. 1972.

AVELAR, Alexandre; BENTIVOGLIO, Julio Cesar. *O futuro da história*. Vitória: Milfontes, 2019.

BAUER, Caroline Silveira. Usos do passado da ditadura brasileira em manifestações públicas de Jair Bolsonaro. In: KLEM, Bruna et al. (Org.). *Do fake ao fato*: (des)atualizando Bolsonaro. Vitória: MilFontes, 2020, p. 183-204.

CHEYFITZ, Eric. *The disinformation age*: the collapse of liberal democracy in the United States. Nova York: Routledge, 2017.

CEZAR, Temistocles. O que fabrica o historiador quando faz história, hoje? *Revista de Antropologia*, São Paulo, v. 61, 2018, p. 78-95.

DUTRA, Eliana. História e historiadores na Coleção Brasiliana. In: _____. (Org.). *O Brasil em dois tempos*. Belo Horizonte: Autêntica, 2013, p. 47-76.

GRYNBAUM, Michael; KOBLIN, John. Newsmax, once a right-wingalso-ran, is rising, and Trump approves. *The New York Times*, 22 nov. 2020. Disponível em: www.nytimes.com/2020/11/22/business/media/newsmax--trump-fox-news.html?searchResultPosition=1. Acesso em: 30 nov. 2020.

GUIMARÃES, Géssica. Teoria de gênero e ideologia de gênero. *Tempo e Argumento*, Florianópolis, v. 12, 2020, p. 1-27.

MENDES, Breno. A representância do passado histórico em Paul Ricoeur: linguagem, narrativa, verdade. *História da Historiografia*, Ouro Preto, n. 19, 2015, p. 88-106.

MOTTA, Rodrigo; NAPOLITANO, Marcos. *Desafios para uma história do tempo presente no Brasil*. Disponível em: www.youtube.com/watch?v=1y CNRA1U1qg&feature=youtu.be. Acesso em: 6 de jul. 2020.

NICOLAZZI, Fernando. O Brasil paralelo produz história? *Historiar-se*. Disponível em: www.youtube.com/watch?v=R71LxS5FhD8. Acesso em: 6 jul. 2020.

_____; ÁVILA, Arthur; TURIN, Rodrigo (Org.). *A história (in)disciplinada*. Teoria, ensino e difusão do conhecimento histórico. Vitória, ES: Milfontes, 2019.

OLIVEIRA, Maria da Glória de. Os sons do silêncio: interpelações feministas decoloniais à história da historiografia. *História da Historiografia*, Ouro Preto, v. 11, 2018, p. 104-140.

OLIVEIRA, Rodrigo Perez; PINHA, Daniel (Org.). *Tempos de crise*: ensaios de história política. Rio de Janeiro: Autogradia, 2020.

PEREIRA, Ana Carolina Barbosa. *Na transversal do tempo*. Salvador: EDUFBA, 2019.

_____. Precisamos falar sobre o lugar epistêmico na teoria da história. *Tempo e Argumento*, Florianópolis, v. 10, 2018, p. 88-114.

PEREIRA, Mateus Henrique de Faria; ARAUJO, Valdei Lopes de. *Atualismo 1.0*: como a ideia de atualização mudou o século XXI. Vitória: Milfontes, 2019.

_____; _____. Vozes sobre Bolsonaro. In: KLEM, Bruna et al. (Org.). *Do fake ao fato*: Des(atualizando) Bolsonaro. Vitória: Milfontes, 2020, p. 115-140.

_____; _____. Atualismo: pandemia e historicidades no interminável 2020. *Estudos Ibero-Americanos*, v. 47, n. 1, 2021. Disponível em: https://doi.org/10.15448/1980-864X.2021.1.39802. Acesso em: 3 mai. 2021.

_____; BIANCHI, G.; ABREU, M. S. de. Popularizações do passado e historicidades democráticas: escrita colaborativa, performance e práticas do espaço. *Tempo e Argumento*, Florianópolis, v. 10, n. 24, 2018, p. 279-315. DOI: 10.5965/2175180310242018279. Disponível em: https://revistas.udesc.br/index.php/tempo/article/view/2175180310242018279. Acesso em: 3 mai. 2022.

PINHA, Daniel. A longa noite de 64. In: KLEM, Bruna et al (Org.). *Do fake ao fato*: (des)atualizando Bolsonaro. Vitória: MilFontes, 2020, p. 195-231.

RAMALHO, Walderez. Historical time between Chronos and Kairos. *Rethinking History*, v. 24, 2020, p. 1-16.

RANGEL, Marcelo de Mello. A urgência do ético. *Ponta de Lança*, São Cristóvão, v. 13, n. 25, 2019.

RODRIGUES, Thamara de Oliveira. Teoria da história e história da historiografia: aberturas para "histórias não convencionais". *História da Historiografia*, v. 12, n. 29, 28 abr. 2019.

SANTOS, Pedro Afonso Cristóvão dos; NICODEMO, Thiago Lima; PEREIRA, Mateus Henrique de Faria. Historiografias periféricas em perspectiva global ou transnacional. *Estudos Históricos*, v. 30, 2017, p. 161-186.

TURIN, Rodrigo. Entre o passado disciplinar e os passados práticos: figurações do historiador na crise das humanidades. *Tempo*, Rio de Janeiro, v. 24, n. 2, 2018, p. 186-205.

_____. *Tempos precários*. Dansk: Zazie Edições, 2019.

VARELLA, Flávia Florentino; BONALDO, Rodrigo Bragio. Negociando autoridades, construindo saberes: a historiografia digital e colaborativa no projeto Teoria da História na Wikipédia. *Revista Brasileira de História*, São Paulo, v. 40, n. 85, dez. 2020, p. 147-170.

VALENCIA-GARCÍA, Dean Louie. *Far-right revisionism and the end of history*. Nova York: Routledge, 2020.

ZUBOFF, Shoshana. *The age of surveillance capitalism*: the fight for a human future at the new frontier of power. Nova York: PublicAffairs, 2019.

Democracia e escrita histórica*

Antoon De Baets

Introdução: democracia hoje

A democracia é um fenômeno tão importante que é observado por muitos *think tanks* e institutos científicos ao redor do mundo.[1] Entre eles, quatro se destacam por seus relatórios regulares, muitas vezes anuais, sobre o estado da democracia no mundo: Freedom House, em Washington (desde 1973), Economist Intelligence Unit, em Londres (desde 2006), International Institute for Democracy and Electoral Assistence (Idea), em Estocolmo (desde 2017), e V-Dem Institute, em Gotemburgo (desde 2017). Embora difiram em suas tipologias de regimes políticos e em algumas de suas descobertas, todos eles observam uma tendência inescapável: desde 2005 até os dias de hoje, a democracia está em retrocesso.[2] Suas estimativas para a porcentagem

---

* Traduzido do inglês por Tiago Santos Almeida. O autor agradece o trabalho realizado pelo tradutor.

[1] O presente texto é uma versão inteiramente revisada e atualizada de "Democracy and historical writing", *Historiografías/Historiographies*, n. 9, p. 31-43, jun. 2015 (com resumos em inglês e espanhol) e "Democrazia e scrittura della storia", Novecento.org (2015). Ele se beneficiou de comentários quando foi apresentado como uma comunicação durante a Second International Conference on Democracy as Idea and Practice (Oslo, 2011), na Ninth European Social Sciences and History Conference (Glasgow, 2012), na Third International Conference on Philosophy of History (Buenos Aires, 2012), no 17º Simpósio Nacional de História (Natal, 2013), na Twenty-Second EuroClio Annual Conference (Helsing, 2015), como uma série de palestras na Savitribai Phule Pune University (2017) e no seminário History for Democracy in the Age of Populism, na Ghent University (2019).

[2] Ver, por exemplo, Freedom House (2020b); The Economist Intelligence Unit (2020); Idea (2020); V-Dem Institute (2020).

HISTÓRIA DO TEMPO PRESENTE

da população mundial que viveu em democracias em 2019/20 variam de 46% (V-Dem Institute) a 49,4% (Economist Intelligence Unit) e 57% (Idea).

Para compreender essa tendência global, precisamos dar um passo para trás para enxergar o quadro mais amplo. Seguindo Samuel Huntington, muitos estudiosos distinguiram três ondas de democracia: a primeira no século XIX, a segunda entre 1945 e 1962 e a terceira, bastante espetacular, a partir de 1975. Essa dita "terceira onda de democracia" acelerou em 1989 e durou até cerca de 2005. Depois de 2005, a tendência atual de marcha a ré democrática acelerou. Foi assim que a Freedom House descreveu essa tendência de recuo pós-2005:

> Em estados que já eram autoritários, [...] os governos estão cada vez mais perdendo a fachada de prática democrática que estabeleceram nas décadas anteriores, quando os incentivos internacionais e a pressão por reformas eram mais fortes. Mais poderes autoritários estão agora banindo grupos de oposição ou prendendo seus líderes [...] e pressionando qualquer mídia independente remanescente. Enquanto isso, muitos países que se democratizaram após o fim da Guerra Fria regrediram diante da corrupção desenfreada, dos movimentos populistas antiliberais e do colapso do Estado de Direito. Ainda mais preocupante, mesmo democracias de longa data foram abaladas por forças políticas populistas que rejeitam princípios básicos como a separação dos poderes e que transformam as minorias em alvo de tratamento discriminatório. [Freedom House, 2019:1]

De acordo com o Idea, "o valor, a viabilidade e o futuro da democracia são mais contestados agora do que nunca na história moderna, ou pelo menos desde os anos 1930" (Idea, 2019:x). Depois de chamar o populismo de "uma ameaça para a democracia" e observar que países não democráticos começaram a exportar seu modelo de governança para outros países, acrescentou que: "A pandemia Covid-19 interrompeu alguns dos processos de reforma democrática observados antes da pandemia, ao mesmo tempo que fortalece ou acelera processos de retrocesso democrático e aprofundamento da autocratização."[3]

O V-Dem Institute falou sobre "uma terceira onda de autocratização" (-Dem Institute, 2020:6, 9). Ao mesmo tempo, todos esses observadores notaram a emergência, por todo o mundo, de uma tendência distintiva de protestos civis e movimentos de reforma. O Idea enfatizou que, olhando para os da-

---

[3] Idea (2020:1). Para conclusões semelhantes, ver Freedom House (2020b:1; 2021:10-14); The Economist Intelligence Unit (2021:3-4).

dos, a democracia continua sendo o melhor sistema para criar as condições necessárias para o desenvolvimento sustentável.[4] No entanto, a conclusão permanece: há uma crise global da democracia hoje.

Ao mesmo tempo, o interesse pela história, e particularmente pela educação histórica, como ferramenta para avançar a democracia e prevenir a repetição de violações de direitos humanos tem ganhado destaque, especialmente entre os relatores especiais que trabalham a serviço da Organização das Nações Unidas (ONU). Tudo começou com um relatório que a relatora especial da ONU para os Direitos Culturais dedicou à escrita e ao ensino da história (2013). Esse relatório chamou a atenção por ser o primeiro, mas não era completamente inesperado porque a história obviamente era um tema do mandato dessa relatora especial da ONU. O fato mais interessante é que também outros relatores especiais da ONU, com focos diferentes, passaram a integrar cada vez mais as reflexões sobre a história em seus relatórios para o Conselho de Direitos Humanos da ONU e para a Assembleia Geral da ONU. De modo significativo, isso também foi feito pelo relator especial da ONU sobre a Promoção da Verdade, Justiça, Reparação e Garantias de Não Recorrência em um relatório sobre as garantias de não recorrência de violações de direitos humanos (2015), pelo mesmo relator da ONU em conjunto com o conselheiro especial da ONU para a Prevenção de Genocídio em um estudo sobre a contribuição da justiça de transição para a prevenção de violações de direitos humanos (2018), pelo relator especial da ONU para o Direito à Educação em um relatório sobre a prevenção de crimes de atrocidade (2019) e pelo relator especial da ONU para a Liberdade de Expressão em um relatório sobre a liberdade acadêmica (2020).[5]

Outro fenômeno recente deve ser adicionado a esse novo interesse. Os mesmos relatores especiais da ONU parecem cada vez mais unir forças para

---

[4] Idea (2020:xi). Ver também Freedom House (2021:14-16).

[5] Relatora especial da Organização das Nações Unidas (ONU) no Campo dos Direitos Culturais, *Report* [Writing and teaching of history] (UN Doc. A/68/296) (2013); Relator especial da ONU para a Promoção da Verdade, Justiça, Reparação e Garantias de Não Recorrência, *Report* [Guarantees of non-recurrence] (UN Doc. A/HRC/30/42) (2015), §§ 94-118; *Joint study on the contribution of transitional justice to the prevention of gross violations and abuses of human rights and serious violations of international humanitarian law, including genocide, war crimes, ethnic cleansing and crimes against humanity, and their recurrence* (UN Doc. A/HRC/37/65) (2018), §§ 74-78, 83, 97; Relator especial da ONU sobre o Direito à Educação, *Report* [Prevention of atrocity crimes] (UN Doc. A/74/243) (2019), § 54; Relator especial da ONU sobre a Promoção e Proteção do Direito à Liberdade de Opinião e Expressão, *Report* [Academic freedom] (UN Doc. A/75/261) (2020).

escrever as chamadas cartas de alegações, nas quais formulam queixas sobre questões de direitos humanos remotas e não resolvidas. Isso foi feito em cartas de alegações em casos como o sistema japonês de escravidão sexual ("mulheres de conforto") durante a Guerra do Pacífico (1931-45), em 2016, o genocídio armênio no Império Otomano (1915), em 2019, e os massacres em grande escala de prisioneiros no Irã (1988), em 2020.[6] Para os dois primeiros casos, os relatores especiais tiveram que se dirigir aos Estados sucessores dos regimes perpetradores; para o último, o Estado em exercício.

Um terceiro desenvolvimento notável, e talvez inesperado, é que questões de história e memória têm sido regularmente apresentadas a juízes nacionais e tribunais internacionais. A coleção de jurisprudência encontrada atualmente no site da Network of Concerned Historians conta com nada menos que 670 casos jurídicos relacionados com a história — e a memória — colhidos por todas as partes do mundo.[7] São abundantes os conflitos amargos sobre a história e a memória, muitos deles em democracias. A crise global da democracia hoje e o crescente interesse, no patamar da ONU, pelo papel da história na promoção da democracia e dos direitos humanos mais do que justificam uma análise aprofundada da relação entre ambos.

Definindo a relação

Existem pelo menos três maneiras de examinar a relação entre democracia e escrita histórica: identificando amplos desenvolvimentos históricos que afetaram a emergência e o desenvolvimento do sistema político conhecido como democracia e o lugar da escrita histórica neles; escolhendo alguns estudos de caso e, a partir deles, tentar inferir lições gerais; e, finalmente, discutindo, a partir de uma perspectiva teórica, tipos ideais tanto de democracia quanto de escrita histórica. Escolhi a terceira via plenamente consciente de que ela constitui uma abordagem limitada de um tópico quase inexaurível, com tantas

---

[6] Sobre o caso das mulheres de conforto japonesas, ver: www.ohchr.org/EN/NewsEvents/Pages/DisplayNews.aspx?NewsID=17209&LangID=E; para o caso do genocídio armênio, ver: https://spcommreports.ohchr.org/TMResultsBase/DownLoadPublicCommunicationFile?gId=24294 (pdf); para o caso do massacre nas prisões iranianas, ver: https://spcommreports.ohchr.org/TMResultsBase/DownLoadPublicCommunicationFile?gId=25503 (pdf).

[7] Ver a página de documentos jurídicos da Network of Concerned Historians (NCH) em: www.concernedhistorians.org/content/le.html.

interpretações quanto o número de estudiosos dedicados a ele. Inevitavelmente, minha reflexão teórica conterá muita especulação, mas, espero, não sem uma base firme tanto em lógica quanto, onde possível e aplicável, em argumentos baseados em evidências. Antes de embarcar, então, numa discussão sobre a relação entre os tipos ideais de democracia e de escrita histórica, permitam--me definir brevemente os dois conceitos.

Quanto à noção de escrita histórica, examinarei um tipo ideal que chamo sumariamente de "escrita histórica responsável". A escrita histórica é responsável quando se caracteriza por aquilo que Bernard Williams identificou como as duas virtudes básicas da verdade: acurácia* (para encontrar a verdade) e sinceridade (para dizer a verdade).[8] O tipo ideal de democracia está enraizado no sistema de direitos humanos. Isso precisa de um pouco mais de explicação. É bem sabido que os principais documentos sobre direitos humanos — a Declaração Universal dos Direitos Humanos (DUDH) e os Pactos da ONU derivados dela — sem dizer defendem que uma sociedade democrática é o melhor sistema político para a proteção dos direitos humanos.[9] Na mesma linha, a ONU define uma sociedade democrática como uma sociedade que reconhece e respeita os direitos humanos estabelecidos na Declaração Universal.[10] Essa definição, por mais simples que pareça, é de fato forte porque exige que qualquer concepção válida de democracia seja infundida com uma

---

* Apesar de serem tratados como sinônimos, escolhemos, como tradução de "*accuracy*", o neologismo "acurácia" em vez do termo mais comum "precisão", já que as diferenças sutis entre um e outro podem ser de interesse para os historiadores daquilo que Lorraine Daston chama de "virtudes epistêmicas" ou daquilo que Herman Paul chama de "persona acadêmica". [N. do T.]

[8] Williams (2002:84-148). Ver também De Baets (2009a:192-193).

[9] Silenciosamente, em vez de abertamente, porque a menção explícita ao princípio da democracia já havia sido rejeitada durante as negociações preparatórias sobre o preâmbulo da Carta da ONU em 1945. Portanto, os redatores da Declaração Universal dos Direitos Humanos (DUDH) foram mais cautelosos. Eles adotaram uma teoria de democracia política no artigo 21 da DUDH, mas sem chamá-la de "democracia". No entanto, eles usaram o termo "sociedade democrática" explicitamente no artigo 29. Em suma, a DUDH tem uma preferência pronunciada pela democracia, mas não como um princípio explícito e autônomo. O preâmbulo da DUDH também condena com veemência ditaduras passadas. Ver também Pacto Internacional sobre Direitos Civis e Políticos (PIDCP) (1966), artigos 14, 21, 22 e 25; Pacto Internacional sobre Direitos Econômicos, Sociais e Culturais (Pidesc) (1966), artigos 4 e 8.

[10] Ver Conselho Econômico e Social da ONU, *Siracusa principles on the limitation and derogation provisions in the international covenant on civil and political rights* (UN Doc. E/CN.4/1985/4, Anexo) (1985), princípio 21; *Limburg principles on the implementation of the international covenant on economic social and cultural rights* (1986), princípio 55.

aplicação exigente do estado de direito voltada para os direitos humanos. Tal definição é um ideal e, estritamente falando, nenhum Estado no mundo está a sua altura.[11] De toda forma, a aspiração de vincular tão de perto os direitos humanos e a democracia tem suas raízes na história: as duas ideias surgiram como resultado das chamadas revoluções democráticas do final do século XVIII, mas sua relação mútua permaneceu austera até "a terceira onda de democratização".[12]

Não é de admirar, então, que a interconexão entre democracia e direitos humanos esteja tão permeada no principal documento sobre a democracia, a chamada Declaração Universal da Democracia, de 1997, quanto estava na Declaração Universal dos Direitos Humanos. Enquanto a última estipula apenas o princípio central da democracia, a primeira também destaca várias de suas condições. Essas condições para a democracia incluem a liberdade de expressão, a responsabilização [*accountability*] e a transparência. A declaração também acrescenta: "A manutenção do estado democrático requer uma cultura e um clima democráticos constantemente alimentados e reforçados pela educação, bem como por outros veículos de cultura e de informação."[13]

A clarificação sobre os determinantes da democracia é importante para o problema que desejo abordar aqui, a relação entre democracia e escrita histórica. Minha estratégia consiste em primeiro explorar a relação geral entre

---

[11] Para uma teoria de uma democracia baseada na dignidade e direitos humanos (chamada "a concepção de democracia coparticipativa"), ver Dworkin (2011: especialmente p. 379-399). Seguindo a perspectiva de José Antonio Cheibub, o Programa de Desenvolvimento da ONU (PNUD) adotou uma definição minimalista de democracia, apoiada por muitos para fins de pesquisa prática: "Os países são classificados como democráticos se o chefe do Executivo e o Legislativo forem eleitos, mais de um partido político competir nas eleições e um partido tiver transferido o poder em caso de derrota; caso contrário, os países são identificados como ditaduras". Ver PNUD (2010:122, n. 15).

[12] Ver Tilly (2007:27-29, para a emergência da democracia na Europa Ocidental e na América do Norte no fim do século XVIII, 48-49, para a conexão entre democracia e direitos humanos). Para contextualização sobre a associação histórica entre democracia e direitos políticos e entre liberdade e direitos civis, ver Nowak (1993, 2005:564-566). Nowak argumentou que a aceitação da conexão entre democracia e direitos humanos é um fenômeno recente.

[13] Inter-Parliamentary Union, *Universal declaration on democracy* (1997), preâmbulo, artigos 3, 6-9, 12-14, 19 (citação), 21, 27. Ver também *Montevideo declaration: democratic culture and governance* (1990). [Citado a partir de *Declaração universal da democracia*: resolução A/62/7 da Assembleia Geral da Organização das Nações Unidas — ONU, setembro de 2007. Brasília: Senado Federal, Secretaria Especial de Editoração e Publicações, 2012. Disponível em: www.interlegis.leg. br/capacitacao/publicacoes-e-modelos/04360.pdf. Acesso em: 27 mar. 2021. [N. do T.].

DEMOCRACIA E ESCRITA HISTÓRICA

democracia e conscientização histórica [*historical awareness***]. Em seguida, estudo a relação entre democracia e a própria escrita histórica e tento descobrir se a democracia é uma condição para a ciência em geral e para a escrita histórica responsável em particular. Também investigo a relação inversa — se a escrita histórica responsável é uma condição para a democracia — testando cinco afirmações que chamarei de tese abaixo de zero, tese zero, tese do espelho, tese do amplificador e tese da parteira. O objetivo é descobrir como a escrita histórica ajuda a fomentar uma cultura democrática.[14]

Democracia e conscientização histórica

Ao longo da história, inúmeras sociedades demonstraram conscientização histórica, ou seja, uma sensibilidade compartilhada em relação ao passado e uma habilidade para situar os eventos em uma perspectiva de longo prazo. A presença da conscientização histórica desde tempos imemoriais é importante aqui por duas razões. A primeira é direta: a conscientização histórica é muito mais antiga do que a democracia. Muito antes do surgimento das democracias modernas — aproximadamente no século XIX —, as sociedades possuíam conscientização histórica, embora muitas vezes estivesse limitada a grupos de elite. Existem muitas teorias sobre as condições que despertam a conscientização histórica[15] e entre as mais fortes estão aquelas que nos dizem que as experiências coletivas de vergonha e orgulho são preditores confiáveis (mas não infalíveis) de incrementos na conscientização histórica. Quando a identidade de um povo é ameaçada pela derrota na guerra e pela dominação violenta, quando é posta em risco pela perda de raízes ou, inversamente, quando é impulsionada por uma autonomia recém-conquistada, a conscientização

---

** A escolha pela expressão "conscientização histórica" em vez de "consciência histórica", utilizada por alguns tradutores, além de impedir a confusão com o conceito herdado dos debates entre teóricos e filósofos da história alemães da virada do XIX para o XX (e cujo equivalente em inglês é "*historical consciounsess*"), é também uma forma de manter o tom político claramente adotado pelo autor. A palavra "conscientização" já aparece dicionarizada em português como simples "tomada de consciência quanto a algo", mas o fundo ético-político do neologismo dos anos 1960 popularizado pela obra de Paulo Freire foi preservado em seu uso corrente. [N. do T.]

[14] Quando abordei o problema pela primeira vez em *Responsible history* (De Baets, 2009a:68-71), eu chamei a escrita histórica responsável de um "ato de democracia" e de "democracia em prática", julgamentos aqui qualificados.

[15] Para uma perspectiva sobre a teoria da conscientização histórica, ver De Baets (2007:141-147).

histórica é aditivada. Em particular, a memória coletiva de uma injustiça histórica — e com isso quero dizer atrocidades históricas comparáveis ao que hoje chamamos de genocídio, crimes contra a humanidade e crimes de guerra — pode remontar a séculos.[16]

A segunda razão é menos direta: considerando níveis de desenvolvimento comparáveis, a conscientização histórica é *apenas potencialmente* mais forte nas democracias do que nos regimes não democráticos.[17] O governo não democrático não pode obter legitimação suficiente para seu poder a partir de eleições e leis. Portanto, deve buscar legitimação em outro lugar, frequentemente em uma ideologia que transforma o passado em seu instrumento. O governo não democrático geralmente impõe uma memória oficial e tenta esmagar as memórias que a desafiam. Muitos tiranos, portanto, demonstram um grande interesse pela história (De Baets, 2019b:84-86). Sua ânsia de censurar a história é a prova *a contrario* de sua conscientização histórica. Em contraste, os dissidentes podem refutar as mentiras históricas do ditador, mesmo que isso resulte em perseguição política. Além disso, a fraca credibilidade das versões oficiais da história em regimes não democráticos direciona a curiosidade coletiva para os tabus históricos criados por esses regimes. Substitutos para a escrita histórica censurada podem surgir rapidamente.[18] Em suma, a conscientização histórica pode florescer sob o governo não democrático de muitas maneiras, apesar do fato de que a expressão pública de suas formas dissidentes é sistematicamente suprimida.[19]

Por sua vez, as democracias também podem estabelecer parte de sua legitimidade a partir do passado, apresentando-se como uma continuação de precedentes democráticos. A educação histórica na escola é um traço característico generalizado nas democracias, mas não é necessariamente em si um indicador confiável dos níveis de conscientização histórica entre a população adulta da geração seguinte. A informação e o debate alimentados pela mídia

---

[16] Ver De Baets (2009b:35-38; 2011:131-132, onde eu diferenciei injustiça histórica remota e injustiça histórica recente).

[17] Do começo ao fim, eu diferencio "democracias" de "regimes não democráticos" (incluindo ditaduras autoritárias e totalitárias) e "democracias novas ou restauradas" (um termo da ONU).

[18] Ver De Baets (2002:21); Kołakowski (1983:135); Afanasev (1995:56-58).

[19] A falta de conscientização histórica também foi a regra nas colônias, onde democracias europeias impuseram regimes não democráticos à população. Para uma análise clássica, ver Memmi (1991:91-95, 102-105).

ou pelos veículos culturais nem sempre preenchem as lacunas do ensino de história. Chega a impressionar o quanto são abundantes em muitas democracias as queixas sobre os baixos níveis de conscientização histórica. Pode ser que esses supostos níveis baixos sejam relativos devido a nossa inclinação equivocada de comparar populações inteiras em democracias com apenas alguns grupos de elite em regimes não democráticos. Se isso for verdade, então os supostos baixos níveis de conscientização histórica nas democracias ainda são mais altos do que os supostos altos níveis de conscientização histórica sob o governo não democrático. No entanto, mesmo que a conscientização histórica nas democracias não seja baixa ou não esteja em declínio, ela não precisa automaticamente fortalecer os valores democráticos. Somente uma conscientização histórica *democrática* — e não uma conscientização histórica imbuída de propaganda e chauvinismo — fortalecerá os valores democráticos.[20]

O caso intermediário, o das democracias *novas ou restauradas*, pode parecer especial do ponto de vista da justiça de transição, mas não é especial do ponto de vista da teoria da conscientização histórica. Nas últimas décadas, a experiência das democracias novas ou restauradas com comissões e tribunais da verdade demonstraram repetidamente que durante um curto período após a queda de regimes não democráticos ou o fim de conflitos armados, há uma febre generalizada de conhecimento sobre os fatos concernentes ao que exatamente aconteceu durante aquele período de repressão e violência. Além disso, grandes setores da sociedade querem saber os detalhes sobre como e por que essa repressão e violência foram organizadas e quem foram os responsáveis por elas. Impressionada com o poderoso direcionamento de democracias novas ou restauradas para o conhecimento sobre o sofrimento passado, a ONU desenvolveu aquilo que chamou de direito à verdade: um novo direito humano que estipula que as vítimas de violações dos direitos humanos e suas famílias têm o direito de saber a verdade sobre as circunstâncias em que ocorreu a violência e, em caso de morte ou desaparecimento, conhecer o destino das vítimas (De Baets, 2009a:144-172; 2011:128-149).

Essa abertura pós-repressão sobre o passado é um forte exemplo da teoria de que experiências de vergonha sobre o passado estimulam a conscientização

---

[20] Ver, p. ex., Relator Especial da ONU sobre a Promoção da Verdade, Justiça, Reparação e Garantias de Não Recorrência, *Report*, §§ 94-118; *Joint Study*, §§ 74-78, 83, 97; Relator Especial da ONU sobre o Direito à Educação, *Report*, § 54.

HISTÓRIA DO TEMPO PRESENTE

histórica. Tal abertura, no entanto, é um fenômeno relativamente recente. Houve muitas transições pós-repressão no passado distante, sem momentos excepcionais de conscientização histórica: esquecer era a regra. Algumas democracias atualmente consolidadas sobreviveram surpreendentemente por muito tempo sem enfrentar de modo algum as partes violentas de seu passado ou as velhas versões distorcidas da sua história. Desde a "terceira onda de democratização", o pensamento sobre como lidar com a impunidade e a reparação após uma grande injustiça evoluiu significativamente. Mesmo neste contexto internacional mais favorável, o anseio pela verdade não aparece em toda e qualquer democracia nova ou restaurada, e onde aparece, a busca pela verdade histórica pode logo ser jogada de lado por objetivos concorrentes, como a necessidade de estabilidade e bem-estar social. Além disso, os riscos de lidar com o passado doloroso, embora não tão intransponíveis como acontece sob o governo não democrático, ainda são consideráveis: podem reabrir velhas feridas e ressuscitar velhos conflitos.[21] Foi demonstrado com frequência que a educação histórica intensa, mas chauvinista, é uma forma de doutrinação que, no fim das contas, pode ajudar a incitar o conflito e a violência.[22] Sob condições estritas, uma moratória sobre esse tipo de educação histórica pode ser justificada por um lapso de tempo bem definido.[23]

A partir desse esboço, concluo que as democracias apenas potencialmente possuem uma conscientização histórica mais forte do que os regimes não democráticos. Mesmo quando é mais forte, pode ruir. E se não ruir, não é necessariamente apoiadora da democracia. Se, em contraste, uma conscientização histórica *democrática* pode ser nutrida, ela pode dar suporte a uma cultura democrática e, portanto, à própria democracia. Vejamos agora sob quais condições a escrita histórica ajuda a fomentar uma conscientização histórica democrática e uma cultura democrática.

---

[21] Para estudos de caso, ver Davis (2005:54-68); Langenbacher (2003).

[22] Ver, p. ex., Bush e Saltarelli (2000:11-14); Unesco (2011:169, 242-244); Misztal (2005:1324-1326); Cole (2007:325-326); Dance (1964).

[23] O caráter democrático da moratória de livros didáticos de história pós-conflito só é garantido se cinco condições forem atendidas: uma estrutura legal sólida, um intervalo de tempo curto e explícito, um debate público, a preparação efetiva de novos materiais e a pesquisa histórica acadêmica desimpedida. Ver De Baets (2015:5-31).

A democracia como uma condição para a escrita histórica responsável

Devo primeiro examinar a relação inversa, a saber, se a democracia é uma condição para uma escrita histórica responsável. Uma questão preliminar é se a democracia é ou não necessária para a ciência.[24] Timothy Ferris propôs a forte afirmação de que na Europa e na América do Norte a revolução democrática e a revolução científica evoluíram juntas desde o final do século XVIII. Carl Sagan defendeu a afirmação ainda mais forte de que a ciência e a democracia começaram ao mesmo tempo e no mesmo lugar: a Grécia nos VI e VII a.C.[25] Essas alegações atraentes são insustentáveis. Como a conscientização histórica, a ciência precedeu no tempo a democracia, tal como a entendemos atualmente. O espírito investigativo é comum a todas as culturas. Em particular, a revolução científica — originada no século XVII e mesmo então já fundada em fortes antecedentes — ocorreu em um contexto histórico de absolutismo político. Além disso, surgiu na Inglaterra, apesar da turbulência política que caracterizou esse país durante a maior parte do século XVII.[26] Isso sugere que a ciência não é dependente de um contexto democrático para emergir e se desenvolver: ela é viável em ambientes não democráticos, embora falte aí muitas das condições que permitem a prosperidade das ciências. Não existe uma relação necessária entre a democracia e a possibilidade da ciência.

Ao defender suas grandes teses, entretanto, Sagan e Ferris apresentaram exemplos convincentes para provar uma afirmação mais modesta: existe uma relação necessária entre democracia e *progresso duradouro* na ciência.[27] Ferris, por exemplo, documentou as falhas às vezes espetaculares da ciência

---

[24] A relatora especial da ONU no Campo dos Direitos Culturais definiu ciência como "[C]onhecimento que é testável e refutável, em todos os campos de investigação, incluindo ciências sociais, e abrangendo todas as pesquisas". Ver seu *The right to enjoy the benefits of scientific progress and its applications: report* (UN Doc. A/HRC/20/26) (2012). Michael Shermer (2002:18) definiu ciência como: "[Um] conjunto de métodos projetados para descrever e interpretar fenômenos observados ou inferidos, passados ou presentes, com o objetivo de construir um corpo testável de conhecimento aberto à rejeição ou confirmação."

[25] Ferris (2010:1-2); Sagan (1996:41). Paul Veyne (1984:77) perguntou se os gregos começaram a escrever história depois que a democracia os tornou cidadãos. Ele sustentou que o surgimento da historiografia não necessariamente acompanhou o surgimento do Estado ou a ascensão da conscientização política.

[26] Stevin Shapin (1994:xxv-xxxi) demonstrou como a autoridade e os códigos de cavalheirismo inglês permearam o conceito de verdade da cultura científica do século XVII.

[27] Ver também: Merton (1973:269); Popper (1957:90); Oreskes (2019:6, 28, 30, 167).

em ambientes totalitários (Ferris, 2010:191-235; Sagan, 1996:249-252). Essa reivindicação mais modesta se sustenta desde que as sociedades democráticas sejam liberais, ou seja, garantam um ambiente de trabalho que respeite e proteja os direitos humanos necessários aos acadêmicos individuais para o exercício do seu trabalho, particularmente a liberdade de expressão.[28] Todos os Estados democráticos do mundo se comprometeram com esses objetivos ao ratificar os Pactos da ONU: ao fazê-lo, eles foram instados a desenvolver uma estrutura de leis e outras medidas para facilitar o direito à ciência.[29]

Vejamos agora a democracia como uma condição para uma escrita histórica responsável. O raciocínio aqui é semelhante àquele sobre a ciência. Em princípio, a democracia não é uma condição necessária para a possibilidade de uma escrita histórica responsável. Muitos escritos históricos responsáveis claramente precederam a democracia ou existiram em ambientes não democráticos, embora em circunstâncias desfavoráveis, em uma escala limitada e não raro com grande risco para os historiadores envolvidos. Em geral, entretanto, o governo não democrático tende a marginalizar e abusar da escrita histórica, ferindo gravemente seu potencial para o presente e para o futuro. Em contraste, a democracia a fomenta ou pelo menos não cria impedimentos. Na Europa, a escrita histórica profissional, infundida por um conjunto coerente de regras éticas (geralmente estabelecidas em manuais de crítica histórica), desenvolveu-se em escala significativa apenas a partir do início do século XIX — ou seja, após o fim do absolutismo no final do século XVIII e a ascensão gradual da democracia e dos direitos humanos.[30] Se a democracia,

---

[28] Essa relação não deve levar à falácia de que a liberdade de expressão por si só garante a verdade científica. Quanto mais liberdade de expressão, mais provável será a expressão de opiniões errôneas e falsas, mas também mais provável será a possibilidade de um debate aberto que tende a encorajar a exposição precoce de tais opiniões.

[29] ICESCR, artigos 13 (educação) e 15 (cultura e ciência). Ver também *Limburg principles*, princípios 16-34; *The Maastricht guidelines on violations of economic, social and cultural rights* (1997), §§ 6-10; Comitê de Direitos Humanos da ONU, *General comment 25* [Participation in public affairs] (UN Doc. CCPR/C/21/Rev.1/Add.7) (1996), § 9; Comitê da ONU sobre Direitos Econômicos, Sociais e Culturais, *General comment 13* [Education] (UN Doc. E/C.12/1999/10) (1999), §§ 43-48; Comitê da ONU sobre Direitos Econômicos, Sociais e Culturais, *General comment 17* [Moral and material interests of authors] (UN Doc. E/C.12/GC/17) (2006), §§ 25-35; Comitê da ONU sobre Direitos Econômicos, Sociais e Culturais, *General comment 21* [Participation in cultural life] (UN Doc. E/C.12/GC/21) (2009), §§ 44-59.

[30] Ver, por exemplo, Walter Laqueur (1967:156), que escreveu que "a ascensão da história na Europa como uma disciplina independente e crítica coincide com a derrubada do governo absolutista".

portanto, não constitui uma condição necessária para a emergência de uma escrita histórica responsável, ela é uma condição para sua prática sustentável.

Isso pode ser ilustrado pela maneira como os dois tipos de regime lidam com abusos da história.[31] Os regimes não democráticos não hesitam em abusar da história quando isso é julgado necessário para alcançar seus objetivos políticos. Mas isso não significa que as democracias sejam imunes aos ataques à integridade da história. Os abusos da história não são necessariamente menos frequentes nas democracias do que nos regimes autoritários — talvez seja mesmo o contrário, quando pensamos em todas as *fake news* relacionadas com a história circulando atualmente.[32] No máximo, podemos dizer que, comparativamente, os abusos da história nas democracias são mais induzidos pelos cidadãos do que pelos Estados, além de menos estruturais e, portanto, menos fatais. Além disso, esses abusos são geralmente detectados, expostos e criticados mais cedo e abordados com menos medo de retaliação do que em regimes não democráticos.[33]

Os Estados democráticos que prezam pelos direitos humanos têm deveres bem definidos de apoio à ciência, incluindo a formação histórica.[34] Esses deveres incluem uma regulamentação, inspirada nos direitos humanos, de áreas vitais como liberdade de informação, proteção de dados e privacidade, reputação, direitos autorais, arquivos e patrimônio, e discurso de ódio e discriminação.[35] Mais ainda, os Estados devem facilitar a pesquisa e o ensino

---

[31] Para uma discussão da demarcação entre história responsável de um lado e história irresponsável, abuso da história e pseudo-história de outro, ver De Baets (2013:17-60; 2021a, no prelo).

[32] Para uma análise das *fake news* e — caso assumam a forma de difamação, invasão de privacidade, propaganda de guerra, negação de genocídio ou discurso de ódio — sua capacidade de minar democracias, ver De Baets (2019a:77-88).

[33] Ver De Baets (2021c, no prelo). Para uma visão geral dos repertórios de resistência por historiadores nas democracias, ver De Baets (2019a:141).

[34] Os impositivos *General comments* distinguem vários tipos de deveres do Estado: deveres de respeitar (ou seja, não intervir), de proteger (ou seja, evitar que terceiros violem direitos) e de cumprir (ou seja, facilitar por meio de procedimentos jurídicos, financeiros, promocionais e outros). Comitê da ONU sobre Direitos Econômicos, Sociais e Culturais, *General comment* 21, por exemplo, no § 54(c), prescreve como um dever cumprir "[a] inclusão da educação cultural em todos os níveis nos currículos escolares, incluindo história [...] e a história de outras culturas, em consulta com todos os interessados".

[35] Os arquivos desempenham um papel especial na realização dos princípios democráticos de responsabilidade e transparência. Ver International Council on Archives, *Universal declaration on archives* (2010); Escritório do Alto Comissariado das Nações Unidas para os Direitos Humanos (EACDH), *Study on the right to the truth* (UN Doc. A/HRC/12/19) (2009), §§ 6, 13; Relator Especial

HISTÓRIA DO TEMPO PRESENTE

históricos em todos os níveis e estimular a ciência e a cultura. No contexto do direito à verdade, eles têm o dever de investigar e punir as atrocidades do passado. No âmbito da memória, eles devem facilitar — embora não devam impor — o exercício do direito de lamentar e comemorar dignamente.[36] Mas não apenas os Estados têm deveres, também os próprios historiadores têm um dever político inescapável, se a análise anterior do efeito sobre a democracia na escrita histórica estiver correta: se os historiadores desejam encorajar formas responsáveis de história, eles devem apoiar a democracia.[37]

Escrita histórica responsável como uma condição para a democracia

A escrita histórica responsável, por sua vez, é uma condição para a democracia? Permitam-me primeiro que me detenha um instante na ciência em geral. Alguns pensamentos sobre a influência da ciência na democracia devem ser suficientes. *Grosso modo*, quatro afirmações podem ser distinguidas: a ciência é suficiente para a democracia; ela não é suficiente, mas é necessária; não é necessária, mas importante (embora às vezes prejudicial); ela não é importante. Com exceção daqueles que exaltam ou assolapam a ciência, a maioria dos observadores, acredito, rejeitaria firmemente a primeira e a última alegações, ou seja, que a ciência é suficiente ou não é importante para a democracia. Sagan e Ferris observaram que muitos dos esclarecidos protagonistas da democracia do século XVIII tinham um interesse excepcional pela ciência. Nestes estágios formativos do desenvolvimento da prática democrática, a ciência desempenhou um papel importante. Desde então, esse papel tornou-se mais imperativo. Considerem a complexidade e a variedade das políticas públicas empreendidas nos Estados modernos. A ciência frequentemente desempenha um papel dominante na formulação das opções nas quais essas políticas

---

da ONU sobre a Promoção da Verdade, Justiça, Reparação e Garantias de Não Recorrência, *Report* [Truth commissions] (UN Doc. A/HRC/ 24/42) (2013), §§ 80-88, 101, 106. Sobre a relação entre arquivos e o direito à verdade, ver EACDH, *Report of the OHCHR on the Seminar on Experiences of Archives as a Means to Guarantee the Right to the Truth* (UN Doc. A/HRC/17/21) (2011).

[36] As leis da memória (leis que penalizam a expressão de opiniões sobre fatos históricos) não fazem parte desses deveres relacionados com a memória. Ver Comitê de Direitos Humanos da ONU, *General comment 34* [Freedoms of opinion and expression] (UN Doc. CCPR/C/GC/34) (2011), § 49.

[37] Isso também é explicitamente afirmado em UNESCO, *Recommendation concerning the status of higher-education teaching personnel* (1997), § 27.

múltiplas se baseiam (daí seu nome: políticas baseadas em evidências). A ciência tem um histórico respeitável a serviço da democracia, apesar de sua aplicação às vezes caótica em ambientes políticos e apesar dos abusos a que pode estar sujeita por interesses privados.[38] A maioria dos participantes do debate provavelmente concordaria com a visão de que a ciência é importante e frequentemente necessária para a democracia.[39] Isso também se aplica à relação entre a escrita histórica responsável e a democracia? Para responder a essa pergunta, examinarei cinco afirmações sobre a escrita histórica responsável: a de que ela tem um efeito negativo nas sociedades democráticas (a "tese abaixo de zero"), que ela não tem efeito nas sociedades democráticas (a "tese zero"), que ela reflete as sociedades democráticas (a "tese do espelho"), que ela as fortalece (a "tese do amplificador"), e, por fim, que ela dá forma a essas sociedades (a "tese da parteira").

A *tese abaixo de zero* e a *tese zero* são incompatíveis com as outras três. Uma vez que há evidências para pelo menos duas das outras teses (as teses do espelho e do amplificador), como devo demonstrar, podemos rejeitá-las. Ambas as teses rejeitadas, no entanto, servem como bons lembretes do fato de que o efeito da escrita histórica responsável, quando existe, não é necessariamente considerável e, quando é geralmente positivo, ainda pode ser negativo em determinados efeitos colaterais. Obras produzidas por historiadores responsáveis podem, por exemplo, ser mal interpretadas pela sociedade em geral ou deixadas de lado como irrelevantes.

A *tese do espelho* pode ser parcialmente confirmada apontando os *paralelos* entre a operação da escrita histórica e a operação da democracia política.[40] Em seu trabalho, os historiadores usam práticas e valores que são centrais para a democracia: liberdade de expressão e informação (incluindo pluralidade de opiniões e tolerância pela opinião não convencional) e um debate público e crítico no qual as opiniões são testadas, aceitas ou rejeitadas (De Baets, 2021d, no prelo). Embora a tradição seja importante tanto na escrita histórica quanto na democracia, no final das contas o mérito supera a origem na avaliação das descobertas em ambos os campos. A dúvida sistemática, que é a base dos testes probatórios na história, encontra um paralelo na política

---

[38] Ver também o Center for Science and Democracy of the Union of Concerned Scientists em: https://ucsusa.org/science-democracy.

[39] Ainda mais quando a tecnologia, frequentemente o produto da ciência, é levada em consideração.

[40] A questão de saber se os departamentos de história e associações de historiadores são democraticamente organizados não está incluída nesta discussão.

HISTÓRIA DO TEMPO PRESENTE

democrática, que, ao permitir e encorajar a oposição política e o escrutínio público do governo, também integra o princípio da incerteza em seu núcleo. O caráter provisório e aberto da busca pela verdade na história tem seu paralelo no caráter experimental das políticas democráticas. Mais ainda, a prática dos historiadores de apresentar evidências em etapas claramente cumulativas e de explicar problemas de forma lógica (e espero que o presente ensaio seja um exemplo disso) corresponde aos requisitos democráticos de responsabilização e transparência. E a formação histórica e a responsabilização democrática são autocorretivas, posto que possuem a capacidade de aprender com os erros.[41]

Todos esses paralelos sugerem que o aspecto de espelhamento da relação entre a escrita histórica e a democracia é procedimental: a operação da escrita histórica reflete algumas práticas e valores centrais para a operação da democracia.[42] Talvez essa conclusão fosse esperada, já que os paralelos foram traçados a partir de uma apresentação idealizada dos modos de funcionamento da escrita histórica e da democracia. Essa conclusão, no entanto, também é mitigada pelo fato de que os paralelos estão longe de ser perfeitos. Para dar um exemplo, embora a ciência e a democracia tenham um caráter inerentemente experimental, o experimento na história só é possível em um pequeno grau — a menos que alguém esteja preparado para considerar o teste de hipóteses com evidências únicas e não replicáveis como uma forma de experimentação. Minha conjectura, no entanto, é que os paralelos não são superficiais, posto que desnudam os elementos democráticos na infraestrutura da escrita histórica responsável. Os paralelos são mais claros para a pesquisa histórica, porém menos óbvios para o ensino de história ou formas de popularização histórica. Apenas quando professores, manuais de história ou discussões em sala de aula exibem características de pesquisa é que os mesmos paralelos aparecem.

---

[41] Sobre a centralidade da verdade na ciência, ver UNESCO, *Recommendation*, § 33: "[A] obrigação acadêmica de basear a pesquisa em uma busca honesta pela verdade". Para a ligação entre a verdade e os direitos humanos, considerar o seguinte: antes da recente introdução do direito à verdade (por volta de 2005), a verdade como um conceito estava totalmente ausente dos mais importantes instrumentos de direitos humanos: a DUDH, o PIDCP e o ICESCR não mencionam o conceito. A busca da verdade, como objetivo intrínseco da ciência, finalmente encontrou um paralelo neste direito. Para saber a relação entre democracia e direito à verdade, ver EACDH, *Study on the right to the truth* (UN Doc. E/CN.4/2006/91) (2006), §§ 46, 56, e EACDH, *Right to the truth* (UN Doc. A/HRC/5/7) (2007), §§ 16, 83. Ver também Sen (1999:1-17).

[42] Ver também Sagan (1996:41-42, 87, 379); Ferris (2010: passim).

A escrita histórica e a democracia também mostram duas diferenças procedimentais importantes: o papel das concessões e o lugar do controle de qualidade. A concessão é central para a política, mas secundário para a ciência. No nível das declarações de fato, o nível em que os testes de verdade são possíveis, os estudiosos evitam concessões. A "teoria consensual da verdade" — verdade é o que a maioria dos estudiosos pensa que é verdade — falha neste nível. Por outro lado, no nível das declarações de opinião, às vezes é possível fazer concessões: interpretações históricas e julgamentos morais não são verdadeiros ou falsos, eles são mais ou menos plausíveis. E, dentro de certas margens, a transigência quanto à plausibilidade é possível (ver também Zammito, 2009:74). O controle de qualidade sistemático é outro fator de diferenciação. Exceto por uma importante fase de *brainstorming* durante o estágio de pré-publicação, a expressão de opiniões na ciência, incluindo a escrita histórica, é verificada por um sistema de revisão por pares. Isso torna o debate científico muito mais regulamentado do que o debate público; porém, quando os estudiosos aceitam esse controle de qualidade e atravessam seus umbrais, seu direito à heresia é considerável.[43] Em outras palavras, a escrita histórica também é caracterizada por procedimentos que se afastam da democracia. Em conclusão, podemos dizer que a democracia e a escrita histórica têm alguns, embora não todos, procedimentos essenciais em comum. Esse aspecto do espelhamento é mais importante para a pesquisa histórica do que para a educação histórica.

A *tese do amplificador* faz uma afirmação mais ousada. Ela sustenta que a escrita histórica responsável não apenas reflete, mas também fortalece uma sociedade democrática — para além do fato de que meramente refletir a democracia já é uma forma de fortalecê-la. É razoável supor que se a escrita histórica responsável fortalece a democracia, isso deve estar relacionado não apenas com o seu procedimento, mas também, e mais ainda, com seu conteúdo. Não simplesmente com qualquer conteúdo, mas com algum conteúdo relacionado com a democracia. A partir das reflexões sobre a conscientização histórica, dois domínios emergiram como candidatos ao preenchimento dessa condição de conteúdo vinculado à democracia: relatos da história da democracia e relatos da injustiça histórica. Vamos, portanto, explorar como o grau de instrução histórica nesses dois domínios pode impulsionar a democracia.

---

[43] Ver também Williams (2002:217, 219). Notem que liberdade acadêmica não é o mesmo que livre expressão. Ver De Baets (2021a, no prelo); Dworkin (1996:184-185); Barendt (2010:17-22).

Obviamente, o primeiro domínio em que a história pode ampliar a democracia é o estudo da própria história da democracia. Os cidadãos de uma sociedade democrática, incluindo as gerações mais jovens, precisam entender suas origens e desenvolvimento para diagnosticar sua condição presente e futura. Em outras palavras, eles devem desenvolver uma forte conscientização histórica democrática, isto é, um senso duradouro de continuidade com precedentes democráticos e de descontinuidade com precedentes não democráticos em sua história.[44]

Lidar com a injustiça histórica, o segundo domínio, também é um tema central para qualquer democracia. Foi demonstrado de forma convincente que quanto maiores são as queixas reais ou imaginárias sobre as injustiças do passado, maior é o potencial para que líderes de grupos comunitários ou políticos semeiem discórdia e deem início a ações punitivas coletivas (Harff e Gurr, 1998:558-559, também 575, 577-578). A ONU enfatizou que o conhecimento de um povo sobre a história de sua opressão é uma parte de seu patrimônio que deve ser lembrada; ela também tratou como uma forma de reparação simbólica da injustiça a inclusão de um relato preciso de violações de direitos humanos no material educacional.[45] O dever democrático de lidar com a injustiça histórica inclui o chamado dever do Estado de investigar atrocidades passadas. Em geral, pode-se dizer que não lidar apropriadamente com a injustiça do passado — não investigando e não punindo — continua aquela injustiça passada; uma injustiça passada continuada aumenta o risco de recorrência de conflitos e governo não democrático e, assim, ameaça permanentemente a existência da democracia. Como Reinhold Niebuhr disse: "A capacidade do homem para a justiça torna a democracia possível, mas a inclinação do homem para a injustiça torna a democracia necessária."[46]

Nessa área, os historiadores responsáveis, junto aos Estados, têm um importante papel a desempenhar. As visões de injustiça histórica frequentemente

---

[44] Os precedentes não democráticos incluem episódios de violência e vergonha (como os vividos em guerras e expansão colonial). Ver De Baets (2016:243-244).

[45] Comissão de Direitos Humanos da ONU, *Updated set of principles for the protection and promotion of human rights through action to combat impunity* (UN Doc. E/CN.4/2005/102/Add.1) (2005), princípio 3; UN, *Basic principles and guidelines on the right to a remedy and reparation for victims of gross violations of international human rights law and serious violations of international humanitarian law* (UN Doc. A/RES/60/147) (2006), princípio 22 (h). Ver também Relatora Especial da ONU no Campo dos Direitos Culturais, *Report* [Cultural Heritage] (UN Doc. A/HRC/17/38) (2011), § 8.

[46] Niebuhr (2011:xxxii). Ver também Christie e Cribb (2002:4).

DEMOCRACIA E ESCRITA HISTÓRICA

diferem agudamente dentro de uma única sociedade e dão origem a múltiplas formas de conscientização histórica. Quando os historiadores oferecem interpretações plausíveis da injustiça histórica, colocadas no contexto da época em que foi infligida, eles desfazem o emaranhado das versões oficiais da história e o segredo, silêncio e mentiras generalizados que prevaleciam durante esse passado repressivo. Desvelar os segredos e quebrar o silêncio significa expor, atacar as mentiras significa refutar, desmantelar versões oficiais distorcidas significa ampliar o quadro de interpretação para incluir a perspectiva da sociedade em geral, incluindo as vítimas da repressão do passado. O trabalho é árduo, pois muitos historiadores se dedicam a essa tarefa no período imediatamente seguinte à queda de um regime autoritário, quando a desconfiança sobre as descobertas da escrita histórica ainda é generalizada e os próprios historiadores são o alvo daqueles que querem restaurar o regime não democrático.[47] Mas, se tiverem sucesso, os historiadores ajudam a descontinuar aspectos importantes da injustiça histórica.[48]

Relatos acurados e plausíveis da história da democracia e da injustiça histórica, portanto, fortalecem a democracia. A recepção desses relatos pelo público, entretanto, pode minar seu efeito democrático. Em primeiro lugar, é um fato da vida que a disponibilidade de resultados de pesquisas confiáveis não implica sua aceitação automática e esclarecida pelo público. Em segundo lugar, revelar verdades dolorosas sobre o passado pode reabrir velhas

---

[47] A situação da história em períodos de transição está longe de ser simples. Em De Baets (2021b, no prelo), identifiquei nove produtores de história mortos por razões especificamente relacionadas com a história na Ibero-América em 1900-2020. Seis dessas mortes não ocorreram em ditaduras definitivas. É possível, perguntei, que os produtores de história arrisquem suas vidas mais em situações políticas instáveis, típicas de democracias emergentes e imperfeitas, do que em situações estáveis típicas de ditaduras bem estabelecidas? A hipótese seria então a de que ditaduras entrincheiradas, porque exercem um poder implacável, detêm e bloqueiam pesquisas históricas incriminatórias — tornando assim relativamente raro o assassinato de produtores de história por questões relacionadas com a história. Em contraste, as condições mais livres em democracias imperfeitas e emergentes estimulam ou encorajam a pesquisa histórica sobre os crimes de ditaduras anteriores ou sobre a violência sistêmica do passado, transformando seus autores em alvos dos militares e seus aliados buscando instalar ou restaurar um regime autoritário. Da mesma forma, em *Crimes against history* (De Baets, 2019a:41-60), analisei uma série de casos de ataques públicos de líderes políticos a historiadores de todo o mundo. Tive de concluir que a técnica não era rara em regimes democráticos: cinco dos 26 casos examinados (Áustria, Croácia, França, Índia e Japão) ocorreram sob tais regimes.

[48] Ver também Thomas Hammarberg (antigo comissário para os Direitos Humanos do Conselho da Europa), (2010).

feridas e ressuscitar velhos conflitos. Isso pode eventualmente desencorajar algumas minorias radicais a abraçar a democracia. Terceiro, as descobertas dos historiadores podem muito bem estar em conflito com a promoção dos direitos humanos e da democracia. De fato, a pesquisa e o ensino históricos podem facilmente demonstrar tanto o sucesso quanto o fracasso dos direitos humanos em um país, e com a mesma facilidade demonstrar tanto a força da democracia quanto sua fraqueza — e, da mesma forma, o apelo atrativo de alternativas não democráticas.[49] Na mesma direção, a conscientização sobre o caráter frágil e temporário da democracia também pode estimular a determinação em defendê-la. Concluo que a contribuição da escrita histórica responsável para o fortalecimento da democracia é mais substantiva do que processual quando ela trata do estudo da democracia e da injustiça histórica, ainda que os efeitos democráticos possam ser mitigados ou mesmo eliminados, dependendo de sua recepção.

A *tese da parteira*, por fim, sustenta que a escrita histórica responsável, mais do que refletir e fortalecer a democracia, também a configura como fator dominante. Existem, de fato, momentos decisivos na vida de uma democracia em que os debates sobre a história marcam o espírito público. Notamos que isso é mais claramente visto em democracias novas ou restauradas, que são muitas vezes caracterizadas por um breve período de sede de conhecimento sobre o passado recente. Os veículos para aplacar essa sede são comissões e tribunais da verdade, mas raramente escritos históricos. A escrita histórica habitualmente precisa de mais tempo, então ela geralmente chega tarde demais para influenciar os primeiros debates sobre injustiças recentes. As descobertas de trabalhos históricos raramente definem a agenda dos Estados democráticos e, se o fazem, predominam apenas por um momento fugaz. É verdade, no entanto, que o valor das obras históricas pode ser significativamente aumentado em países onde o processo de justiça de transição não ocorre imediatamente, mas com um atraso de uma geração ou em casos que o Idea tem caracterizado como "re-transições" (países que fizeram a transição para a democracia, experimentaram um colapso e então retornaram à democracia) (Idea, 2019:2, 14; 2020:2). Mas, em geral, a afirmação de que a escrita histórica é a parteira

---

[49] Ver, quanto a esse dilema, McKellar (1996:22-24). Em sua conferência de 2011 na Second International Conference on Democracy as Idea and Practice, em Oslo, "Education and Democratization in Comparative Perspective", Cheibub afirmou que a educação é geralmente crucial para a emergência da democracia, mas nem tanto para sua sobrevivência; eu argumento aqui que a escrita histórica responsável e a educação são cruciais para ambos.

da democracia é fraca. O impacto real da escrita histórica é menos o produto de obras incidentais espetaculares que dos fluxos estruturais de descobertas, debates e ensino históricos.

Conclusão

Uma sociedade democrática é uma condição necessária, embora não suficiente, para uma escrita histórica responsável e sustentável. A democracia tem o melhor clima para o florescimento da escrita histórica. Na mesma direção, a escrita histórica responsável reflete a democracia até certo ponto, porque partes de seu procedimento são uma demonstração de práticas e valores centrais para a democracia. Ela, no entanto, faz menos concessões e investe mais controle de qualidade em seu funcionamento do que o processo democrático. A escrita histórica responsável também fortalece a democracia até certo ponto, quando apresenta relatos plausíveis das histórias da democracia e da injustiça histórica. A verdade histórica provisória procurada e apresentada, no entanto, nem sempre é aceita pelo público. Se for, pode abrir velhas feridas; do contrário, ao mostrar falhas, pode prejudicar a promoção da democracia. Por fim, raramente a escrita histórica molda a democracia diretamente. No entanto, a contribuição da escrita histórica responsável para a democracia, embora limitada, é necessária. Não há escolha. Para sua própria sobrevivência, uma sociedade democrática deve tornar possível uma sólida moldura em que relatos confiáveis e plausíveis do passado são exibidos para e debatidos pelo público. Sem esses relatos históricos, nenhuma conscientização histórica democrática forte é possível; sem essa conscientização, a cultura democrática é enfraquecida, se não ameaçada, e o mesmo ocorre com a própria democracia. Tomáš Masaryk, o primeiro presidente da Tchecoslováquia independente em 1918, aludiu a essa cultura democrática quando observou: "Agora temos uma democracia, o que também precisamos é de democratas" (citado em Pehe, 2014). O fardo dos deveres concomitantes é compartilhado pelo Estado, pelos historiadores e pela sociedade em geral. A escrita histórica responsável e a democracia trilham o mesmo caminho até o fim.

Referências

AFANASEV, Yuri. Return history to the people. *Index on Censorship*, v. 24, n. 3, mai./jun. 1995.

BARENDT, Eric. *Academic freedom and the law*: a comparative study. Oxford; Portland: Hart, 2010.

BUSH, Kenneth; SALTARELLI, Diana (Ed.). *The two faces of education in ethnic conflict*: towards a peacebuilding education for children. Florença: Unicef, 2000.

CHRISTIE, Kenneth; CRIBB, Robert (Ed.). *Historical injustice and democratic transition in Eastern Asia and Northern Europe*: ghosts at the table of democracy. Londres; Nova York: Routledge Curzon, 2002.

COLE, Elizabeth (Ed.). *Teaching the violent past*: history education and reconciliation. Lanham, MD: Rowman & Littlefield, 2007.

DANCE, E. H. *History the betrayer*: a study in bias. Londres: Hutchinson, 1964 [196].

DAVIS, Eric. The new Iraq: the uses of historical memory. *Journal of Democracy*, v. 16, n. 3, jul. 2005, p. 54-68.

DE BAETS, Antoon. Academic freedom between history and human rights in a global context. In: ZAJDA, Joseph (Ed.). *International handbook of globalisation, education and policy research*. Dordrecht: Springer, 2021a. (no prelo).

_____. Censorship by European states of views on their past as colonizers. In: MARTIN, Laurent (Ed.). *Les censures dans le monde, XIXe-XXIe siècle*. Rennes: Presses Universitaires de Rennes, 2016.

_____. *Censorship of historical thought*: a world guide 1945–2000. Westport CT; Londres: Greenwood Press, 2002.

_____. *Crimes against history*. Londres: Routledge, 2019a.

_____. Historians killed for political reasons in Ibero-America (1900-2020. *Revista de História das Ideias/Journal of the History of Ideas*, 2021b (no prelo).

_____. Historical imprescriptibility. *Storia della Storiografia/History of Historiography*, n. 59-60, set. 2011.

_____. Post-conflict history education moratoria: a balance. *World Studies in Education*, v. 16, n. 1, 2015, p. 5-31.

_____. *Responsible history*. Nova York; Oxford: Berghahn, 2009a.

_____. The abuse of history. In: BLOOMSBURY history: theory and method. Nova York; Londres: Bloomsbury, 2021c (no prelo).

_____. The debate about the role of the holocaust in the post-war human rights revival. "History and polemics: historiographical debates and public space." *Práticas da História: Journal on Theory, Historiography and Uses of the Past*, n. esp., n. 12, dez. 2021d (no prelo).

_____. The grandeur of historiography. *Storia della Storiografia / History of Historiography*, n. 51, 2007, p. 141-147.

_____. The historian-king: political leaders, historical consciousness, and wise government: In: BERGER, Stefan (ed.). *The engaged historian*: perspectives on the intersections of politics, activism and the historical profession. Nova York; Oxford: Berghahn, 2019b.

_____. The impact of the *Universal Declaration of Human Rights* on the study of history. *History and Theory*, v. 48, n. 1, fev. 2009b, p. 35-38.

_____. Uma teoria do abuso da história. *Revista Brasileira de História*, v. 33, n. 65, jun. 2013, p. 17-60.

DWORKIN, Ronald. *Justice for hedgehogs*. Cambridge, MA: Belknap Press, 2011.

_____. We need a new interpretation of academic freedom. In: MENAND, Louis (Ed.). *The future of academic freedom*. Chicago: University of Chicago Press, 1996.

FERRIS, Timothy. *The science of liberty*: democracy, reason, and the laws of nature. Nova York: Harper, 2010.

FREEDOM HOUSE. *Democracy under lockdown*: the impact of Covid-19 on the global struggle for freedom. Washington DC: Freedom House, 2020a.

_____. *Freedom in the world 2019: democracy in retreat*. Washington: Freedom House, 2019.

_____. *Freedom in the world 2020: a leaderless struggle for democracy*. Washington: Freedom House, 2020b.

_____. *Freedom in the world 2021*: democracy under siege. Washington DC: FH, 2021.

HAMMARBERG, Thomas. *Atrocidades no passado devem ser reconhecidas, documentadas e aprendidas* — mas não distorcidas ou mal utilizadas para fins políticos. Estrasburgo: Council of Europe, 22 mar. 2010.

HARFF, Barbara; GURR, Ted. Systematic early warning of humanitarian emergencies. *Journal of Peace Research*, v. 35, n. 5, set 1998.

IDEA *The global state of democracy 2019*: addressing the ills, reviving the promise. Estocolmo: Idea, 2019.

_____. *The global state of democracy in focus: special brief.* Stockholm: Idea, 2020.

KOŁAKOWSKI, Leszek. Totalitarianism and the virtue of the lie. In: HOWE, Irving (Ed.). *1984 revisited*: totalitarianism in our century. Nova York: Harper & Row, 1983.

LANGENBACHER, Eric. *On the connection between memory and democracy*: the German case and beyond. American Institute for Contemporary German Studies Commentary, ago. 2003.

LAQUEUR, Walter. *The fate of the revolution*: interpretations of Soviet history. Londres: Weidenfeld & Nicolson, 1967.

MCKELLAR, Ian. History teaching: a key to democracy? *EuroClio Bulletin*, v. 6, verão 1996.

MEMMI, Albert. *The colonizer and the colonized*. Boston: Beacon Press, 1991 [1957].

MERTON, Robert. The normative structure of science. In: _____. *The sociology of science*: theoretical and empirical investigations. Chicago; Londres: University of Chicago Press, 1973 [1942].

MISZTAL, Barbara. Memory and democracy. *American Behavioral Scientist*, v. 48, n. 10, jun. 2005.

NIEBUHR, Reinhold. *The children of light and the children of darkness*: a vindication of democracy and a critique of its traditional defense. Chicago: University of Chicago Press, 2011 [1944].

NOWAK, Manfred. *U.N. covenant on civil and political rights*: CCPR commentary. Kehl; Estrasburgo; Arlington, VA: Engel, 1993, 2005.

ORESKES, Naomi. *Why trust science?* Princeton; Oxford: Princeton University Press, 2019.

PEHE, Jiří. *Czech Republic and Slovakia 25 years after the Velvet Revolution*: democracies without democrats. Bruxelas: Heinrich Böll Stiftung, 15 set. 2014.

PNUD. *Human development report 2010*. Oxford: Oxford University Press, 2010.

POPPER, Karl. *The poverty of historicism*. Londres: Routledge & Kegan Paul, 1957.

SAGAN, Carl. *The demon-haunted world*: science as a candle in the dark. Londres: Headline, 1996.

SHAPIN, Stevin. *A social history of truth*: civility and science in seventeenth--century England. Chicago; Londres: Chicago University Press, 1994.

SHERMER, Michael. *Why people believe weird things*: pseudoscience, superstition, and other confusions of our time. Nova York: Henry Holt, 2002 [1997].

THE ECONOMIST INTELLIGENCE UNIT. *Democracy index 2019*. Londres: EUI, 2020.

_____. *Democracy index 2020*: in sickness and in health? Londres: EIU, 2021.

TILLY, Charles *Democracy*. Nova York: Cambridge University Press, 2007.

UNESCO. *The hidden crisis*: armed conflict and education (EFA Global Monitoring Report). Paris: Unesco, 2011.

V-DEM INSTITUTE. *Autocratization surges — resistance grows: democracy report 2020*. Gothenburg: V-Dem Institute, 2020.

VEYNE, Paul. *Writing history*: essay on epistemology. Middletown: Wesleyan University Press, 1984 [1971].

WILLIAMS, Bernard. *Truth & truthfulness*: an essay in genealogy. Princeton/ Oxford: Princeton University Press, 2002.

ZAMMITO, John. Historians and philosophy of historiography. In: TUCKER, Aviezer (Ed.). *A companion to the philosophy of history and historiography*. Oxford: Wiley-Blackwell, 2009.

O passado no presente: historiografia e política*

Christophe Prochasson

As relações entre a história como saber e a ação pública têm um longo passado em comum. O capital de experiências acumuladas e consignadas por elas no interior de registros de diferentes naturezas — do livro científico à "tradição" que veiculam memórias difusas, ou os rituais e gestos simbólicos — mobiliza discursos, decisões e faz agir tanto uma quanto a outra. Esse chamado à história opera por diferentes razões, que vão desde a justificação ou legitimação morais ou ideológicas até o raciocínio que conduz à ação ou, mais modestamente, à ornamentação estética. Por muito tempo únicas detentoras do direito à voz nesse assunto, as elites governantes escreveram a história que desejavam, à sua maneira e fazendo uma triagem sobre a qual elas detinham um quase monopólio, sem nem por isso escapar a todas as formas de constrição. Elas a difundiram verticalmente, seguindo procedimentos sobre os quais apenas mais ou menos tinham controle. A democratização progressiva das sociedades ocidentais e a instalação de um regime moderno de historicidade apoiado em novas tecnologias abalaram esses usos tradicionais do passado. São as propriedades deste ambiente, que corresponde ao que François Hartog (2003) caracterizou como "presentismo", que convém primeiro descrever antes de passarmos à consideração sobre a forma como a história, em todas as suas formas, pode ser mobilizada na ação pública e no discurso político que a precede ou acompanha.

---

* Traduzido do francês por Tiago Santos Almeida.

HISTÓRIA DO TEMPO PRESENTE

Conjuntura historiográfica

Trata-se, de fato, de tirar férias da espessura do tempo: tal poderia ser, em todo caso, a fórmula capaz de resumir da maneira mais simples possível, e forçando um pouco a barra, o que diz o "presentismo" acerca da relação contemporânea com o tempo por meio da história. De fato, o que resta do passado e do futuro quando tudo está sujeito ao *diktat* de um presente aliás pouco seguro de si mesmo? Desta situação posta a Clio nos tempos modernos, alguns aspectos podem ser destacados: eles condicionam seus usos políticos.

A era comemorativa e a fabricação ininterrupta de "lugares de memória", teorizados já na década de 1980 em torno de uma obra coletiva dirigida por Pierre Nora (1984-1992), coincidiram com a significativa virada da historiografia moderna. Para falar a verdade, a despeito de suas pretensões científicas progressivamente divulgadas ao longo do século XIX, ela nunca chegou a desistir totalmente de sua parte afetiva. Um pacto secreto continuou a ligá-la à literatura, ao mundo sensível e a uma qualidade de escrita que não remetia apenas à preocupação com a exatidão ou mesmo com a pedagogia, mas também a uma estética não dissimulada. Gabriel Monod foi ao mesmo tempo um dos pais da "história metódica" e o primeiro discípulo de Jules Michelet que, por si só, encarna o duplo patrocínio sob o qual a historiografia moderna se impôs: a afetividade e a razão, a literatura e ciência (Creyghton, 2019).

Uma comemoração põe em prática um trabalho espiritual que mobiliza ao mesmo tempo conhecimentos e sentimentos. Para ser bastante preciso, o ato comemorativo submete os primeiros aos segundos. Nele, o presente estabelece uma relação acessória com o passado que não deve vacilar diante de tal exigência. O passado se transforma em matéria-prima de um presente consumista de "memória", combustível essencial à sua própria vida, da qual é um dos alimentos mais preciosos. A produção dessa memória evidentemente é um dos fenômenos mais interessantes de estudar, pois conecta as necessidades do presente com uma matéria disponível, é verdade, porém incompleta e sempre a ser remodelada. Assim, a historiografia da memória se desenvolveu muito nos últimos anos, detendo-se no estudo dos usos da história pelos agentes sociais, entre os quais os atores políticos não são os menos relevantes.

Privadas da tradição e dos dispositivos religiosos nos quais se apoiavam os antigos regimes, as democracias inventaram para si práticas comemorativas nas quais se celebravam para se autolegitimarem. Atualmente muitas vezes já quase sem fôlego (como as panteonizações na França), esses rituais, no entan-

214

to, resistem ao crescente desinteresse do público que muitas vezes responde melhor a outros dispositivos de celebração imediata e mais democratizada do passado, como podemos observar em casos de atentados, massacres e até catástrofes naturais. Desse modo, elas se inventam práticas ou altares da memória que emanam de comunidades cidadãs engendradas pelo trauma ou pelo luto. As comemorações de antigos "grandes acontecimentos", a exemplo das guerras ou tragédias históricas, ainda despertam, é verdade, o interesse de muitos.

A prática comemorativa pretende, assim, unir as comunidades, qualquer que seja sua natureza. A investigação de Pierre Nora dizia respeito exclusivamente à comunidade nacional. Mas outros também estão criando seus próprios "lugares de memória": comunidades religiosas, culturais, militantes, regionais ou "inventadas" pelo compartilhamento de uma experiência. Aí são celebradas datas de fundação, aniversários, muitas tragédias são lembradas, despertando a lembrança das vítimas. O estoque de fatos ou de figuras proposto pelo passado alimenta a indignação para armar as batalhas presentes ou para tentar "consertar" a história (Garapon, 2008).

O substrato teórico desse uso político da história nada mais é do que um "cliomimetismo", comparável ao biomimetismo que alicerça a inovação tecnológica a partir da observação dos sutis mecanismos presentes na natureza. Os engenheiros se esforçam para reproduzir as invenções do mundo natural para resolver os desafios que eles próprios se colocaram. Quanto aos atores políticos, eles recorrem a um passado mais ou menos distante não só para extrair vinhetas ilustrativas de sua ação, que igualmente serve para ilustrá-la e defendê-la, mas também para encontrar modelos inspiradores que indicam o caminho a seguir. A história militante, tal como foi frequentemente escrita pela esquerda, é simultaneamente apologética e cliomimética. Ela não responde apenas à necessidade de celebrar o passado no qual nos reconhecemos, mas também constitui um conjunto de possibilidades que, em geral, não se concretizaram, mas das quais bastaria recuperar as chaves para abrir o futuro. O passado se institui como piloto do presente e volta a ser "*magistra vitae*", como um reenvio a um regime de historicidade que acreditávamos ter sido derrubado pela promessa de um novo tempo anunciado pela Revolução Francesa ou mesmo pelo regime de historicidade cristão (Hartog, 2003).

O cliomimetismo é baseado em uma ideia muito simplificada, até mesmo simplista, daquilo que é preguiçosamente chamado de "lições da história". Segundo essa versão, basta estudar a história coletando dela os "fatos pron-

HISTÓRIA DO TEMPO PRESENTE

tos", como escreveu Robin Collingwood (Carrive, 2006:475-496), para obter os elementos que formam um guia para a ação. Os modelos decalcados das estampas do passado responderão aos desafios do presente. Assim, a história "emancipatória" chama à réplica dos momentos considerados as etapas da emancipação. Os atores históricos voltaram seus olhos para eventos nos quais desejavam encontrar a trama narrativa que permitisse engendrar, dar continuidade, retomar ou completar tarefas não realizadas (Riot-Sarcey, 2016). Assim, as revoluções atlânticas do final do século XVIII funcionaram como um espelho. Menos de um século depois, a Comuna de Paris, ela mesma retomando os diagramas das revoluções anteriores, como a Revolução Francesa ou as revoluções de 1848, iluminou o caminho dos "cantonalistas" de Cartagena em 1873 (Moisand, 2020) ou dos bolcheviques de Moscou em 1917. Nós poderíamos, ademais, continuar essas genealogias mais ou menos imaginárias nos apoiando sobre as observações de Raymond Aron (embora feitas, segundo admitiu, com um toque de "humor") relacionadas com o movimento de Maio de 1968: "ao longo desse período, todos nós interpretamos um papel. Começo por mim mesmo, que, já disse a vocês, interpretei Tocqueville, o que não deixa de ser um tanto ridículo, mas outros interpretaram Saint-Just, Robespierre ou Lênin, o que, no final das contas, era ainda mais ridículo" (Aron, 1968:623).

Atenta às festas revolucionárias, Mona Ozouf destaca igualmente a inspiração vinda de modelos de outros tempos, do Antigo Regime, todas impregnadas de cristianismo:

> Substituir aquilo que abatemos pelo quê, e substituir o catolicismo pelo quê? Como estabelecer a nova religião? Nesta ocasião, verdadeiro *leitmotiv* das assembleias revolucionárias, a primeira resposta é dada por esta imitação que favoreceu a euforia sincrética da aurora revolucionária. Substituir é antes de tudo imitar. Copiar, dirão as más línguas. A nova religião deverá, assim como a antiga, ter seu centro sagrado: o altar da pátria, lugar ao mesmo tempo religioso e cívico, onde poderemos, como sugere Benoist-Lamothe, exibir o pão da fraternidade.[1]

Esse uso mecanicista da história, visando à reprodução de fatos, tem muitas outras variações. Zombamos de sua caricatura na história militar quando criticamos as estratégias que estão "uma guerra atrasadas", antecipando mal a guerra por vir, sempre vista pelo filtro daquela que acaba de terminar. Os

---

[1] Ozouf (1976:450). Ver Mossé (2013).

O PASSADO NO PRESENTE

"horizontes de expectativa" sempre repousam sobre os "campos de experiência" que podem ser reduzidos a uma memória mais ou menos difusa, ou mesmo a um saber constituído como história científica. Explica-se assim, no começo do século XX, o "sucesso" alcançado pelas guerras balcânicas (1912/13) entre os observadores franceses: não apenas os aliados da França haviam conquistado uma vitória tranquilizadora sobre os aliados da Alemanha (o que apaziguou o alto comando após a perturbadora derrota russa de 1905), eles também conquistaram a vitória de acordo com os critérios aceitos e as táticas estabelecidas: guerra de material, velocidade, violência, movimento. Bastaria, portanto, agir de acordo quando chegasse a hora (Cosson, 2013).

A história econômica também conhece usos semelhantes, reforçados pela concepção cíclica da economia e do "eterno retorno" das crises comandadas por mecanismos frequentemente naturalizados. A crise de 1929 ainda ocupa o centro de muitas interpretações dedicadas a compreender as crises subsequentes e tentar enfrentá-las por meio de políticas públicas adequadas, seja para trazer à luz os tremores secundários ou, é verdade, para dar conta das novidades radicais engendradas por contextos inteiramente novos.

História política, história militar e história econômica são todas ricas em recursos úteis para aqueles que buscam apoio no cliomimetismo. Muitos outros setores também poderiam ser mencionados aqui. Mostrarei mais adiante a maneira como o vi operando em um momento particular da história das políticas educacionais e no apelo tão ambivalente aos "valores da República". A tendência é exibida de modo ainda mais forte com a circulação dos saberes ordinários e sua fuga ao controle da história acadêmica, que sempre alerta, sem ser escutada, sobre esse recurso aproximado ao conhecimento histórico. Os saberes truncados, comuns nos usos sociais da história, facilitam o cliomimetismo e o sentimento de repetição. Esse esquema muito poderoso — o gênero humano reproduz (mais ou menos) incessantemente as mesmas situações — encontra muitas vazões na história pública tal como ela se desenvolve em particular nas redes sociais saturadas de comemorações ou de referências a passados que vibram de modo bastante particular sobre um presente circunstancial. O presente instantâneo que elas veiculam se alimenta de imagens, de textos, de sons apoiados na imensa memória mundial que se tornou a internet. O passado reaparece repentinamente ora com nostalgia, ora com humor, nunca frio.

As derivas narcísicas frequentemente indicadas pelos observadores informados de nosso tempo, encorajados pelas celebridades locais produzidas

HISTÓRIA DO TEMPO PRESENTE

pelas redes sociais, também instalam fortes anacronismos no interior da análise histórica (Traverso, 2020). Uma suposta analogia entre as situações, os sentimentos, as ideias e os discursos escamoteia sua historicidade e ignora o abismo que separa a experiência histórica dos historiadores e a dos atores que eles observam. Durante muito tempo poupada pelos jogos do eu, a historiografia contemporânea os acolheu, para o bem, na medida em que surgem novas questões tratadas sob o império dos bons métodos, mas também para o mal, quando sobrepõe as emoções vivenciadas pelo historiador em seu tempo sobre um outro, algo que uma série de historiadores do passado, antes mesmo de serem proclamadas as regras prudenciais sobre o assunto estabelecidas pela história das mentalidades, haviam nomeado como "pensável", "utensilagens mentais" ou "regimes emocionais", mas sem escapar aos protestos da história.

Pois uma das características mais impressionantes do momento historiográfico que se abriu na era pós-comunista é ter levado a história e as ciências sociais em geral para a costa das emoções, sendo que estavam assentadas, desde o final do século XIX, do lado da ciência e da razão. O fortalecimento da história cultural, integrando uma forte dimensão psicológica e concedendo todos os seus votos ao estudo do simbólico, o sucesso da biografia reabilitada depois de ter sido rejeitada por muito tempo para o lado da literatura e a compaixão demonstrada pelos dominados e pelas vítimas apoiaram essa evolução (Prochasson, 2008).

Os "jogos de escala" produzidos no rastro da micro-história colheram muitos frutos na escala individual, visando se aproximar ao extremo dos atores para melhor esclarecer as lógicas de ação em curso. Essa tendência, que favoreceu o enfoque biográfico em formatos sem dúvida diversos (Dosse, 2005), também encorajou os autores a se envolverem pessoalmente em suas pesquisas e a abandonar sua postura dominante e neutralizante. O historiador, assim, se aproxima cada vez mais do narrador, abandonando os hábitos do observador que deve apresentar análises fundadas sobre suas observações. Eis, então, o historiador empático com sua área e com aqueles que nela se deslocam.

Desde então povoada por autores muitas vezes ávidos por garantir "a vingança dos vencidos", a disciplina histórica está hoje menos disponível como saber especializado ou mesmo como saber crítico com vocação universal. O saber histórico visa cada vez mais à união de comunidades que dele extraem os dados essenciais aos interesses que reúnem: Estados e "romances nacionais", partidos ou sensibilidades políticas e epopeias, identidades e sofrimentos comunitários. Cada um dá seu quinhão de engajamento, fazendo o elogio de sua consciência e colocando o historiador engajado sob uma luz que às vezes compensa a sombra na qual uma obra modesta o encerra.

A lembrança estilizada e parcial dessa conjuntura historiográfica obviamente mereceria mais nuanças e uma paleta sem dúvida mais sutil. Ela não busca alimentar as lamentações decadentistas muitas vezes colocadas na ordem do dia diante da evolução da disciplina histórica. Aqui, trata-se, sobretudo, de situar as descrições e os relatos de experiências que se seguem em um contexto mais amplo que ajuda a esclarecê-los. Esses elementos permitirão compreender melhor as condições em que atuam os atores políticos ao recorrer à história, os recursos que utilizam e os limites com os quais se encontram confrontados.

Usos políticos do passado[2]

O discurso político francês há muito se caracteriza por um grande consumo de referências históricas. O caso é antigo (El Gammal, 1999). Entre todas as características modernas introduzidas na vida política pela Revolução Francesa, a mais importante foi um novo regime de historicidade. Revelando o futuro com a pretensão de apagar o passado, ele colocou o presente sob a autoridade de um discurso saturado de fatos, acontecimentos e personagens do passado sobre os quais convinha meditar. A história foi tanto um modo de legitimação — quem não sabia sua história não possuía mais direito de cidadania — quanto uma forma de pensar e de desenhar o futuro, seja com otimismo (à esquerda), seja com inquietação e até desespero (à direita).

A Revolução Francesa, matriz da política tal como ela se formulou ao longo dos dois séculos seguintes, esteve no centro de um debate político, de dimensão internacional, no qual a relação com a história ocupou um lugar central. Pretendendo se libertar de um "Antigo Regime" apagado num único gesto, oferecendo então aos homens uma tábula rasa que lhes permitiria escrever novas páginas, a Revolução Francesa apresentou ao mundo as avenidas de um futuro a ser construído peça por peça. Alguns contestaram essa pretensão, lembrando, como Tocqueville, que a Revolução também se inscrevia numa herança que ela dificilmente conseguiria transformar: a derrubada

---

[2] Hartog e Revel (2001); Andrieu, Lavabre e Tartakowsky (2006); Crivello, Garcia e Offenstadt, Nicolas (2006).

HISTÓRIA DO TEMPO PRESENTE

da soberania em benefício do povo não abalou, segundo ele, nem a força, nem a centralidade do Estado. Outras revoluções que a precederam, como a "Revolução Gloriosa" inglesa de 1688/89 ou a insurreição americana das 13 colônias, também firmaram um pacto particular com o passado, distinto do apagamento pretendido por uma parte dos revolucionários franceses, desejosas, ao contrário destes últimos, de se reconectar com um passado revoluto e traído. Pensar o presente para construir o futuro — tal é o objeto do mundo político — exigia, portanto, uma correta interpretação do passado, seja para dele se desembaraçar, seja para lhe permanecer fiel.

Assim desfilaram, ao longo de todo o século XIX, grandes figuras políticas permeadas de cultura histórica. Numa democracia, inclusive nas suas formas mais degradadas, as novas práticas do tempo (basta pensar brevemente no ritmo das eleições) impõem uma relação íntima com a história. Grandes ministros (nem sempre democratas ou mesmo republicanos) também foram grandes historiadores: Chateaubriand, Guizot, Thiers, Tocqueville, para citar apenas protagonistas, pensaram sua ação à luz do passado, começando por essa Revolução Francesa que tanto penava para chegar ao seu desfecho. Como então imaginar que um homem de Estado não pudesse ser simultaneamente um historiador? Estar no leme da história obriga a conhecer suas origens. É verdade que já se dizia dos reis: a história se passava por seu "breviário".

Uma vez instalada na longa duração sob suas formas republicanas, a democracia manteve a mesma exigência. Sem contribuir para o encantamento de uma Terceira República que nutre a nostalgia daqueles que escondem sua mesquinhez e negligência, não podemos deixar de nos surpreender com o brilho de certos discursos que reluzem uma profunda cultura histórica sobre a qual se ergue um pensamento político. Jaurès é sem dúvida um dos exemplos mais brilhantes, pois é o último representante desta linhagem de homens políticos historiadores notáveis da Revolução Francesa.

Nada mais característico de todos aqueles que aspiram a erguer as catedrais do futuro e se especializam no anúncio de um mundo melhor do que registrar seu trajeto em uma duração que eles observam e comentam. Assim, a esquerda e a extrema-direita estão submetidas à mesma necessidade: pensar com a história. As guerras e as revoluções reforçaram esse casamento forçado entre história e política. A experiência política não poderia prescindir de uma reflexão sobre o acúmulo de tragédias passadas. No final da Primeira Guerra Mundial, o líder socialista Léon Blum tirou lições da história para reviver um socialismo duramente testado pela guerra:

O PASSADO NO PRESENTE

Na França, como já disse, começamos a ter um certo hábito de revoluções. Existem precedentes, existe uma espécie de jurisprudência revolucionária, existe toda uma técnica revolucionária que emerge de um conjunto de acontecimentos que todos nós conhecemos. Bem, o que esses eventos provam? Eles provam que quando um novo regime, seja ele político ou social, pouco importa, derruba o regime existente, esse movimento está condenado de antemão ao fracasso se, para se justificar e se legitimar, ele recorre imediatamente às instituições do regime político, econômico ou social que acaba de abolir. [Blum, 2020:86]

Podemos considerar que essa configuração político-intelectual está hoje muito fragilizada como prova, por exemplo, aquilo que se pode concluir de uma investigação jornalística realizada às vésperas da eleição presidencial francesa de 2012 com o objetivo de identificar os imaginários históricos dos candidatos à função suprema (Laurentin, 2012). Encontramos vários elementos disso já no início deste texto. Em que momento, e sob o domínio de quais forças, a longa sequência durante a qual não havia política sem respaldo histórico encontrou seu termo? François Hartog considera que a queda do Muro de Berlim marca uma cesura maior na história de nossos regimes de historicidade, dito de outra forma, na história das relações que mantemos com a história. Segundo Hartog, 1989 constitui uma guinada decisiva no estado de nossa consciência histórica. O tempo aberto pela Grande Revolução teria progressivamente se fechado no corredor de um presente perpétuo.

O "presentismo" das mulheres e dos homens políticos dos tempos atuais se enquadra nesse contexto. A maioria está em ruptura com seus predecessores impregnados de história, que pensavam por meio da história e que faziam dela a governante de sua ação. Apenas os mais velhos selecionados pela equipe de jornalistas investigativos em 2012 abrigam seus compromissos sob alguns fragmentos de uma filosofia da história: José Bové, Daniel Cohn-Bendit ou Arlette Laguiller, todos ex-membros do movimento de Maio de 1968. Eles tornaram-se a exceção porque entramos num mundo totalmente diferente no qual os usos da história estão consideravelmente enfraquecidos. A ação pode, então, ser concebida à parte de seu movimento, no regramento imediato das questões presentes.

Na França, à frente do Estado, essa mudança fundamental é visível. A história, em particular a história da Segunda Guerra Mundial, foi, durante muito tempo, consubstancial com a personalidade de todos os presidentes da Quinta República, ainda que em doses contrastantes e sob formas diferentes.

HISTÓRIA DO TEMPO PRESENTE

De Charles de Gaulle a seu primeiro rival em legitimidade histórica, François Mitterrand, ninguém escapa da cicatriz da guerra. Georges Pompidou, sucessor direto de De Gaulle, que foi o menos marcado por tal cicatriz, sofreu um pouco menos. Portanto, não é inteiramente por acaso que os dois presidentes seguintes que confessaram sua admiração por Pompidou sejam os ex-presidentes da República Jacques Chirac e Nicolas Sarkozy, que escaparam da experiência da guerra por causa da idade (o primeiro, muito jovem, nascido em 1932, o segundo nascido depois da guerra). Poderíamos acrescentar François Hollande, embora socialista, e, obviamente, o atual presidente da República, nascido em 1977, Emmanuel Macron, muito longe do modelo histórico legítimo que De Gaulle representava perfeitamente.

Se a história — a "história-problema", teríamos escrito nos tempos antigos — retrocede como um instrumento crítico, ela resiste muito bem como uma caixa de ferramentas mitológica. Na década de 1990, o historiador François Furet argumentou que a esquerda morria de vontade de "celebrar" seu passado em vez de refletir sobre ele (Furet, 1992). Lendo os entrevistados de 2012, notamos que os dois lados do parlamento se reúnem para comungar na mesma concepção de história, instrumental e acrítica. Só as elites, políticas ou culturais, têm direito de cidadania: são elas que fazem a história. O povo permanece na condição de um bibelô, desprovido de uma força autônoma. Os grandes motores das sociedades que são a economia, as guerras, as trocas culturais, a religião, as migrações, a demografia, os conflitos sociais e tantas outras facetas que, ao se constituírem, determinam o movimento histórico, estão quase ausentes, restando apenas algumas nuanças. Os imaginários históricos que emergem das respostas estão em consonância com as culturas políticas às quais se referem sem qualquer discordância.

Era possível prever, sem correr muito risco de nos enganar, que três homens políticos da direita francesa, com todas as nuanças que se quer colocar aí, compartilham deste apego a um destino nacional encarnado numa sucessão de grandes figuras no rastro do qual, mais ainda, estes três candidatos presidenciais desejam inscrever-se.

Isso se passa de modo sensivelmente diferente entre os candidatos representantes da esquerda. Tínhamos o direito de esperar não apenas uma cultura histórica feita de referências particulares, mas também um uso político do passado em resposta a preocupações e lógicas de outra ordem. Porém nada é menos verdadeiro. Também para a esquerda francesa, tal como foi representada na pesquisa de 2012, a história se manifesta como um vasto reservatório

O PASSADO NO PRESENTE

de mitos. Quem pensasse, com alguma inocência, que a dupla herança, a da República de um lado, a do marxismo de outro, ambas erguidas sobre o altar da Ciência e do Progresso, teria engendrado uma relação crítica com a história, seria desmentido pela imaginação histórica dos representantes da esquerda. Mesmo os candidatos dos quais se poderia imaginar um acordo quanto a uma abordagem da história que atribui às "forças profundas e anônimas da história" um papel determinante estão, eles também, dando toda a sua atenção aos atores individuais.

O mais culto entre eles, Jean-Luc Mélenchon, que buscava reunir tudo que está à esquerda do Partido Socialista Francês numa "Frente de Esquerda", retomando a seu modo dois grandes momentos da história da esquerda francesa, a Frente Popular dos anos 1930 e a Resistência da década seguinte, é também aquele que aparece como o mais fiel a um grande romance nacional de conteúdo quase lavissiano. Ele também entra na história da França pelo alto, seguindo com ardor e paixão o relato ininterrupto em que são contadas as atribulações do Estado central. A paixão pela Revolução Francesa passa pelo elogio de seus grandes homens: Robespierre e Saint-Just, em primeiro lugar. O segundo, sobretudo, fornece a oportunidade de uma identificação, posto que a determinação e a brutalidade do personagem são consideradas por Mélenchon grandes virtudes políticas. Seu entusiasmo pelas elites políticas de todos os tempos, que começa com uma avaliação das personalidades, leva o candidato da "Frente de Esquerda" a se gabar de poder "recitar a lista dos primeiros 12 césares" ou a fazer o elogio de Luís XI, em nome de quem ele até apresenta alguns elementos de reabilitação.

Essas mitologias não são constituídas apenas por homens e mulheres que deram sua contribuição à edificação da história universal. Elas também dizem respeito aos eventos ou às formas políticas do passado: a vitória da Frente Popular em 1936, que levou a esquerda ao poder, ou uma República essencializada. A República é, assim, o objeto de um encantamento histórico, que, por outro lado, seus próprios historiadores por vezes mobilizaram muito bem e que muitos estão aqui para ilustrar, confundindo todas as famílias políticas. A mitologia que constitui o "modelo republicano" oferece motivos inesgotáveis, desde a nostalgia de um mundo que perdemos às promessas de um futuro ainda não realizado. Assim o ex-presidente da República François Hollande se dizia muito interessado na "construção da Terceira República", enfatizando a conquista das liberdades públicas. O líder centrista François Bayrou, por sua vez, detinha-se sobre Jules Ferry e a laicidade.

A história-pensamento e a história-mitologia respondem a usos antigos do passado. Ainda em andamento, como pudemos constatar, elas estão em vias de enfraquecimento sob o domínio de uma nova conjuntura política. Desde a década de 1970, o fortalecimento do individualismo e o correspondente enfraquecimento das paixões ideológicas afetaram as sociedades ocidentais. Como notei do ponto de vista da conjuntura historiográfica, esse duplo movimento encorajou uma relação com a história não apenas ao fazer do presente o ponto de vista único sobre o tempo, mas por conceder ao indivíduo direitos excessivos, o que conduziu à conexão desmedida do destino singular dos indivíduos com o destino dos coletivos aos quais eles estão vinculados. Assim, qualquer episódio da história de povos ou nações assume uma marca individual. A história da Grande Guerra reaparece no relato das tribulações de um avô, a história da descolonização reaparece no trágico retorno de sua própria família, Maio de 68 é feito de impressões confusas da criança que poderíamos ter sido etc.

O líder trotskista Olivier Besancenot evoca sua própria bisavó para entrar na história da Comuna e pintar o retrato de Louise Michel, de quem ele diz ter tomado conhecimento pela primeira vez numa estação de metrô e por uma estátua erguida em Levallois-Perret, onde morava sua avó. Ele também descobriu *A confissão*, de Artur London, graças à sugestão de uma "velha militante comunista". A memória de Maio de 68 também é uma memória militante que não passa pela cultura livresca. Aquilo que Besancenot sabe sobre os eventos, ele retira de sua experiência política, o único lugar para a elaboração de um conhecimento histórico sensível. A história em primeira pessoa é uma história de tons doloristas que inscreve o indivíduo na sequência de uma série contínua de vítimas.[3]

É preciso, por fim, reservar aqui um destino particular à concepção de história apresentada pelo ex-presidente da República Nicolas Sarkozy. Sua campanha presidencial de 2007 responde ponto a ponto às grandes tendências identificadas aqui, especialmente aquelas que dizem respeito à história em primeira pessoa, ao mesmo tempo história de si e história dos outros, nunca a história de todos. A história dos coletivos, começando pela da nação, só pode ser compreendida e ensinada fazendo uso da experiência vivida por indivíduos singulares. Essa filosofia e essa pedagogia da história foram amplamente praticadas por Nicolas Sarkozy durante os cinco anos do seu mandato.

---

[3] Histoire et archives de soi (2002). Para uma visão mais geral sobre as ciências sociais: Coleção *Parler de soi. Méthodes biographiques en sciences sociales* (2020).

O PASSADO NO PRESENTE

Cedendo à pressão vitimizante e orquestrando o jogo das emoções, o presidente da República (2007-12) não escolheu seus heróis ao acaso. Todos, dos mais famosos aos mais humildes, no mínimo experimentaram sofrimento. Os melhores morreram em circunstâncias espetaculares, terríveis, sacrificando suas vidas por suas ideias. Quando se trata de pintar destinos mais coletivos no mesmo repertório onde se mede a veemência da história, a encarnação individual é sempre necessária. Para "experimentar" a Shoah, muito mais do que "compreender", nada melhor do que essa proposta inquietante, logo guardada na caixa de ideias barrocas, incentivando a adoção simbólica de uma criança desaparecida no terror dos campos da morte por um aluno das escolas.[4]

A história se escreve no "caso a caso": é feita a partir do acúmulo de exemplos, indivíduos excepcionais nos quais Nicolas Sarkozy dizia se reconhecer. Durante as saudações aos órgãos constituídos e aos servidores públicos em janeiro de 2008, o presidente da República lançou, num tom um tanto malicioso: "Nós, as mulheres e os homens políticos, temos os nossos modelos e a nossa mitologia: Gambetta, Jaurès — já fazia tanto tempo desde a última vez que o citei! (Fontaine, 2011) —, Clemenceau, Blum, Mandel, de Gaulle, Mitterrand…". Enquanto ele ainda era apenas um candidato ao cargo supremo, em um grande discurso proferido em 14 de janeiro de 2007, a história da França se resume à sucessão de rostos ou vozes: Guy Môquet, Joana d'Arc ("A França tem 19 anos e o rosto luminoso de uma filha da região da Lorena"), Léon Gambetta ("Ela [a França] tem 32 anos e o rosto de um emigrante italiano naturalizado francês"), Jean Moulin ("ela tem 44 anos, o rosto de Moulin quando morreu sob tortura"), Félix Eboué, Émile Zola, Georges Clemenceau, Simone Veil etc. A listagem de personagens-chave do "romance nacional" a serviço da ambição política…

Um retorno da experiência: a mobilização dos "valores da República"[5]

Em janeiro de 2015, a França foi atingida por uma primeira onda de ataques terroristas perpetrados por islâmicos mirando notadamente o semanário satírico *Charlie Hebdo*, que havia republicado caricaturas, inicialmente publicadas na Dinamarca, sobre a religião muçulmana. Como "reitor", era

---

[4] Para uma abordagem crítica, remetemos a Roder (2020).

[5] Para a discussão a seguir, eu retomo Prochasson (2019:109 e ss.).

HISTÓRIA DO TEMPO PRESENTE

então responsável pelas questões educacionais na Normandia, onde tive que enfrentar este momento tanto como alto funcionário quanto como historiador.

A emoção que compartilhei com todos e cada um diante desses crimes rapidamente deu lugar a uma atitude em que se impôs o senso de responsabilidade e de controle sobre os acontecimentos. Representar o Estado e uma de suas instituições mais sensíveis como a Escola assim o exige. A provação de uma convulsão como a que a França estava enfrentando tornou essa obrigação particularmente evidente. Esperava-se que os responsáveis tivessem "responsabilidade", fossem palavras, gestos, ações ou, mais simplesmente, postura. Aquilo que se exibia no cume do Estado deveria ser retransmitido nos territórios onde os reitores são designados para representá-lo.

Há muito que a polícia me informava que vários jovens educados na "academia", setor pelo qual eu era responsável, estavam sob a influência da propaganda jihadista. A essa preocupação foi acrescentada outra, muito mais angustiante: o alvo potencial constituído por estabelecimentos escolares e até universidades para militantes do obscurantismo convencidos do caráter maléfico dos valores "ocidentais" que representavam, aos seus olhos, o saber, a liberdade de pensamento ou a verdade histórica.

De muito abstrata, até mesmo ideológica, a questão da segurança tornou-se uma realidade candente. O "recuo crítico" imposto pelas ciências sociais, especialmente nestas matérias, sofreu alguns ajustamentos em face das instruções. O que ficou claro para mim, no entanto, à luz do meu saber de historiador, foi que o "ataque" realizado por três almas perdidas ligadas a uma causa sem futuro havia criado uma "cultura de guerra", ainda que a situação não fosse em nada comparável ao que eu conhecia da história da Grande Guerra, a propósito da qual a noção havia sido forjada e contestada. Esses debates, dos quais participei, eram familiares para mim (Prochasson, 2008).

Como em todas as crises, nessa, para a qual nenhum treinamento me havia preparado, exceto para o exame de alguns exemplos históricos mais ou menos úteis nessas circunstâncias evidentemente singulares, foi necessário resistir a todos os excessos dos quais se alimentava uma opinião pública agitada ao extremo. A esta regra geral, partilhada por todos os quadros superiores do Estado, a começar pelos prefeitos, foi rapidamente acrescentada outra dimensão que dizia respeito especificamente à instituição escolar. As controvérsias e debates que surgiram imediatamente após a tragédia de 7 de janeiro e as grandes marchas de luto do dia 11 questionaram as causas de um evento tão estonteante.

O PASSADO NO PRESENTE

A ministra da Educação Nacional, Najat Vallaud Belkacem, propôs um conjunto de medidas atestando que o Ministério não permaneceu surdo às críticas que apontavam para algumas das falhas incontestáveis do sistema educacional francês, um caldeirão de desigualdades e às vezes de violência simbólica. Embora os atentados não tenham revelado nada sobre essa situação bem documentada, eles aumentaram a conscientização. Em todo caso, foi o que pudemos pensar.

Os reitores foram convocados por sua ministra para receber o roteiro imposto por acontecimentos tão extraordinários. Perante a gravidade dos acontecimentos, o primeiro-ministro, Manuel Valls, também se deslocou para lá e proferiu um discurso de grande porte, apelando, como convinha, aos "valores" da unidade republicana e às nobres missões da Educação Nacional dos quais eles deveriam ser os fiadores. De volta às nossas academias, embarcamos em toda uma série de ações diante das quais tive que suprimir, numa medida razoável, meu republicanismo crítico (Duclert e Prochasson, 2002). O despertar dos espíritos de Jules Ferry e de uma "escola republicana", que os historiadores sabiam muito bem não ser o paraíso igualitário e meritocrático veiculado por uma certa lenda dourada, pareciam-me pouco capazes de responder às dificuldades da escola, as quais só um tratamento político profundo e de longa duração poderia remediar. Entendi, porém, que nada disso seria escutado naquele momento e que era preciso "agir".

Historiador da República, confrontado com uma situação que se apresentava sob a luz de uma crise de "valores republicanos" associada a esta configuração política produzida por uma longa história nacional, nunca deixei de me sentir dilacerado, durante essas semanas e esses meses, pelas interpretações contraditórias apoiadas naquilo que eu pensava como historiador e sobre aquilo que eu tinha que fazer como reitor engajado em uma ação pública que eu deveria retransmitir. A discordância não era fundamental. Ela não chegava às raízes da ação. Apenas testemunhava a dificuldade de conciliar o trabalho do estudioso, a reflexividade do intelectual, com o serviço da instituição ou do Estado. Ela levantava a questão sobre até que ponto o que eu havia aceitado experimentar, ao me colocar temporariamente a serviço do Estado como um alto funcionário público, era de fato possível ou não.

Como historiador, eu pensava que a República não podia ser apresentada nem à luz de um mundo encantado, porém perdido, e que bastaria reencontrar, nem sob o regime de uma lenda sombria na qual eram denunciadas as desigualdades e opressões de uma falsa universalidade. Então, por que

HISTÓRIA DO TEMPO PRESENTE

e como mobilizar os "valores republicanos" na ação pública? As principais autoridades do Estado convidaram e muitos foram aqueles que, no dia 11 de janeiro de 2015, fizeram da República, ao longo de imensas deambulações, um bem comum a ser defendido. Esse fenômeno massivo, do qual falta propor uma interpretação detalhada que não se reduza ao diagnóstico que celebra a unanimidade de um povo finalmente reconciliado em torno dos "valores republicanos", foi suficientemente contundente para que não avaliássemos pelo cálculo das perdas e ganhos os ditos "valores" aos quais se referiam muitos manifestantes daquele 11 de janeiro.

Esse retorno à República já possuía toda uma história que, aliás, tinha acompanhado certo renascimento historiográfico no qual estive imerso como historiador a partir dos anos 1980. Engajado na ação, eu não parei desde então de ruminar esses elementos da história que colocaram esse novo fervor republicano em uma perspectiva histórica e crítica.

Nas décadas de 1960 e 1970, a República havia perdido muitas de suas cores. Já fazia algumas décadas que, segundo a célebre frase de François Furet (2007:177), a República havia "entrado no porto": ela não dividia mais a sociedade política francesa. Os católicos, que por muito tempo foram seus oponentes mais ferrenhos, baixaram a bandeira diante dela no início dos anos 1890, unindo-se à República com diferentes graus de sinceridade. A própria extrema-direita era apenas parcialmente monarquista, contando em suas fileiras com autênticos republicanos que viviam sonhando em retificar a República, desejando fortalecer seu Poder Executivo.

O episódio de Vichy, que colocou a República em questão durante quatro anos, obviamente interrogava o grau de penetração dos "valores republicanos" no seio do corpo social. Rapidamente retornamos a ela no final da Segunda Guerra Mundial. Sob a Quinta República, Marianne havia se tornado uma senhora respeitável e respeitada, mas congelada em um discurso negociado e, francamente, um pouco empoeirado. O debate político entre a esquerda e a direita havia adotado outras polaridades, sendo a principal aquela que opunha os que esperavam uma saída do capitalismo em direção a um novo tempo aos que se apegavam à história como ela se desenrolava.

A esquerda chegou ao poder em maio de 1981, apoiada por um programa de "ruptura com o capitalismo" no exato momento em que sua tradicional bagagem ideológica, respaldada por referências revolucionárias de seu passado, começou a desmoronar à luz do fracasso e das tragédias das experiências comunistas. O colapso de 1989, aliás curiosamente contemporâneo de um

Bicentenário da Revolução Francesa de cores pós-modernas, marcou o fim dessa lenta erosão da cultura política de esquerda da qual também vivia, por oposição, a direita.

Esse chacoalhar das culturas políticas tradicionais que atingiu a década de 1980 deixou a esquerda órfã e a direita, por consequência, sem voz. Os adversários deixaram de se reconhecer e perderam seus referenciais tradicionais. A República então fez seu grande retorno ao palco. Dela mal retemos aquilo que o historiador Claude Nicolet (1982), autor de uma obra anunciadora de novos tempos, nomeou seu "modelo ateniense", ou seja, a República dos Jules, a dos grandes fundadores, de barbas e costeletas, permeados de kantismo ou de positivismo: a República de Gambetta, Jules Ferry, Sadi Carnot ou mesmo de Clemenceau ou Jean Jaurès. A Terceira República ou, para ser mais preciso, a primeira sequência dela, ainda não maculada pela grande carnificina de 1914, foi fonte de reencantamento. Ela surgiu sob a luz de uma idade de ouro da qual cultivamos nostalgia e que rapidamente se apresentou, em muitos domínios, como um "modelo" ou um "momento" com o qual era urgente renovar os laços. A República voltou a ocupar, de forma quase incongruente, um novo lugar no debate público. Preenchendo o vazio deixado na sequência da agonia de um projeto de transformação social, tal como havia sido encarnado pelo socialismo e comunismo durante quase um século, a República voltou a ser o bem mais precioso que deveria ser defendido contra as forças obscuras que a ameaçavam.

Esse panorama em mente tornou difícil minha adesão total à defesa irrefletida de uma "República" fetichizada e que muitos acreditavam ter sido traída. Certamente foi por falta de algo melhor que cedi à tendência geral de fazer desse passado o principal dispositivo simbólico capaz de responder à situação trágica que estávamos passando. Tive de me comprometer: tal é o perigo que a ação sempre representa para aqueles que fizeram da análise à distância sua profissão. Essa posição dolorosa também tem algumas vantagens: ela traz um excedente de lucidez àqueles que agem, assim como fornece elementos de compreensão àqueles que a submetem ao escrutínio.

Lembramos que Marc Bloch começou seu livro póstumo *Apologia da história* citando uma frase atribuída a seu filho: "Papai, então me explique para que serve a história" (Bloch, 2006:851). A essa pergunta infantil os adultos fornecem muitas respostas de acordo com seus gostos e com as posições que ocupam. Na França, se a referência ao passado é uma constante da ação pública, esta se desgasta e, sobretudo, se distancia da obra dos historiadores, que têm muita dificuldade de se fazer ouvir quando não cedem às demandas sociais tais como elas se manifestam nas práticas comemorativas sempre colocadas a serviço de políticas e de causas ou sob a forma de saberes especializados. A história crítica que desloca os problemas — "multiplica as ideias", o que já é "muito", como afirmava Paul Valéry, para quem o presente, no entanto, permanecia "indeduzível" (Valéry citado por Hartog, 2020:9) — para melhor abrir o futuro não é a mercadoria mais reivindicada pelas classes políticas que, digam o que quiserem, têm muito frequentemente os dois pés fincados no presente. Não é fácil para um historiador movimentar-se por este mundo.

Referências

ANDRIEU, Claire; LAVABRE, Marie-Claire; TARTAKOWSKY, Danielle (Dir.). *Politiques du passé*. Usages politiques du passé dans la France contemporaine. Aix-en-Provence: Publications de l'Université de Provence, 2006.

ARON, Raymond. *La révolution introuvable*. Réflexions sur les événements de mai. Paris: Fayard, 1968.

BLOCH, Marc. *Apologie pour l'histoire ou Métier d'historien* [1942]. In: _____. *L'histoire, la guerre, la Résistance*. Paris: Gallimard, 2006.

CARRIVE, Paulette. La philosophie de l'histoire de R.G. Collingwood: les contes de fées. *Archives de Philosophie*, t. 69, v. 3, 2006, p. 475-496.

COLEÇÃO Parler de soi. Méthodes biographiques en sciences sociales. Paris: Éditions de l'Ehess, 2020.

COMMENTAIRES sur le programme d'action du Parti socialiste [1919]. In: BLUM, Léon. *Le Congrès de Tours*. Le socialisme à la croisée des chemins, 1919-1920. Paris: Gallimard ; Folio, 2020.

COSSON, Olivier. *Préparer la Grande Guerre*: l'armée française et la guerre russo-japonaise (1899-1914). Paris: Les Indes savantes, 2013.

CREYGHTON, Camille. *Résurrections de Michelet*. Politique et historiographie en France depuis 1870. Paris: éditions de l'Ehess, 2019.

CRIVELLO, Maryline; GARCIA, Patrick; OFFENSTADT, Nicolas (Dir.). *Concurrences des passés*. Usages politiques du passé dans la France contemporaine. Aix-en-Provence: Publications de l'Université de Provence, 2006.

DOSSE, François. *Le pari biographique*. Ecrire une vie. Paris: La Découverte, 2005.

DUCLERT, Vincent; PROCHASSON, Christophe (Dir.). *Dictionnaire critique de la République*. Paris: Flammarion, 2002.

EL GAMMAL, Jean. *Politique et poids du passé dans la France fin de siècle*. Presses universitaires de Limoges, 1999.

FONTAINE, Marion, Usages politiques de Jaurès. *Cahiers Jaurès*, n. 200, abr./jun. 2011.

FURET, François. Oui, l'histoire du communisme reste à écrire. *Le Nouvel Observateur*, v. 25, fev. 1992.

_____. *Penser le XXe siècle*. Paris: Robert Laffont, 2007. (Bouquins).

GARAPON, Antoine. *Peut-on réparer l'histoire?* Colonisation, esclavage, Shoah. Paris: Odile Jacob, 2008.

HARTOG, François. *Chronos*. L'Occident aux prises avec le Temps. Paris: Gallimard, 2020.

_____. *Régimes d'historicité*. Présentisme et expériences du temps. Paris: Seuil, 2003.

_____; REVEL, Jacques Revel (Dir.). *Les usages politiques du passé*. Paris: Editions de l'Ecole des hautes études en sciences sociales, 2001. (Enquêtes).

HISTOIRE et archives de soi. *Sociétés et représentations*, v. 13, 2002.

LAURENTIN, Emmanuel (Dir.). *Que doivent-ils à l'histoire?* Prefácio de Christophe Prochasson. Paris: Bayard, 2012.

MOISAND, Jeanne. *Les fédérés du* Numancia. Une commune espagnole et ses mondes (1873). memorial para obtenção de habilitação para orientar pesquisadores (HDR), Ehess, 2020.

MOSSÉ, Claude Mossé. *L'antiquité dans la Révolution française*. Paris: Albin Michel, 2013.

NICOLET, Claude. *L'Idée républicaine en France (1789-1924)*. Essai d'histoire critique. Paris: Gallimard, 1982.

NORA, Pierre (Dir.). *Les lieux de mémoire*. Paris: Gallimard, 1984-1992.

OZOUF, Mona Ozouf. *La fête révolutionnaire 1789-1799*. Paris: Gallimard, 1976.

PROCHASSON, Christophe. *14-18. Retours d'expériences*. Paris: Tallandier, 2008.

_____. *L'empire des émotions*. Les historiens dans la mêlée. Paris: Demopolis, 2008.

_____. *Voyage d'un historien à l'intérieur de l'Etat*. Paris: Fayard, 2019.

RIOT-SARCEY, Michèle. *Le Procès de la liberté*: une histoire souterraine du XIXe siècle en France. Paris: La Découverte, 2016.

RODER, Iannis. *Sortir de l'ère victimaire*. Pour une nouvelle approche de la Shoah et des crimes de masse. Paris: Odile Jacob, 2020.

TRAVERSO, Enzo *Passés singuliers*. Le "je" dans l'écriture de l'histoire. Montréal: Lux, 2020.

VALÉRY, Paul. *Cahiers*. Edição estabelecida, apresentada e anotada por Judith Robinson-Valéry. Paris: Gallimard, v. II, 1974 (Bibliothèque de la Pléiade).

HTP e tempo brasileiro

O tempo presente da Nova República: ensaio sobre a história do político brasileiro

Angélica Müller
Francine Iegelski

> Fixemos o olhar por um instante na realidade visível, palpável e
> viva desse Hoje que surge, se transforma e desaparece num relance,
> como na corrida de um automóvel a paisagem que passa.
> Paulo Prado, *Retrato do Brasil*, 1928.

Dezessete de abril de 2016. Extasiadas diante de televisores, milhares de pessoas acompanhavam a sessão da Câmara dos Deputados, que abriu o processo de *impeachment* da presidente reeleita em 2016, Dilma Rousseff. "Festa da democracia", diriam muitos que soltavam foguetes. "Golpe orquestrado pelas instituições e pela mídia", diriam outros tantos. O que aconteceu depois daquele dia, em ritmo vertiginoso, se sucedeu a partir de outra percepção temporal, pois, o Brasil, depois de tanto esperar por seu futuro e vivê-lo intensamente no início do século XXI, parecia não mais poder enxergá-lo... Nossa "última catástrofe em data"[1] estava anunciada: um golpe institucional, jurídico-parlamentar, com o apoio das Forças Armadas e da mídia. Essa ruptura institucional encerrou, para nós, a nossa chamada Nova República.

Com a crise política e econômica instalada, e a incerteza sobre o porvir, que parece estar aliada a certa desesperança em relação ao presente e ao futuro, escrever a história do tempo presente brasileiro certamente não é uma tarefa fácil. Entre os muitos motivos que poderíamos apontar para falar dessa

---

[1] Henry Rousso (2016:28) propõe que a duração da história do tempo presente deve remontar à definição do que constitui a nossa última catástrofe em data.

dificuldade, destacamos o mais óbvio, e nem por isso menos verdadeiro, o sentimento de desorientação. Desorientação diante da contínua e acelerada degradação da situação do país, de um cenário político convulsionado, dificultando análises aprofundadas. Não é simples estabelecer explicações para uma conjuntura sem dúvida movediça, pois a maior certeza dentro das incertezas é a de que as notícias que inundam as manchetes de jornal hoje, amanhã estarão caducas. O melhor ou ao menos o mais sensato, diriam vários analistas, entre eles muitos historiadores, seria deixar a poeira abaixar, apostando, assim, que o distanciamento crítico, imprescindível para uma visão mais objetiva dos acontecimentos, viria junto com o afastamento temporal. Escrever uma história do tempo presente na e sobre a conjuntura em que vivemos no Brasil parece contradizer as prescrições tradicionais que se estabeleceram desde o século XIX, ainda não completamente abandonadas, para se fazer uma boa análise histórica: um mínimo distanciamento do historiador em relação ao período estudado; um conjunto de fontes (de preferência escritas) bem delimitado; a imparcialidade da narrativa histórica, ou, ao menos, a capacidade do historiador de suspender suas paixões políticas.

Diante dos desafios historiográficos e epistemológicos da investigação, uma nova história do tempo presente brasileiro se impõe neste momento de crise como uma maneira de estabelecer um sentido histórico — o que nos fez chegar até aqui? — para o contexto contemporâneo. Pois, como sustenta Henry Róusso, a história do tempo presente é feita justamente por reação aos momentos de crise, numa confrontação com o trágico da história, pela "tensão, e por vezes pela oposição entre a história e a memória, entre o conhecimento e a experiência, entre a distância e a proximidade, entre a objetividade e a subjetividade, entre o pesquisador e a testemunha" (Rousso, 2016:16), sempre levando em consideração, acrescenta, "temporalidades diferenciadas" e "uma dialética particular entre o passado e o presente". Uma história do tempo presente brasileiro pode ser útil para oferecer uma possibilidade de ordenamento para esse nosso contexto desorientado.

Partimos da evidência de que muita coisa mudou no Brasil desde o processo da redemocratização até os dias atuais. É nesse sentido que se torna importante entender, pela história, a chamada Nova República (1985-2016) em uma perspectiva mais ampla, a da história da própria República brasileira. Embora a Nova República já tenha recebido a atenção de importantes historiadores, ela ainda é um período pouco estudado por parte de nossa historiografia.[2] Esse período de pouco mais de 30 anos comporta uma história acelerada, marcada por lutas políticas e por interesses antagônicos de classes, em que as instituições brasileiras — herdadas da ditadura e do processo de constituição da própria República brasileira — entraram, podemos dizê--lo sem causar espanto em mais ninguém, em colapso. Assim, percebemos na atual cena política brasileira a continuidade de um passado que não foi superado: aspectos estruturais das instituições do Estado brasileiro de cará-ter conservador e autoritário que a Constituição de 1988 salvaguardou na chamada transição conservadora, sob a égide do PMDB de José Sarney e sua cúpula. Estes aspectos estruturais preservaram os direitos de uma elite política e também econômica.

O tempo presente brasileiro que aqui pretendemos abordar tem a duração do processo histórico e político que começa no final da ditadura e se encerra no golpe institucional de 2016. Mas, considerando o que há de não contem-porâneo em nosso contemporâneo, podemos apontar uma outra duração: o período 1985-2016 é, também, em outro registro, demonstrativo do esgar-çamento de certas práticas e concepções que constam no repertório político do país e que começaram a ser forjadas de maneira mais contundente ainda na Primeira República (1889-1930). Periodizar o tempo presente, conferir--lhe uma duração, presentificando-o, faz com que ele se torne mais real, no sentido de que, assim, esse presente ganha espessura, pois se o tempo presente "é mais uma percepção do que uma realidade tangível", a percepção sobre essa realidade é justamente a fonte de que dispomos, é aquilo "que pode dar sentido aos acontecimentos atravessados" (Rousso, 2016:17).

Neste texto, de viés claramente ensaístico, pretendemos considerar algumas linhas de interpretação para esta dupla duração do tempo presente brasilei-ro que estabelecemos. Analisaremos o período 1985-2016 articulando-o a uma história de duração mais longa, precisamente a duração da República brasileira, pensada a partir de diferentes temas-chave, como a cidadania, as práticas clientelistas, o autoritarismo, o conservadorismo, o projeto nacional--desenvolvimentista. Esperamos, assim, contribuir para as discussões já em curso, iniciadas por importantes historiadores brasileiros, alguns deles aqui sublinhados, sobre a história do Brasil.

---

[2] Mencionamos, a título de exemplos de trabalhos recentes sobre a história da Nova República, duas coletâneas, uma coordenada por Daniel Aarão Reis (2014) e a outra organizada por Jorge Ferreira e Lucília Neves Delgado (2018).

Assim, pensar a história do tempo presente brasileiro significa enfrentar o desafio de escrever uma história que se sabe inacabada e incerta, aberta a ajustes, revisões e, evidentemente, mais sujeita a críticas. O historiador do tempo presente escreve uma história não decantada, pois se encontra no "olho do furacão" e se vê imerso "na poeira dos fatos". Mais do que qualquer outra história, a história do tempo presente apresenta-se como um tipo de conhecimento perspectivo, parcial, pois não pode dissimular a evidência de que a história é escrita a partir de um ponto de vista e, por isso mesmo, é eminentemente política (Müller e Iegelski, 2018:14). O que parece ser uma aporia da história do tempo presente — é impossível escrever essa história sem assumir uma perspectiva, um ponto de vista sobre os acontecimentos analisados — torna-se um dos seus principais combustíveis: "antes de ignorar suas próprias inclinações ou sua própria identidade, o historiador deve se servir disso para pôr à sua maneira problemas que não podem ser tratados de modo 'neutro'" (Rousso, 2016:186).

Francisco Falcon apontou que é justamente por meio de uma história política que se pode perceber a via de mão dupla que liga história e poder. Neste sentido, ele escreveu: "há um olhar que busca detectar e analisar as muitas formas que revelam a presença do poder na própria história" (Falcon, 2011:55), mas, e este é, para nós, o ponto fundamental do argumento de Falcon, "existe outro olhar que indaga os inúmeros mecanismos e artimanhas através dos quais o poder se manifesta na produção do conhecimento histórico" (Falcon, 2011:55). A história do tempo presente, em vez de ignorar ou negar essa dimensão do poder para a escrita do historiador, a coloca, ao contrário, em primeiro plano. Neste capítulo, mais do que uma história política, pretendemos fazer uma história do político, pois consideramos, nos moldes propostos por Rosanvallon (1995), que o político integra diferentes aspectos do social. Assumimos, assim, um duplo desafio: de um lado, oferecemos ao leitor uma chave para interpretar as dimensões da história do político no tempo presente brasileiro, tanto do ponto de vista teórico e metodológico, buscando, por outro, estabelecer caminhos para o desenvolvimento de novas agendas de pesquisa sobre a Nova República, período pouco estudado pela historiografia, que acreditamos ser fundamental para a compreensão do presente brasileiro.

Uma história do político no tempo presente brasileiro

O término da ditadura militar e o processo de redemocratização foram impulsionados, sobretudo, pela organização dos movimentos sociais, políticos e sindicais e suas lutas pelas liberdades democráticas que jogaram papel importante para a alteração da agenda que previa a institucionalização do regime (Napolitano, 2014:229-280). Entretanto, esse processo não deixou de trazer consigo um sentimento de frustração (Fico, 2013:240) em relação aos anseios de boa parte da população brasileira, especialmente em dois episódios marcantes: a Anistia, em 1979, e as Diretas Já, em 1984.

A anistia parcial negociada pelos militares possibilitou o "perdão" dos chamados crimes conexos aos crimes políticos, igualando o suposto ou alegado crime político do torturado ao crime cometido pelo torturador e, assim, seu esquecimento forçado como estratégia. Também ensejou a produção de uma memória que se pretendia hegemônica, interessada em apagar os traumas ocasionados pela violência política do período e em construir um espaço político conciliatório, moderado e submetido aos interesses do mercado mundial.[3] O ano de 1979 também foi importante pelo término do bipartidarismo. Foi neste contexto que parte dos principais partidos políticos da Nova República foram formados, com destaque para o PMDB — fruto da antiga oposição consentida no MDB, agregando inclusive os comunistas do PCB e do PCdoB — e, no ano seguinte, o PT, partido cuja base foi formada nos movimentos políticos, sociais e sindicais contra o regime forjados ao longo dos anos 1970.

O péssimo cenário econômico, com uma inflação mensal que ultrapassava 100%, ajudou na insatisfação crescente da sociedade com o regime que, no início de 1984, transbordou para as ruas na campanha das Diretas Já (Delgado, 2007), palavra de ordem que vinha sendo disputada por diferentes grupos desde os anos 1970. Uma frente que reuniu vários partidos, incluindo o PMDB, o PT e o PDT, juntamente com centrais sindicais, UNE, CNBB e inúmeras associações que organizavam e participavam de grandes manifestações em todo país. No entanto, o PMDB também atuou em outra frente, pactuando diretamente com os militares. Prevaleceu, assim, a negociação palaciana que levou à frustração dos diferentes grupos que se empenharam na campanha

---

[3] Sobre o tema, ver o último capítulo do livro de Napolitano (2014:313-334). Há um bom debate sobre "as guerras" ou os deslocamentos de memória sobre a ditadura. Ver Daniel Aarão Reis (2000; 2014) e Carlos Fico (2012).

pelas Diretas. Com a derrota da emenda no Congresso, ocorreu a eleição indireta, realizada pelo colégio eleitoral que decide pelo nome de Tancredo Neves, do PMDB, que morreu antes de tomar posse.

O vice-presidente José Sarney, também do PMDB, que, da "bossa nova" da UDN no início dos anos 1960, tornou-se um dos civis de maior influência na ditadura atuando pelo Arena, assumiu o cargo de presidente da República em 15 de março de 1985, alegando que seu intuito era acabar com a inflação e convocar eleições diretas para a Assembleia Constituinte, projetadas para acontecer no ano seguinte. Apesar do fim dos governos militares, pouca coisa da estrutura do Estado mudou no Brasil: a censura vigorava, o aparato de vigilância coordenado pelo Sistema Nacional de Informação (SNI) continuava estruturado, a Constituição de 1967 prevalecia. No início de 1986, a equipe econômica do governo lançou um pacote de medidas que congelou os preços e instalou uma nova moeda. O Plano Cruzado conteve, inicialmente, a inflação e o PMDB ganhou com ampla maioria as eleições de novembro de 1986.[4]

A Nova República, termo cunhado por Tancredo Neves, nasceu com a disputa política em torno do processo da Constituinte. Em vez de uma Constituinte soberana, uma das principais bandeiras e reivindicação das forças democráticas desde meados dos anos 1960, esta Nova República instaurou um Congresso Constituinte, controlado em grande medida por Sarney e pelos militares, a serviço da preservação dos interesses da (velha) elite política do país, contrária às perspectivas de transformação social e ampliação das bases da democracia. Como consequência direta, o texto Constitucional mostrou o grande descompasso entre um sistema político elitista e conservador e uma maciça e variada mobilização popular (Nobre, 2013b:50-52). A crise do PMDB redundou em denúncias de práticas clientelistas durante a Constituinte.[5] O sistema bipartidário da ditadura fez com que grupos políticos diversos pudessem ser abrigados em uma mesma sigla, e isso ajudou o PMDB a manter uma ala fisiológica e outra programática, para usarmos as categorias da ciência política.

---

[4] O partido conquistou 22 dos 23 governadores (exceto o estado de Sergipe que elegeu o governador do PFL) e 260 cadeiras, de um total de 487, na Câmara dos Deputados, além de 38 dos 49 senadores.

[5] Conferir o relato de Florestan Fernandes, deputado constituinte, publicado em 1987 no jornal *Folha de S.Paulo* (Fernandes, 1987). Até Mário Covas, então líder do PMDB no Congresso em 1988, expôs suas divergências com Sarney (Covas, 1988:11056-11057).

O TEMPO PRESENTE DA NOVA REPÚBLICA

Das 122 emendas populares[6] apresentadas à Mesa Diretora, 83 foram aceitas por atenderem às exigências jurídicas pedidas. A "festa da cidadania" teve controle e, para mediar propostas tão distintas, um "Centrão" foi formado, de maioria pemedebista, com intuito de impor a fragmentação das reivindicações de transformação. Entre os diferentes temas das proposições das emendas populares, destacaram-se aquelas que demandavam a ampliação da sociedade na participação do Estado. Neste sentido, a Constituição brasileira permitiu avanços em temas dos direitos sociais como a educação, a saúde, a alimentação, o trabalho, a moradia, o transporte, o lazer, a previdência social, a proteção à maternidade e à infância, a assistência aos desamparados (Brasil, 1988: art. 6º). Também nos direitos políticos: voto direto e secreto (Brasil, 1988: art. 14) e a livre criação, fusão, incorporação e extinção de partidos (Brasil, 1988: art. 17).

No entanto, o espectro conservador prevaleceu na Constituição de 1988, contendo aqueles avanços nos direitos sociais. Houve a permanência da estrutura dorsal do Estado (Bercovici, 2010:77-90): como o Judiciário não democrático;[7] o Senado com ultrapoderes, inclusive de interrupção da tramitação das leis aprovadas na Câmara; o sistema eleitoral em que um eleitor não equivale a um voto, que causa a disparidade da representação, com estados mais populosos (justamente os que concentram maioria trabalhadora urbana) sub-representados. Além disso, o interesse das Forças Armadas também dominou. O artigo 142 da Constituição manteve o objetivo central das corporações militares: "destinam-se à defesa da Pátria, à garantia dos poderes constitucionais e, por iniciativa de qualquer destes, da lei e da ordem" (Brasil, 1988: art. 142). Os militares continuaram, igualmente, a manter seu foro exclusivo: a Justiça Militar. O preço pago para garantir a "euforia cidadã" da Constituição foi, por um lado, a manutenção da velha estrutura política e social do país e, por outro lado, a manutenção de mecanismos jurídicos de esquecimento, preconizados pela anistia, e que ganhou a atuação dos militares para garantir seus interesses. A Constituição de 1988 privilegiou e reinventou, para fazermos uso de uma fórmula clássica de Raymundo Faoro para explicar outra conjuntura, a "distribuição natural do poder" (Faoro, 2001:671). Os políticos que redigiram

---

[6] As propostas deveriam ser produzidas por eleitores maiores de 18 anos e subscritas por, no mínimo, 30 mil pessoas, cujas assinaturas fossem colhidas por três entidades associativas ou instituições públicas. O processo todo contabilizou 12.277.423 assinaturas (Lopes, 2008:55).
[7] O STF considerou o golpe de 1964 legal pela Constituição em vigor. Os ministros do STF são indicados pela Presidência da República e sancionados pelo Senado, permanecendo no cargo até sua aposentadoria, sem o controle do voto popular.

a Constituição de 1988 pouco se preocuparam em questionar o legado autoritário da ditadura e, ao contrário, mantiveram cláusulas relacionadas com os sistemas judiciários militares e de segurança pública (Zaverucha, 2010:42-45), uma vez que foi mantida, por exemplo, a Polícia militarizada.

Um novo ator político entrou em cena a partir de 1986 e começou suas articulações como grupo durante a ANC: 32 deputados de confissão cristã evangélica, protestantes e pentecostais (Freston, 1993:222). A ligação entre política e religião não é nova em nossa história republicana e nos momentos constitucionais. Basta lembrarmos da atuação da Igreja Católica, por meio da Liga Eleitoral Católica, no processo que levou à redação da Carta Magna de 1934. O que aparentemente partiu de iniciativas individuais foi logo notado como presença de grupo pelo próprio Sarney, que reuniu esses parlamentares e incentivou sua participação: "Toda Assembleia Constituinte tem uma grande novidade e a novidade desta é a presença maciça de uma representação evangélica" (Freston, 1993:226). O fato é que, a partir deste momento, a representação evangélica foi crescente e crescente também foi sua influência na política da Nova República.[8]

O resultado da Constituição é revelador do fardo — que pesa sobre o tempo presente brasileiro — do longo passado autoritário e conservador do país. A "festa da cidadania" terminou com a eleição, em 1989, de Fernando Collor de Mello. Em um país cuja cidadania foi construída somente de maneira formal pelo Estado e seus legistas, tendo como um de seus pilares o direito ao voto, pode-se supor o quanto sua supressão (entre outras medidas autoritárias) pesou para boa parte da sociedade que esperou 28 anos para poder eleger novamente um presidente (Müller, 2016:170). A história da República é recheada de avanços e retrocessos no que diz respeito aos direitos políticos, civis e sociais.

---

[8] Para ilustrarmos um caso, em 2002 o bispo da Igreja Universal, Marcelo Crivella, foi eleito como senador pelo estado do Rio de Janeiro. Considerada uma surpresa sua eleição por bater candidatos como Leonel Brizola, Arthur da Távola e Edson Santos, Crivella teve facilidade para se reeleger em 2010, e, em 2012, tornou-se ministro de Dilma Rousseff. Em 2016, foi eleito prefeito da cidade do Rio de Janeiro. A carreira bem-sucedida do bispo abriu a possibilidade de inúmeros candidatos de diferentes igrejas neopentecostais ingressarem na carreira política com pautas bastante conservadoras. Em 2018, a chamada "bancada evangélica" chegou a eleger 180 parlamentares para o Congresso Nacional. Os parlamentares ligados às igrejas neopentecostais lançaram um "Manifesto à Nação", contendo várias propostas de enxugamento e terceirização da máquina pública e de uma nova "Educação moral". Disponível em: https://controle.revistaforum.com.br/wp-content/uploads/2018/10/documento-da-bancada-evangelica.pdf. Acesso em: 9 out. 2019.

O TEMPO PRESENTE DA NOVA REPÚBLICA

Um momento importante para se pensar a cidadania no Brasil remonta à desmontagem do sistema escravista e ao nascimento da República. Em 15 de novembro de 1889, um golpe de Estado protagonizado por militares, com apoio das elites oligárquicas, instaurou a República no Brasil, terminando com a experiência do Império. Como analisou José Murilo de Carvalho, embora tenha havido a aposta de que a implantação da República traria maior igualdade e maior participação política, as diferentes correntes políticas e suas concepções de cidadania sucumbiram ao ideário liberal oligárquico, antidemocrático e excludente chancelado pela Constituição de 1891 (Carvalho, 1987:15-65). Essa última é resultado de uma Constituinte realizada com voto censitário (renda e propriedade) e ela criou um sistema federalista que consagrou o poder das oligarquias regionais. Assim, desde seus inícios, em vez de ampliar os direitos civis, políticos e sociais, a República brasileira se estruturou a partir da exclusão: pela baixa oferta de educação primária; pela concentração de terras; pelo controle, realizado pelas principais oligarquias do país, da participação política da população, sobretudo por meio do voto, e das Casas Legislativas, notadamente o Senado. A República brasileira marginalizou do processo político e dos espaços de poder a maioria da população brasileira, especialmente aquela que foi submetida ao regime escravista. A partir de 1930, uma série de direitos sociais começou a ser incorporada, principalmente no que se refere às leis trabalhistas e à universalização da educação pública. No entanto, o Estado Novo é instaurado para suprimir direitos políticos, entre eles o recém-conquistado voto das mulheres, e de organização sindical. A supressão de direitos políticos, e também civis, continuou e se aprofundou durante a última ditadura.

Retomando, a eleição presidencial de 1989 foi eletrizante. No segundo turno, Lula, cujo partido canalizou as aspirações de transformação social das forças populares, e Collor, construído como um "salvador" e "caçador de marajás", um jovem que poderia engendrar as transformações para alcançar um Brasil moderno, protagonizaram este embate antagônico. Collor começou seu mandato mexendo com algumas estruturas herdadas da ditadura, como o SNI,[9] e revelou cedo que sua gestão seria um desastre: o plano Collor-1, de

---

[9] De fato, o SNI é substituído pelo Departamento de Inteligência da Secretaria de Assuntos Estratégicos (DI/SAE) da Presidência da República. Posteriormente, em 1999, passa a se chamar Gabinete de Segurança Institucional da Presidência da República, abrigando a Agência Brasileira de Inteligência (Abin). Torna-se um Ministério em 2015, na presidência de Michel Temer, que nomeia o general Sérgio Etchegoyen como ministro. Seu sucessor (2019) foi o general Augusto Heleno Ribeiro Pereira.

HISTÓRIA DO TEMPO PRESENTE

março de 1990, conhecido pelo confisco das poupanças, acarretou ainda mais problemas para a economia cambaleante do país, chegando a retração do PIB em mais de 4% no ano seguinte. Sem apoio popular, o presidente e seu pequeno partido também não encontraram apoio dentro do Congresso. As negociações advindas do "presidencialismo de coalizão" (Abranches, 1988:5-14) deram a tônica das relações entre os Poderes que constituem todo o período da Nova República, sobretudo entre o Executivo e o Legislativo: para governar, os partidos que encabeçaram o executivo (PSDB e PT, por exemplo) buscaram estabelecer amplas alianças fisiológicas político-parlamentares obtendo, assim, maioria para aprovação de seus projetos.[10]

O princípio do "toma lá, dá cá", resguardadas as diferenças conjunturais, não é necessariamente uma novidade apresentada pelo jogo político da V República. Ao contrário, a política dos governadores (Viscardi, 2001), fundada na Primeira República, mostrou o estabelecimento do coronelismo, fenômeno datado historicamente, segundo nos apresenta Vitor Nunes Leal, como sistema político de poder instituído a partir da "barganha", cuja moeda era o voto, conseguido pelos chefes locais, em troca de autonomia e poderes extralegais concedidos pelo poder federal aos primeiros.[11] Foi nesse sistema que muitas das práticas e concepções, ali forjadas, passaram a ser inseridas em nosso repertório político, a começar pelo clientelismo,[12] tão presente em nosso presidencialismo de coalizão.

No caso de Collor, o desfecho conhecido de seu governo foi protagonizado pelas inúmeras e enormes passeatas pelo seu *impeachment*, encabeçadas pelo movimento estudantil, dirigido pela UNE, e outros movimentos sociais e partidários de esquerda que movimentaram a sociedade "embalada" pela trilha da série *Anos Rebeldes* da Rede Globo de Televisão. A mesma que

---

[10] Marcos Nobre faz uma análise interessante sobre como a cultura política do pemedebismo virou sinônimo de governabilidade a partir dos anos 1990 (Nobre, 2013b). Para uma análise mais aprofundada do governo Collor, ver Sallum Jr. (2015).

[11] O coronelismo implicaria em um compromisso entre o poder público, progressivamente fortalecido, e o poder privado, cada vez mais decadente, dos chefes locais, principalmente os donos de terras que ainda tinham poder. O coronelismo vigorou até 1930 ou, no mais tardar, até a implantação do Estado Novo (Leal, 1949).

[12] Tipo de relação entre atores políticos que envolve concessão de benefícios públicos, na forma de empregos, vantagens fiscais, isenções, em troca de apoio político, sobretudo na forma de voto. José Murilo de Carvalho propõe uma discussão dos conceitos de mandonismo, coronelismo e clientelismo (Carvalho, 1998:130-155).

apoiou a ditadura e desconsiderou as grandes manifestações pelas Diretas Já nas suas coberturas jornalísticas e influenciou diretamente na eleição do "salvador" Collor contra Lula não tergiversou em condenar Collor quando assim a interessou.

Outro vice-pemedebista que teve a possibilidade de ascender ao cargo máximo do Executivo sem ser eleito diretamente, Itamar Franco, propôs um governo de "união nacional", sem a adesão do PT, que se fortaleceu como partido de oposição. A área econômica, o calcanhar de aquiles dos governos, Itamar Franco deixou a cargo do recém-criado partido social democrata (PSDB), uma dissidência do próprio PMDB. Quem assumiu o Ministério da Fazenda foi o sociólogo e então senador Fernando Henrique Cardoso (FHC) que designou uma equipe de economistas da PUC-Rio para desenhar o plano que conteria a hiperinflação no Brasil. FHC almejava, nesse sentido, não apenas um choque momentâneo de estabilidade, mas um resultado duradouro.

FHC foi eleito em 1998, embalado pela propaganda da contenção da inflação pelo Plano real. Em seu discurso de despedida no Senado, proferido em 14 de dezembro de 1994, pronunciou aquela que esperava ser a marca de sua gestão presidencial:

> Mas a hora [...] é de pensar no futuro [...] Acontece que o caminho para o futuro desejado, ainda passa, a meu ver, por um acerto de contas com o passado. Eu acredito firmemente que o autoritarismo é uma página virada na História do Brasil. Resta, contudo, um pedaço do nosso passado político que ainda atravanca o presente e retarda o avanço da sociedade. Refiro-me ao legado da Era Vargas — ao seu modelo de desenvolvimento autárquico e ao seu Estado intervencionista. [Cardoso, 1995:10]

Ou seja, FHC associa retoricamente o combate ao autoritarismo remanescente da ditadura a uma política de desmonte do Estado como regulador do desenvolvimento social, modelo que relaciona historicamente à Era Vargas. A partir dos anos 1930, começou a ser delineado no país um projeto nacional de viés industrialista, cujo papel do Estado era mister no planejamento e execução dos setores econômicos. Esse projeto foi fomentado não apenas por parte da intelectualidade e da incipiente burguesia industrial como também pelas Forças Armadas, sobretudo pelo movimento tenentista. Esses setores viam na industrialização, especialmente na indústria pesada, a via para a superação do subdesenvolvimento brasileiro, substituindo as importações pelo planejamento estatal.[13] Estruturalmente, o "desenvolvimentismo" latino-americano, inclusive o brasileiro, nunca deixou de estar pautado, em maior ou menor grau, pelo capital internacional (Marini, 1981:16-23). A partir de 1950, o projeto ganhou fôlego no segundo governo Vargas (Fonseca, 2009:19-60), com destaque para a criação da Petrobras e, em especial, nos "50 anos em 5" do presidente bossa-nova Juscelino Kubitschek. Esse viés "desenvolvimentista" foi visto por muitos nas tentativas do governo João Goulart de fazer as reformas de base, reivindicadas há décadas pelos movimentos sociais, que tinham a intenção de aprofundá-las para além do que o próprio Goulart a princípio estava disposto. De um lado, os governos ditatoriais pós-1964 não se distanciaram do discurso nacionalista e desenvolvimentista,[14] de outro, foi no período da ditadura que, no Brasil, cada vez mais as empresas multinacionais ganharam espaço e houve duros ataques às liberdades políticas e sindicais.[15] O regime também realizou uma reforma tributária, bancária e nas Bolsas, criando mecanismos de facilitação e internacionalização da lucratividade financeira, abrindo caminho para o chamado "milagre" econômico, entre os anos 1968 e 1973, e para o aumento do endividamento externo. Nos governos Geisel e depois Figueiredo, momento da primeira e segunda crise do petróleo, em 1974 e 1979, respectivamente, o Brasil já estava no descenso do "milagre" econômico, com uma forte desaceleração do PIB, alta inflação e queda na lucratividade (Carneiro e Modiano, 1990:324). É justamente neste contexto que, no final dos anos 1970, surgem as grandes greves no Brasil, de 1978 a 1984, iniciadas sobretudo nas regiões das montadoras de automóveis em São Paulo, espraiando-se, depois, para todo o país.

Em sintonia com o Fundo Monetário Internacional (FMI), a "modernização" do Estado brasileiro, nos anos 1990, se pautava no discurso da necessidade de melhor gerenciamento e eficácia das medidas a serem tomadas. A

---

[13] Entre 1945 e 1978, o PIB industrial do Brasil cresceu em média 9% ao ano e esse crescimento veio acompanhado de maior concentração de renda no país (Furtado, 1975:166-168).

[14] Para aprofundamento das políticas na área econômica dos sucessivos governos militares, aproximação e distanciamento dos EUA, ver Napolitano (2014). Para aprofundamento sobre a política externa brasileira durante a ditadura em seus momentos de americanismo e globalismo, ver Vizentini (2004).

[15] A intervenção do regime nos sindicatos e confederações desembaraçou as grandes empresas das negociações salariais coletivas. Antes de completar um ano de golpe, os militares implantaram o Plano de Ação Econômica (Paeg) que, entre outras medidas, para reduzir o custo das empresas, estabeleceu um reajuste salarial médio abaixo da inflação e o fim da estabilidade do emprego no setor privado (Singer, 1976:55).

principal entre elas era o enxugamento da máquina pública, isto é, o corte de verbas dos serviços públicos e sua consequente tentativa de desestruturação e diminuição. Assim, começou o processo que levou empresas estatais a serem privatizadas; o caso de maior repercussão foi o da Companhia Vale do Rio Doce. O processo de privatizações gerou uma série de protestos e grandes manifestações, organizadas pelos movimentos sociais e pelos partidos de esquerda, culminando na Marcha dos 100 mil, em agosto de 1999. Esse processo de modernização encontrou avanços e recuos. Caso exemplar pode ser visto no que se refere à legislação trabalhista e sindical. No período FHC, foram introduzidas expressivas mudanças que produziram um quadro de flexibilização das relações de trabalho, atendendo aos interesses dos empregadores que reclamavam da rigidez dos contratos e pediam a diminuição do custo do trabalho para o consequente aumento de lucro.[16] A própria CLT, construção do trabalhismo (Gomes, 1994:211-236), vale lembrar, foi realizada no momento em que os sindicatos eram tutelados pelo Estado, questão contestada na última redemocratização, quando, em 1983, sindicalistas ligados ao surgimento da Central Única dos Trabalhadores defendiam uma central sindical independente, com direito de greve e fim do imposto sindical, o que era proibido pela legislação vigente. Nesse processo se viu a disputa entre o "novo" e o "velho" sindicalismo (Santana, 1999:103-120).

Na gestão de FHC ocorreu a primeira ação do Estado brasileiro para com a ditadura: foram criadas a Comissão Especial de Mortos e Desaparecidos[17] e a Comissão da Anistia,[18] ambas objetivando a reparação moral e econômica das vítimas do regime, saltando etapas que norteiam o caminho da justiça de transição.[19] Essas Comissões, no entanto, não tinham a função de responsabilizar criminalmente militares e civis que perpetraram graves violações aos direitos humanos. O governo FHC, assim, manteve a intenção original da lei da anistia desenhada pelos militares. Na área de educação e saúde, suas políticas visaram a descentralização do Estado, buscando desonerar os cofres federais sob pretexto de trazer maior autonomia aos municípios, que

---

[16] A cientista política Sônia Draibe (2003:63-101) analisa os efeitos das políticas sociais do governo FHC.

[17] Criada pela Lei nº 9.140, de 4 de dezembro de 1995.

[18] Criada pela Lei nº 10.559, de 13 de novembro de 2002.

[19] Entende-se por justiça de transição o conjunto de medidas políticas e judiciais como forma de reparar as violações aos direitos humanos compreendendo as seguintes etapas: a justiça, a verdade, a memória e a reparação.

HISTÓRIA DO TEMPO PRESENTE

passaram a arcar com parte das despesas. As medidas sofreram críticas e lutas dos movimentos organizados em torno dessas questões. As negociações com o Congresso para passar a lei da reeleição e a crescente insatisfação popular com o governo marcaram o segundo mandato do sociólogo presidente. A desvalorização do real e a ausência do êxito econômico, sem a retomada do crescimento e aumento do emprego e renda, foram os principais fatores para a baixa avaliação do seu segundo mandato (Carreirão, 2004:179-194).

A eleição de 2002 fez crepitar a história da V República, pois foi quando o maior partido popular do país assumiu o poder. Mas o PT de 2002 trouxe um novo Luís Inácio Lula da Silva, diferente daquele que protagonizou o embate com Collor, em 1989. Lula se apresentou como um candidato "menos radical" e escolheu um grande empresário, José de Alencar, para ser seu vice-
-presidente. A publicação da "Carta aos brasileiros", lida por Lula em 22 de junho de 2002, apresentou o comprometimento do partido e de seu candidato com uma vasta coalizão que buscaria abrir novos horizontes para o país na via da produção, do emprego e da justiça social:

> O novo modelo [...] será fruto de uma ampla negociação nacional, que deve conduzir a uma autêntica aliança pelo país, a um novo contrato social, capaz de assegurar o crescimento com estabilidade.
>
> Premissa dessa transição será naturalmente o respeito aos contratos e obrigações do país [...]
>
> Vamos ordenar as contas públicas e mantê-las sob controle. Mas, acima de tudo, vamos fazer um compromisso pela produção, pelo emprego e por justiça social. [...]
>
> O Brasil precisa navegar no mar aberto do desenvolvimento econômico e social. [Silva, 2002]

Esta vasta coalização não permitiu ao PT fazer as reformas estruturais do Estado brasileiro, como a reforma agrária, a da mídia, a tributária e a política. O pacto "responsável", a aliança pelo país proposta pela carta, fez com que os governos do PT mantivessem uma continuidade das políticas econômicas anteriores. Henrique Meirelles foi o presidente do Banco Central durante os oito anos de governo Lula e, depois do golpe de 2016, se tornou o ministro da Fazenda de Michel Temer. Nesta coalização, teve espaço (e foi induzido) um importante crescimento do agronegócio, via políticas públicas na área de educação, C&T e da própria agricultura que, desde a década de 1990, vinha se configurando de maneira mais coesa como um ente social (Grynszpan,

2012). Houve, também, para os mais pobres, a criação ou aprofundamento de programas de transferência de renda e habitação que tiveram forte impacto popular, como o Bolsa Família e o Minha Casa, Minha Vida, além de um enorme investimento na educação, com destaque para os investimentos e a expansão das universidades públicas. Ainda do ponto de vista das conquistas para os trabalhadores e as populações que vivem no campo, destacam-se o aumento real de mais de 70% do salário mínimo — e 1/3 da média salarial geral —, com a redução do desemprego de 12% para 5% (entre 2002 e 2014), e os processos de demarcação das terras quilombolas. Assim, milhões saíram da pobreza, mas a grande desigualdade no país persistiu.

Visto como nosso passaporte para o futuro, em 2010, a Petrobras passa a produzir comercialmente o pré-sal, descoberto quatro anos antes na bacia de Santos. No mesmo ano, é aprovado pela Câmara e Senado o "marco regulatório" encaminhado pelo governo Lula para a produção e exploração de petróleo na camada pré-sal que, entre outras medidas, mudava "a exploração das grandes reservas do pré-sal, instituindo um sistema de partilha, possibilitando a capitalização da Petrobras e criando uma empresa estatal para o setor".[20] Em 2007, o governo Lula reconheceu a soberania da Bolívia em relação ao seu gás, fazendo acordo com o presidente boliviano Evo Morales para a nacionalização de refinarias da Petrobras construídas naquele país. Mas, em relação ao Haiti, a história foi diferente, pois foi durante o governo Lula, em 2004, que o Brasil assumiu o comando das tropas da chamada Missão das Nações Unidas para a Estabilização do Haiti (Minustah), da ONU. Entre os comandantes militares brasileiros no Haiti, estavam Augusto Heleno Ribeiro Pereira, Carlos Alberto dos Santos Cruz, Floriano Peixoto Vieira Neto, Edson Leal Pujol e Ajax Porto Pinheiro. Depois de anos de denúncias, feitas pela população haitiana, de inúmeras violações das tropas estrangeiras, em 2013, o senado do Haiti votou a favor de um projeto que estipulava a retirada da Minustah, mas as tropas brasileiras deixaram o país apenas em 2017, quando se encerrou formalmente a missão.

Em 2005, estourou o escândalo do Mensalão que exibiu publicamente as mazelas do nosso sistema político e de seu *modus operandi*: o presidencialismo de coalizão. O Mensalão expôs, assim, uma das facetas da corrupção sistêmica da política brasileira: as votações dos deputados e senadores nos projetos do

---

[20] Disponível em: www12.senado.leg.br/noticias/materias/2010/12/28/marco-regulatorio-do-pre--sal-destaca-se-entre-principais-materias-aprovadas-pelo-senado. Acesso em: 8 out. 2019.

HISTÓRIA DO TEMPO PRESENTE

governo estão, na maior parte dos casos, condicionadas a negociações que envolvem cargos e dinheiro. Assim se constrói a "base aliada" dos governos no Congresso, foi assim com o PT, foi assim em governos anteriores, como os do PSDB. O Mensalão abalou o primeiro governo Lula, mas não chegou a atingir por completo a figura do presidente. Entretanto, foi o "escândalo" do Mensalão que motivou a Ação Penal (AP) 470, instaurada em 2007, movida pelo Ministério Público e o Supremo Tribunal Federal (STF), e que começou a ser julgada na transição para o governo Dilma, tendo como primeiro relator Joaquim Barbosa e, depois, Luís Roberto Barroso. Em 2012, o STF condenou, entre outros "réus", dois ex-presidentes do PT, José Dirceu e José Genuíno, além do ex-tesoureiro, Delúbio Soares.

Nos dois mandatos de Lula, e em boa parte do primeiro mandato de Dilma (2010-14), era compartilhada a sensação geral de que o futuro finalmente havia chegado no Brasil, as pesquisas com altos índices de aprovação desses governos são uma comprovação disso. Segundo dados do Datafolha, em 2006, Lula tinha 52% de aprovação e, em 2010, subiu para 80%; Dilma terminou o primeiro mandato com 40%. Assim, nos primeiros 12 anos de governo do PT, se falou como nunca do orgulho de ser brasileiro, o Brasil virou o centro das atenções do mundo, com a expectativa de sediar os Jogos Olímpicos e a Copa do Mundo. Lula era "o cara", para recuperarmos a famosa frase de Barack Obama, então presidente dos Estados Unidos. Em outras palavras, é como se as expectativas gestadas no processo de redemocratização, ocorrido na segunda metade dos anos 1980, estivessem, apesar de todas as contradições, finalmente se concretizando (Iegelski, 2016:410-11). O Brasil já não era mais o país do futuro, o futuro passou a ser o aqui e o agora. Dilma, candidata de Lula, assume seu primeiro mandato como presidente. A primeira presidente mulher do Brasil, que tem como vice-presidente Temer (MDB), ganha o segundo turno das eleições presidenciais contra José Serra (PSDB), com 56% dos votos válidos.

Embora ambos sejam do mesmo partido, Dilma não é Lula, e, desde o início de seu governo, ela se propôs a enfrentar os problemas estruturais do país que não haviam sido resolvidos nos governos anteriores. Pois, no que se refere ao nosso passado ditatorial, os governos FHC e Lula voltaram suas ações para a reparação financeira das vítimas e algumas ações memoriais, mas foi somente no final do governo deste último que este "passado que não passa" voltou à tona. Em abril de 2010, por meio de um pedido da Ordem dos Advogados do Brasil, o Supremo Tribunal Federal julgou improcedente a anulação do perdão dado aos representantes do Estado (policiais e militares) concedidos pela Lei da Anistia (Lei nº 6.683/1979).[21]

Em novembro de 2010, a Corte Interamericana de Direitos Humanos divulga a sentença do caso Gomes Lund e outros ("Guerrilha do Araguaia") contra o Estado brasileiro, declarando que "as disposições da Lei de Anistia brasileira que impedem a investigação e sanção de graves violações de direitos humanos são incompatíveis com a Convenção Americana",[22] responsabilizando o Brasil. Como resposta, em novembro de 2011, coube ao governo brasileiro, na pessoa da presidente Dilma Rousseff — uma ex-guerrilheira —, assinar duas leis importantes: a Lei de Acesso à Informação (LAI)[23] e a lei que criou a Comissão Nacional da Verdade (CNV).[24] Dessa maneira, o governo também respondeu à demanda de setores engajados na luta pelos direitos humanos, sobretudo dos familiares dos mortos e desaparecidos políticos.

Na fase prévia ao estabelecimento da Lei que criou a CNV, seu marco temporal foi amplamente discutido, sobretudo dentro do Congresso Nacional. O debate contou com enfática participação das Forças Armadas para que não ficasse restrito ao período do regime militar. Por fim, foi estabelecido como objeto de investigação da CNV o marco temporal entre 18 de setembro de 1946 e 5 de outubro de 1988, datas de promulgação de duas de nossas Constituições. Esse dado não é menos importante quando se entende a sistemática negação das Forças Armadas de conceber o regime do qual foram protagonistas como uma ditadura, assumindo seus crimes.

É a partir desse ponto que os militares voltam a se posicionar com maior frequência na esfera pública. Um dos momentos cruciais desse processo se desenrola no ano de 2014, ocasião em que o golpe civil-militar de 1964 com-

---

[21] O relator do processo, ministro Eros Grau, ressaltou "que não cabe ao Poder Judiciário rever o acordo político que, na transição do regime militar para a democracia, resultou na anistia de todos aqueles que cometeram crimes políticos e conexos a eles no Brasil entre 2 de setembro de 1961 e 15 de agosto de 1979". Quinta-feira, 29 abr. 2010. Disponível em: www.stf.jus.br/portal/cms/verNoticiaDetalhe.asp?idConteudo=125515. Acesso em: 10 maio 2022.

[22] CORTE INTERAMERICANA DE DIREITOS HUMANOS. CASO GOMES LUND E OUTROS ("GUERRILHA DO ARAGUAIA") VS. BRASIL: SENTENÇA DE 24 DE NOVEMBRO DE 2010. Disponível em: www.corteidh.or.cr/docs/casos/articulos/seriec_219_por.pdf. Acesso em: 10 maio 2022.

[23] Lei nº 12.527, de 18 de novembro de 2011. A Lei determina, entre outras questões, que informações e documentos referentes às condutas de violação dos direitos humanos praticadas por agentes públicos, ou a mando de autoridades públicas, não podem ser objeto de restrição de acesso público.

[24] Lei nº 12.528, de 18 de novembro de 2011.

HISTÓRIA DO TEMPO PRESENTE

pletou 50 anos e, em dezembro, a CNV entregou seu relatório. As "guerras de memória" (Pereira, 2015:869) ensejadas no lastro da CNV abriram a possibilidade de um aumento do negacionismo e revisionismo em relação ao período da última ditadura militar e aproximaram esses atores da burocracia civil.

Ano-chave da história da nossa V República, 2013 já foi analisado por muitos acadêmicos[25] desde a sequência dos eventos e ainda estamos distantes de uma interpretação de consenso sobre seu significado. Não há acordo nem mesmo em relação ao modo como devemos designar o conjunto daqueles eventos: "jornada", "revolta" e "movimento"... Todos estes termos já foram utilizados para qualificar o que se passou entre os meses de junho e julho de 2013. Os protestos organizados no início de junho pelo Movimento do Passe Livre (MPL), a partir do aumento das passagens dos ônibus municipais em São Paulo, vinham ocorrendo pelo menos desde o ano anterior[26] e podem ser relacionados com as mudanças econômicas que se processaram entre 2008 e 2013 (no Brasil e no plano internacional), com a crise financeira que estoura nos Estados Unidos (bolha imobiliária) e a queda nos preços das *commodities*. A questão da mobilidade urbana foi o primeiro ponto de reivindicação dos manifestantes, que passaram, também, a protestar por um "padrão Fifa" na saúde e na educação. As manifestações se tornaram um cruzamento de classes e sentidos, como definiu o cientista político André Singer (2018:103), que acabou por desembocar, nos anos seguintes, na criação de vários grupos conservadores, como o Movimento Brasil Livre (MBL), responsáveis pelas manifestações verde-amarelistas que apoiariam, pouco tempo depois, o pedido de *impeachment* de Dilma.

Assim, pode-se dizer que o que ficou pungente nas jornadas de junho e julho de 2013 foram, de um lado, as reivindicações difusas, e, na maior parte das vezes, justas, dos manifestantes em relação às políticas públicas para o

---

[25] A produção sobre 2013 já é extensa e muitos textos foram escritos ainda no calor de 2013 como, a título de exemplo, os livros de Nobre (2013a); Bringel (2013). Scherer-Warren (2014). Do ponto de vista de economistas ver: Passos, Silveira e Waltenberg (2019).

[26] O mais conhecido foi a "Revolta do busão" que ocorreu em agosto de 2012 em Natal. Várias reportagens de jornais cobriram as manifestações que redundaram em confrontos com a polícia local como em: https://noticias.uol.com.br/cotidiano/ultimas-noticias/2012/09/03/revolta-do--busao-protesta-contra-aumento-da-tarifa-em-natal-e-entra-em-confronto-com-a-policia.htm. Acesso em: 3 out. 2019. Cabe ressaltar que a questão da luta contra aumentos de transportes públicos é uma luta histórica do movimento estudantil, lembrando aqui a "greve dos bondes" de 1956, quando estudantes cariocas, encabeçados pela UNE, paralisaram o serviço de bondes no Rio de Janeiro, contra o aumento da Cia. Light.

O TEMPO PRESENTE DA NOVA REPÚBLICA

transporte, a saúde e a educação; e, de outro, a insatisfação dos manifestantes com os políticos de um modo geral. Viu-se nas ruas centenas de cartazes escritos: "Não me representam", "Com esse Congresso não dá". Parece que esse foi o modo encontrado pelos manifestantes de tornar evidente que percebiam existir um fosso entre os "representantes" e seus "representados". Mas há diferentes interpretações sobre as motivações que levaram o povo para a rua em 2013. André Singer, por exemplo, mobiliza Tocqueville para falar da reação do povo que suportara as leis mais repressivas sem se queixar e, quando as mesmas diminuíram de peso, este povo as rejeita (Singer, 2018:289). Na mesma chave de interpretação, a historiadora Lilia Schwarcz aciona Barrington Moore Jr. quando afirma que "insurreições sociais, muitas vezes, eclodem logo após períodos de melhoria nos padrões sociais da população, quando se procura garantir e ampliar direitos legitimamente conquistados" (Schwarcz, 2019:231). A história do tempo presente pode trazer uma contribuição profícua para iluminar o período, seja entendo-o dentro do contexto mundial, quando se desenrolaram, paralelamente, inúmeras manifestações, e de naturezas diferentes, como Occupy Wall Street, a Primavera Árabe e mesmo toda a movimentação estudantil chilena. Suas respectivas características podem ser comparadas para além do uso das mídias sociais. Ainda em 2013, surgem análises das disputas memoriais pelo passado ditatorial e o significado do ano de 1968 (Costa e Dias, 2018:181-200).

Dilma, reagindo às grandes manifestações, foi até a TV em 24 de junho de 2013 propor cinco pactos à nação, entre eles estava a proposta de um Plebiscito para saber se a população estava de acordo com a convocação de uma Assembleia Constituinte exclusiva para fazer a reforma política, como uma maneira de realizar um combate estrutural à corrupção. A proposta foi rechaçada por seu vice, Temer, que ameaçou desembarcar do governo caso a presidente a mantivesse. Naquele momento, segundo o Datafolha, 68% da população considerou que a presidente agiu bem ao propor o plebiscito, contra 19% que considerou que ela agiu mal e 14% que não soube opinar. Ainda segundo o Datafolha, "além de aprovarem a iniciativa da presidente, a maioria também aprova o conteúdo de sua proposta: 73% declararam ser a favor da criação de um grupo de representantes para elaborar a reforma política no país".[27] De todas as propostas do governo Dilma, essa foi, sem

---

[27] Disponível em: http://datafolha.folha.uol.com.br/opiniaopublica/2013/07/1304513-maioria-
-defende-constituinte-para-reformar-politica.shtml. Acesso em: 8 out. 2019.

HISTÓRIA DO TEMPO PRESENTE

dúvida, a que mais avançou em relação a uma ruptura com as instituições herdadas, apontando a saída da situação por meio de uma decisão popular. Mas Dilma não manteve a proposta, recuou diante da posição de Temer e da reação negativa do próprio STF.

No entanto, a assinatura da chamada "Lei da delação Premiada" (Lei nº 12.850/2013), como uma medida de seu "ensaio republicano",[28] dentro de uma série de modificações constitucionais que os governos do PT e o STF realizaram em prol da autonomia do Ministério Público no que diz respeito principalmente às investigações, trouxe um impacto político significativo. Foi assim que a sensação de um presente onipresente e de um futuro opaco avançou a partir de março de 2014, quando a operação Lava Jato, inspirada na operação italiana "Mãos limpas",[29] foi iniciada e ganhou a atenção máxima da mídia nacional. A corrupção em nosso país é uma velha senhora (Angelo, 2017:345-378) e aparece como um tema recorrente nas principais rupturas político-institucionais de nossa República. Foi assim em 1930, quando os revolucionários acusavam a Primeira República e seus políticos de "carcomidos". Getúlio Vargas foi acusado de ter criado um "mar de lama" no Catete (Carvalho, 2008:237). O golpe de 1964 foi realizado em nome do combate à subversão comunista e contra a corrupção do governo Goulart. A própria ditadura militar terminou com acusações de corrupção. Durante a Nova República, como vimos, não faltaram casos e colocá-los em perspectiva temporal poderia ajudar a iluminar o presente brasileiro. No entanto, um ponto chama a atenção: houve o aumento da percepção de que a corrupção seria o principal problema do país, o que passou a acontecer a partir de 2015. Em 2005, quando começou o Mensalão, o percentual daqueles que acreditavam que a corrupção era o maior problema nacional era de 3%. Em 2007, quando a Ação Penal 470 foi instaurada pelo STF, o percentual subiu para 7%. Já quando do seu julgamento, a percepção estava em 4%. A partir de junho de 2013, o percentual vai aumentando gradualmente até alcançar 34% no final de 2015.[30]

---

[28] Para André Singer, existiu uma concepção que orientou uma "faxina ética" no governo de Dilma Rousseff cujo centro estava no combate à corrupção, concepção essa que orientou seu ensaio republicano (Singer, 2018:25-26).

[29] O cientista político Fábio Kerche faz uma comparação entre o caso brasileiro e o caso italiano (Kerche, 2018:255-286).

[30] Dados retirados de uma pesquisa do Data Folha apresentada em: www1.folha.uol.com.br/poder/2015/11/1712475-pela-1-vez-corrupcao-e-vista-como-maior-problema-do-pais.shtml. Acesso em: 7 out. 2019.

O TEMPO PRESENTE DA NOVA REPÚBLICA

É neste contexto, de grandes escândalos que atingiam sobretudo os partidos governistas, empreiteiras e a maior estatal do Brasil (Petrobras), que ocorre a eleição de 2014, em que Dilma se lança à reeleição. Especialmente no segundo turno, ela assumiu o compromisso de fazer a reforma política[31] no país e ganhou por uma pequena diferença percentual (51,64%) em relação ao segundo colocado, Aécio Neves (PSDB) (48,36%), que jamais reconheceu sua derrota e trabalhou incessantemente para retirar o posto da presidente reeleita. Entretanto, já nos primeiros meses do segundo mandato, sob pressão, Dilma aplica uma política econômica que poderia ser a do candidato derrotado. Ela nomeia Joaquim Levy como ministro da Fazenda, que tomou medidas antipopulares, cortando orçamento e limitando benefícios sociais.[32] Com cada vez menos apoio, Dilma passou a ter dificuldades ainda maiores na interlocução com o legislativo, que buscava bloquear suas ações e isolá-la. Com intuito de melhorar sua relação com o legislativo é que ela nomeia, em abril de 2015, seu vice-presidente Michel Temer como o articulador político do governo, tarefa abandonada em outubro do mesmo ano. Logo depois, foi lançado pelo PMDB o documento "Ponte para o futuro". Os pontos centrais defendidos por esse documento eram: o contingenciamento dos gastos públicos e a reforma da previdência. No documento, aparecem 20 vezes as palavras "equilíbrio" e "desequilíbrio"; 14 vezes a palavra "reforma"; "economia" 17 vezes; "mercado" 11 vezes; "democracia" 2 vezes; "coalizão" nenhuma; "futuro" 11 vezes; 6 vezes "presente"; 2 vezes "passado"; 1 vez "ultrapassado". As repetições de certas palavras-chave mostram o pouco empenho dos signatários com a democracia e com o próprio pacto criado pela coalizão partidária em governos anteriores. O "futuro" do Brasil estaria centrado numa nova política econômica que privilegiaria ainda mais o mercado financeiro. O passado recente, os governos do PT, deveriam ser ultrapassados.

2015. Eduardo Cunha assume a presidência da Câmara dos Deputados com os votos da bancada evangélica, ruralista e dos demais deputados considerados do "baixo clero". Dilma termina o ano com baixa aprovação popular e setores do Legislativo, Judiciário e parte do Executivo, com o apoio a princípio

---

[31] Em setembro de 2014, meses antes da eleição presidencial, movimentos populares e sociais organizaram um Plebiscito Popular para saber se a população queria uma Constituinte para fazer a reforma política. O plebiscito popular teve 7,7 milhões de votos, com 97% deles favoráveis à proposta.

[32] Levy permaneceu durante um ano como ministro, depois foi para Washington e retornou para o Brasil em 2018, como presidente do BNDES, nomeado por Paulo Guedes, ministro da Economia de Jair Bolsonaro.

velado das Forças Armadas e enfático da mídia, no afã de aplicar a política econômica desenhada na "Ponte para o futuro", articulam o golpe pela via institucional do *impeachment*. A acusação que pesava contra Dilma era a de ter cometido crime de responsabilidade, de supostamente ter realizado "pedaladas fiscais", manobras contábeis para manter os programas sociais do governo e aparentar o superávit fiscal primário. Após Joaquim Levy, o governo Dilma ficou enfraquecido, inclusive pelo aumento da percepção popular de que a corrupção era um dos maiores problemas do país e de que o PT encarnava esse problema. Não nos parece ser demais sublinhar que essa percepção também foi fabricada pelas instituições desde ao menos 2005, com o Mensalão. Essa percepção teve pregnância porque o PT estabeleceu alianças com partidos que obstaculizaram ou mesmo impediram a realização de mudanças sociais e estruturais mais consistentes no país. O PT foi se afastando da agenda histórica que fundou o partido: a transformação do Estado brasileiro. Em certa medida, era como se não pudesse mais se distinguir o PT dos outros partidos e, embora tenha havido importantes manifestações em favor do governo Dilma durante os anos de 2015 e 2016, não houve adesão popular suficiente nas ruas que fizesse frear o golpe.

Em 2 de dezembro de 2015, Eduardo Cunha autorizou o processo a partir do requerimento formulado pelos juristas Hélio Bicudo e Miguel Reale Júnior. Durante todo o ano de 2016, o PSDB e a maior parte do PMDB passaram a atuar unidos em favor do *impeachment* de Rousseff. Desde 2015, já com uma consolidada atuação midiática em seus processos e prisões, a Lava Jato catapultava uma parcela considerável da população que se manifestava nas ruas contra a corrupção, contra o PT, pelo *impeachment* de Dilma. O ápice dessas manifestações foi em março de 2016 quando mais de 4 milhões de brasileiros foram às ruas. Nesse momento, o governo Dilma amargava 10% de aprovação de ótimo e bom, enquanto 69% da população acreditava que estava ruim ou péssimo.[33] É nesse quadro que a presidente nomeia o ex-presidente Luís Inácio Lula da Silva como ministro da Casa Civil, posse que efetivamente foi barrada devido ao vazamento de áudio pelo então juiz de primeira instância, Sérgio Moro, encarregado da Lava Jato, levando o ministro do STF, Gilmar Mendes, a suspender a nomeação. Não sem antes a tentativa de advogados de Lula, de fazer o STF liberar um *habeas corpus*, ser freada por um tuíte do

---

[33] Disponível em: http://g1.globo.com/politica/noticia/2016/03/10-aprovam-governo-dilma-e-69--desaprovam-diz-ibope.html. Acesso em: 14 mai. 2022.

comandante do Exército, o general Villas Boas. O tuíte foi lido no telejornal de maior audiência do país:

> Nessa situação que vive o Brasil, resta perguntar às instituições e ao povo quem realmente está pensando no bem do país e das gerações futuras e quem está preocupado apenas com interesses pessoais? Asseguro à Nação que o Exército Brasileiro julga compartilhar o anseio de todos os cidadãos de bem de repúdio à impunidade e de respeito à Constituição, à paz social e à Democracia, bem como se mantém atento às suas missões institucionais.[34]

Os eventos que se sucederam em ritmo vertiginoso durante os meses subsequentes tiveram seu ápice no momento da votação do *impeachment* da Câmara dos Deputados, em 17 de abril de 2016, e em 31 de agosto do mesmo ano, no Senado. Vale ainda salientar que, desde os anos 1990, a América Latina viveu diversos casos de processos de impedimento de presidentes. Aníbal Pérez-Liñán identificou alguns fatores necessários para deflagrar um *impeachment* nessa região, entre eles: crise econômica, grande escândalo de corrupção, revolta popular e falta de apoio no Congresso.[35] Dilma esteve presente para se defender na sessão que votou o *impeachment* no Senado, presidida por Ricardo Lewandowski, do STF. Esse processo que culminou no golpe de 2016 parece ter, desde então, estremecido a relação do país com o futuro.[36] Embora o governo Temer tenha conseguido aprovar o Projeto de Emenda Constitucional nº 241, a chamada PEC do Teto dos Gastos Públicos, que congela o orçamento público por 20 anos, e a reforma trabalhista, ele não conseguiu fazer passar a mais importante das reformas para o capital financeiro: a da previdência. Depois que Temer assume e tenta aplicar seu projeto de futuro, a chamada "Ponte para o futuro", cada vez mais o horizonte foi se fechando. Segundo pesquisas, Temer foi o presidente mais impopular da história.[37]

---

[34] Os tuíteres do general foram reproduzidos pelo jornal *O Estado de S. Paulo* na matéria: https://politica.estadao.com.br/noticias/geral,relembre-o-comando-do-general-villas-boas-no-exercito--em-seis-tweets,70002675689. Acesso em: 7 out. 2019.

[35] Analisou os casos de Fernando Collor de Mello (Brasil, 1992), Carlos Andrés Pérez (Venezuela, 1993), Ernesto Samper (Colômbia, 1996), Abdalá Bucaram (Equador, 1997), Raúl Cubas Grau (Paraguai, 1999) e Luis González Macchi (Paraguai, 2002) (Pérez-Liñán, 2007).

[36] Entre os vários analistas que se debruçaram sobre o golpe, destacamos os historiadores: Motta (2018) e Napolitano (2018; 2019).

[37] Disponível em: www1.folha.uol.com.br/poder/2018/06/reprovacao-aumenta-e-torna-temer-o--presidente-mais-impopular-da-historia.shtml. Acesso em: 7 out. 2019.

HISTÓRIA DO TEMPO PRESENTE

Em 2 de setembro de 2018, o Museu Nacional, situado no Rio de Janeiro, ardeu em chamas, seus acervos foram destruídos pelo fogo em sua quase integralidade. De certa maneira, aquele cenário de cinzas e destruição do Museu parece estar em sintonia com o momento que passou a vigorar desde 2016. As eleições presidenciais de 2018 foram, inclusive, um desdobramento da ruptura institucional de 2016, intensificada com a prisão do então principal candidato em intenção de votos, Luís Inácio Lula da Silva. Com Lula preso, Jair Bolsonaro (então do PSL) é o presidente eleito com 57, 7 milhões de votos. Ele disputou o segundo turno da eleição presidencial contra o candidato Fernando Haddad, do PT, que recebeu 47 milhões de votos. Há que se notar, ainda, que na eleição presidencial de 2018 o percentual de votos nulos, brancos e abstenções foi o maior desde 1989, totalizando quase 1/3 da votação: 42 milhões de votos. Já em março de 2019, Bolsonaro declarou, em uma visita aos Estados Unidos, o princípio de seu governo: "O Brasil não é um terreno aberto onde nós iremos construir coisas para o nosso povo. Nós temos que desconstruir muita coisa."[38] Assim, desde o *impeachment*, parece que estamos vivendo um tempo de entropia,[39] um momento em que o futuro se torna opaco e que o presente se estende, agônico. Vivemos, desde então, um presentismo à brasileira. Ademais, o tempo suspendido pela pandemia mundial do coronavírus condensa e expõe muitas das contradições da história republicana brasileira. Mas essa história está ainda em pleno desenvolvimento e os principais atores desse jogo ainda estão na disputa.

Notas finais

Ao longo do capítulo, procuramos apresentar ao leitor uma linha de interpretação sobre a história do político da Nova República, mobilizando uma série de autores de diferentes áreas que dialogam com a história. O ano-chave para tanto, 2016, deixou evidente o esgarçamento do pacto que regeu a V República. O ano de 2016 parece ter engendrado, também, a aceleração de

---

[38] Disponível em: www.brasil247.com/poder/bolsonaro-diz-que-chegou-para-desconstruir-e-nao--para-construir Acesso em: 7 out. 2019.

[39] Ao analisar os primeiros anos da República brasileira, Renato Lessa (2015) recorreu à metáfora da entropia para designar aqueles anos em que, com a saída do Poder Moderador, não havia ainda um pacto que pudesse reger a República, até chegar na política dos governadores, desenhada por Campos Salles.

O TEMPO PRESENTE DA NOVA REPÚBLICA

acontecimentos políticos cada vez mais catastróficos e desnorteantes. O historiador do tempo presente brasileiro se coloca o desafio nada reconfortante de pensar seu próprio tempo, repleto de eventos tumultuados e em contínuo desdobramento. Ele tem a sensação de trabalhar com um conjunto de acontecimentos que repercutem os males de seu tempo, pois trabalha cada vez mais com um número cada vez maior de informações que circulam nas diversas mídias e que, tão rapidamente quanto aparecem, são esquecidas pelo grande público. Em meio desta "paralisia frenética" (Rosa, 2019:13), o historiador do tempo presente pode compartilhar com muitos de seus contemporâneos a percepção de que, por ora, os horizontes estão fechados.

O campo para o estudo da história do tempo presente é vasto. Numa agenda que destaque a periodização da Nova República, 1985-2016, não poderão faltar análises sobre temas que necessitam ser investigados a partir da longa duração da própria República brasileira e, em muitos casos, em perspectiva interdisciplinar e comparada, especialmente em relação a outros países latino-americanos. Apontamos, por fim, os temas que, para nós, são os mais fundamentais para uma agenda de trabalho sobre o tempo presente brasileiro: o processo da Constituinte de 1988 e suas disputas; o funcionamento dos partidos políticos, com especial destaque para o presidencialismo de coalizão e seu possível colapso e, em particular, a ascensão do PT ao centro político e o fenômeno do antipetismo; a tensão entre nacionalismo econômico e internacionalismo do mercado; a atuação dos grandes meios de comunicação do país, monopólio de poucas famílias, e suas influências na conjuntura política, além do surgimento das novas mídias; o Judiciário brasileiro, sobretudo o papel do STF nos momentos de crise política; a organização e atuação dos movimentos sociais na Era FHC e Lula; o ano de 2013 e seus sentidos diversos e disputas; a formação de movimentos de direita no Brasil; os grupos religiosos que se lançaram na política e na política do conflito; as políticas da justiça de transição e os usos públicos da memória e da história da ditadura militar; o papel dos militares durante a Nova República, com destaque para os desdobramentos da atuação pública a partir da instalação da CNV; o golpe de 2016 e o término da Nova República.

Vale salientar que essa agenda já está em andamento, visto as diversas pesquisas que aqui mencionamos. Nesse sentido, em vez de seguirmos a máxima de que "os historiadores do futuro terão muito trabalho para analisar nosso presente", reafirmamos com Paulo Prado (2012:75), é bem verdade que para outro contexto, que muito mais do que a história do passado, o historiador do tempo presente escreve a história do futuro.

HISTÓRIA DO TEMPO PRESENTE

Referências

ABRANCHES, S. Presidencialismo de coalizão: o dilema institucional brasileiro. *Dados*: Revista de Ciências Sociais, Rio de Janeiro, v. 31, n. 1, 1988, p. 5-14.

ANGELO, V. de. Corrupção, velha senhora. In: PRIORE, Mary del.; MÜLLER, A. (Org.). *História dos crimes e da violência no Brasil*. São Paulo: Unesp, 2017, p. 345-378.

BERCOVICI, G. O direito constitucional passa, o direito administrativo permanece: a persistência da estrutura administrativa de 1967. In: TELES, E.; SAFATLE, V. (Org.). *O que resta da ditadura*. São Paulo, Boitempo, 2010, p. 77-90. (Coleção Estado de Sítio).

BRASIL. *Constituição Federal de 1988*. Promulgada em 5 de outubro de 1988. Disponível em: www.planalto.gov.br/ccivil_03/constituicao/constituição. htm. Acesso em: 5 out. 2018.

BRINGEL, B. Miopias, sentidos e tendências do levante brasileiro de 2013. *Revista Insight Inteligência*, v. 62, 2013, p. 42-53.

BOBBIO, N.; MATTEUCCI, N.; PASQUINO, G. 1992. *Dicionário de política*. 4. ed. Brasília: Editora da UnB, v. 1, 1992, p. 303-306.

CARDOSO, F. H. *Discurso de despedida do Senado Federal*: filosofia e diretrizes do governo. Brasília: Presidência da República, Secretaria de Comunicação Social, 1995.

CARNEIRO, D. D.; MODIANO, E. Crise e esperança: 1974/80. In: ABREU, M. de P. (Org.). *A ordem do progresso*: cem anos de política econômica republicana 1889-1989. 13. ed. Campus: Rio de Janeiro, 1990, p. 295-322.

CARREIRÃO, Y. A eleição presidencial de 2002: uma análise preliminar do processo e dos resultados eleitorais. *Rev. Sociol. Polít.*, v. 22, 2004, p. 179-194.

CARVALHO, J. M. *Os bestializados. O Rio de Janeiro e a República que não foi*. São Paulo: Companhia das Letras, 1987.

_____. Passado, presente e futuro da corrupção brasileira. In: AVRITZER, Leonardo et al (Org.). *Corrupção*: ensaios e crítica. Belo Horizonte, UFMG, 2008, p. 237-242.

_____. *Pontos e bordados*: escritos de história e política. Belo Horizonte: UFMG, 1998.

COSTA, G.; DIAS, M. J. "A nova marcha dos 100 mil": o movimento estudantil em 1968 e em 2013 sob o olhar de *O Globo*. In: MÜLLER, A. (Coord.). *1968 em movimento*. Rio de Janeiro: FGV Editora, 2018, p. 181-200.

COVAS, M. *Discurso proferido na sessão de 3 de junho de 1988*. Disponível em: www2.camara.leg.br/atividade-legislativa/plenario/discursos/escrevendohistoria/25-anos-da-constituicao-de-1988/constituinte-1987-1988/pdf/Mario%20Covas%20-%20DISCURSO%20REVISADO.pdf). Acesso em: 27 ago. 2017.

DELGADO, L. de A. N. Diretas Já: vozes das cidades. In: FERREIRA, J.; REIS, D. A. (Org.). *As esquerdas no Brasil*: revolução e democracia. 1964. Rio de Janeiro: Civilização Brasileira, v. 3, 2007, p. 411-426. (Coleção As esquerdas no Brasil).

DRAIBE, S. A política social no período FHC e o sistema de proteção social. *Tempo Soc.*, v. 15, n. 2, 2003, p. 63-101.

FALCON, F. História e poder. In: CARDOSO, C. F.; VAINFAS, R. (Org.). *Domínios da história*. Ensaios de teoria e metodologia. 2. ed. Rio de Janeiro, Elsevier, 2011, p. 55-82.

FAORO, R. 2001. *Os donos do poder*: formação do patronato político brasileiro. 3. ed. São Paulo: Globo, 2001.

FERNANDES, F. Crise de poder e Assembleia Nacional Constituinte. *Folha de S.Paulo*, 7 jul. 1987. Sessão "Tendências & Debates. Disponível em: http://acervo.folha.uol.com.br/fsp/1987/07/07/2//4876821. Acesso em: 16 jun. 2017.

FERREIRA, J.; DELGADO, L. N. 2018. *O tempo da Nova República*: da transição democrática à crise política de 2016 — Quinta República (1985-2016). Rio de Janeiro: Civilização Brasileira, 2018 (O Brasil republicano, v. 5).

FERREIRA, M. de M. Notas iniciais sobre a história do tempo presente e a historiografia no Brasil. *Tempo e Argumento*, v. 10, n. 23, 2018, p. 80-108.

FICO, C. Brasil: a transição inconclusa. In: FICO, Carlos; ARAÚJO, Maria Paula; GRIN, Mônica. *Violência na história*: memória, trauma e reparação. Rio de Janeiro: Ponteio, 2012, p. 25-38.

_____. Violência, trauma e frustração no Brasil e na Argentina: o papel do historiador. *Topoi*, v. 14, n. 27, 2013, p. 239-261.

FONSECA, P. C. D. Nem ortodoxia nem populismo: o segundo governo Vargas e a economia brasileira. *Tempo*, v. 14, n. 28, 2009, p. 19-60.

FRESTON, Paul. *Protestantismo e política no Brasil*: da constituinte ao *impeachment*. Tese (doutorado) — Instituto de Filosofia e Ciências Humanas, Universidade Estadual de Campinas, Campinas, 1993.

FURTADO, C. *Teoria e política do desenvolvimento econômico*. 5. ed. São Paulo: Editora Nacional, 1975.

GOMES, A. C. *A invenção do trabalhismo*. 2. ed. Rio de Janeiro, Relume--Dumará, 1994.

GRYNZPAN, M. Origens e conexões norte-americanas do agribusiness no Brasil. *R. Pós Ci. Soc.* v. 9, n. 17, jan./jun. 2012, p. 123-148.

IEGELSKI, F. Resfriamento das sociedades quentes? Resfriamento das sociedades quentes? Crítica da modernidade, história intelectual, história política. *Revista de História da USP*, v. 175, 2016, p. 410-411.

KERCHE, F. Ministério Público, Lava Jato e Mãos Limpas: uma abordagem institucional. *Lua Nova*, São Paulo, v. 105, 2018, p. 255-286.

LEAL, V. N. *Coronelismo, enxada e voto*. Rio de Janeiro, Forense, 1949.

LESSA, R. *A invenção republicana*: Campos Salles, as bases e a decadência da primeira república brasileira. 3. ed. Rio de Janeiro: Topbooks, 2015.

LOPES, J. A. V. *A carta da democracia*: o processo constituinte da ordem pública de 1988. Rio de Janeiro: Topbooks, 2008.

MARINI, R. M. *Dialéctica de la dependencia*. 5. ed. Ciudad de Mexico: Ediciones Era, 1981.

MOTTA, R. P. S. 1964/2016: le Brésil au bord de l'abîme, de nouveau ?, *Brésil(s)*, n. 1, 2018. Disponível em: http://journals.openedition.org/bresils/2807. Acesso em: 2 fev. 2019.

MÜLLER, A. *O movimento estudantil na resistência à ditadura militar* (1969-1979). Rio de Janeiro: Garamond, 2016.

_____; IEGELSKI, F. O Brasil e o tempo presente. In: FERREIRA, J.; DELGADO, L. N. (Org.). *O tempo da Nova República*: da transição democrática à crise política de 2016 — Quinta República (1985-2016). Rio de Janeiro: Civilização Brasileira, 2018, p. 13-25. (O Brasil republicano, v. 5).

NAPOLITANO, M. *1964: história da ditadura militar brasileira*. São Paulo: Contexto, 2014.

_____. Golpe de Estado: entre o nome e a coisa. *Estudos Avançados*, São Paulo, v. 33, n. 96, 2019, p. 397-420.

_____. La crise politique brésilienne : histoire et perspectives d'une "terre en transe". *Brésil(s)*, n. 1, 2018. Disponível em: http://journals.openedition.org/bresils/2687. Acesso em: 21 set. 2019.

NOBRE, M. *Choque de democracia*: razões da revolta. São Paulo: Companhia das Letras, 2013a.

_____. *Imobilismo em movimento*: da abertura democrática ao governo Dilma. São Paulo: Companhia das Letras, 2013b.

PASSOS, L.; SILVEIRA, F. G.; WALTENBERG, F. A política social em xeque no Brasil: avanço do conservadorismo econômico. In: ENCONTRO INTERNACIONAL PARTICIPAÇÃO, DEMOCRACIA E POLÍTICAS PÚBLICAS, IV, 2019, Porto Alegre (RS), 2019. *Anais...* p. 1-29.

PEREIRA, M. H. de F. Nova direita? Guerras de memória em tempos de Comissão da Verdade (2012-2014). *Varia Historia*, Belo Horizonte, v. 31, n. 57, 2015, p. 863-902.

PÉREZ-LIÑÁN, A. *Presidential impeachment and the new political instability in Latin America*. Cambridge: Cambridge University Press, 2007.

PRADO, P. *Retrato do Brasil*: ensaio sobre a tristeza brasileira. 10. ed. São Paulo: Companhia das Letras, 2012.

REIS, D. A. *Ditadura e democracia no Brasil*. Rio de Janeiro: Zahar, 2014.

_____. (Coord.). *Modernização, ditadura e democracia*: 1964-2010. Rio de Janeiro: Objetiva, 2014. (Coleção História do Brasil Nação, v. 5).

_____. *Ditadura militar, esquerdas e sociedade*. Rio de Janeiro: Jorge Zahar, 2000.

ROSA, H. *Aceleração*: a transformação das estruturas temporais na Modernidade. São Paulo: Editora da Unesp, 2019.

ROSANVALLON, P. Por uma história conceitual do político. *Revista Brasileira de História*, v. 15, n. 30, 1995, p. 9-22.

ROUSSO, H. *A última catástrofe*: a história, o presente e o contemporâneo. Rio de Janeiro: Editora FGV, 2016.

SALLUM Jr., B. *O impeachment de Fernando Collor*: sociologia de uma crise. São Paulo: Editora 34, 2015.

SANTANA, M. A. Entre a ruptura e a continuidade: visões da história do movimento sindical brasileiro. *Revista Brasileira de Ciências Sociais*, v. 14, n. 41, 1999, p. 103-120.

SCHERER-WARREN, I. Manifestações de rua no Brasil 2013: encontros e desencontros na política. *Cad. CRH* [online], v. 27, n. 71, 2014, p. 417-429.

SCHWARCZ, L. M. *Sobre o autoritarismo brasileiro*. São Paulo: Companhia das Letras, 2019.

SILVA, L. I. *Carta aos brasileiros* [2002]. *Folha de S.Paulo*, 26 jun. 2016. Disponível em: www1.folha.uol.com.br/folha/brasil/ult96u33908.shtml Acesso em: 17 nov. 2018.

SINGER, A. *O Lulismo em crise*: um quebra-cabeça do período Dilma (2011-2016). São Paulo: Companhia das Letras, 2018.

SINGER, P. *A crise do milagre*. Rio de Janeiro, Paz e Terra, 1976.

VISCARDI, C. *O teatro das oligarquias*: uma revisão da política do café com leite. Belo Horizonte: C/Arte, 2001.

VIZENTINI, P. G. F. *A política externa do regime militar brasileiro*. 2. ed. Porto Alegre: Ed. UFRGS, 2004.

ZAVERUCHA, J. Relações civis-militares: o legado autoritário da constituição brasileira de 1988. In: TELES, E.; SAFATLE, V. (Org.). *O que resta da ditadura*. São Paulo: Boitempo, 2010, p. 41-45 (Coleção Estado de Sítio).

Sobre as organizadoras

Angélica Müller é professora de história do Brasil República da Universidade Federal Fluminense (UFF). Pesquisadora-associada do Centre d'histoire sociale des mondes contenporains da Université Panthéon Sorbonne. Bolsista Produtividade CNPq e Jovem Cientista Faperj. Doutora em história pela Universidade de São Paulo (USP) e pela Université Panthéon Sorbonne. Foi responsável pela escrita do capítulo sobre "as graves violações aos direitos humanos nas universidades" que se encontra no tomo II do relatório da Comissão Nacional da Verdade. Atualmente coordena o Observatório do Tempo Presente (www.observatoriotempopresente.com.br/).

Francine Iegelski é professora de teoria e filosofia da história da Universidade Federal Fluminense (UFF). É coordenadora do Epistasthai — História e Epistemologia Comparada das Ciências Humanas, do CNPq, e autora do livro *Astronomia das constelações humanas: Reflexões sobre o pensamento de Claude Lévi-Strauss e a história*. É Jovem Cientista do Nosso Estado (Faperj). Dedica-se a refletir sobre as transformações epistemológicas e metodológicas da história do tempo presente das últimas décadas. Integra o laboratório Observatório do Tempo Presente, da UFF.

Sobre os autores

Antoon De Baets é professor de história, ética e direitos humanos na Universidade de Groningen, Holanda. É autor de mais de 200 publicações, a maioria sobre a censura na história, a ética do historiador e a história dos direitos humanos, entre elas, os livros *Responsible history* (Berghahn Books, 2009) e *Crimes against history* (Routledge, 2019). Desde 1995, coordena a Network of Concerned Historians. Para o currículo completo, ver o site: www.concernedhistorians.org/va/cv.pdf. E-mail: a.h.m.de.baets@rug.nl.

Christophe Prochasson é professor de história francesa contemporânea na École des Hautes Études en Sciences Sociales (Ehess). Seus trabalhos se concentram principalmente na Primeira Guerra Mundial e na história dos intelectuais franceses e a investigação das paixões políticas. Foi *recteur* d'Academie de Caen e conselheiro em educação, ensino superior e pesquisa da Presidência da República (governo François Hollande). Atualmente é presidente da Ehess.

Daniel Lvovich é professor de história (Universidad Nacional del Litoral) e doutor em história (Universidad Nacional de La Plata). É professor na Universidad Nacional de General Sarmiento (Buenos Aires) e pesquisador principal de Conicet. Ministrou cursos de pós-graduação na Argentina, Uruguai, Brasil, França e Espanha. Dedica-se à pesquisa sobre a história política e social do século XX. É autor de *Nacionalismo y antisemitismo en la Argentina* (2003), *El nacionalismo de derecha en la Argentina. Desde sus orígenes hasta Tacuara* (2006), *La cambiante memoria de la dictadura militar desde 1984: Discursos públicos, movimientos sociales y legitimidad democrática* (2008).

Eugenia Allier Montaño é pesquisadora do Instituto de Investigaciones Sociales da Universidad Nacional Autónoma de México. Doutora em história pela École des Hautes Études en Sciences Sociales (França). É membro do Sistema Nacional de Investigadores de México. É autora de *68, el movimiento que triunfó en el futuro. Historia, memoria y presente*, e *En la cresta de la ola. Debates y definiciones en torno a la historia del tiempo presente*, editado com César Iván Vilchis e Camilo Vicente. Ocupou a Cátedra de Estudios del México Contemporáneo da Universidade de Montreal, e a Cátedra Norbert Lechner da Universidad Diego Portales de Chile.

François Hartog é historiador e foi professor da École des Hautes Études en Sciences Sociales (Ehess), de Paris. Parte significativa de sua obra é dedicada às investigações teóricas acerca da história como disciplina e às transformações das experiências do tempo por meio do conceito de regimes de historicidade. Apresentou, no livro *Regimes de historicidade*, uma interpretação sobre a experiência do tempo contemporâneo, o presentismo. Suas publicações mais recentes são *Chronos: l'Occident aux prises avec le temps* (2020) e *Confrontations avec l'histoire* (2022).

Hugo Fazio Vengoa é historiador, com mestrado em história e doutorado en ciência política (Universidade Católica de Lovaina). Professor titular da Facultad de Ciencias Sociales da Universidad de los Andes, Colômbia. Publicou mais de 20 livros sobres temas internacionais contemporâneos e mais de uma centena de artigos em revistas internacionais. Suas áreas de especialidade são a história do tempo presente e a história global da contemporaneidade. Autor de: *La pandemia y la deriva del mundo hacia lo social*, com Antonella Fazio, Luciana Fazio e Daniela Fazio (México: Unam, 2021) e *Rusia y Ucrania: una guerra. La historia de un conflicto, sus antecedentes y su presente* (Bogotá, Ariel: 2022).

Laura Andrea Ferro Higuera é estudante de doutorado em ciências políticas e sociais da Universidad Nacional Autónoma de México (Unam). Mestre em estudos políticos e sociais pela Unam e politóloga pela Universidad Nacional de Colombia. Seus interesses de pesquisa giram em torno dos direitos humanos, memória, gênero e metodologias participativas de investigação. Ao longo de sua formação acadêmica tem trabalhado com temas de deslocamento forçado e ação política.

SOBRE OS AUTORES

Marieta de Moraes Ferreira é professora emérita de história do Brasil República da Universidade Federal do Rio de Janeiro (UFRJ). Bolsista CNPq. Foi professora, coordenadora do Programa de História Oral e diretora do CPDOC e foi presidente da International Oral History Association (Ioha). Autora de mais de uma centena de livros, capítulos e artigos, destacando-se a organização de *Usos e abusos da história oral*. Atualmente é coordenadora do programa FGV Ensino Médio e diretora executiva da Editora FGV.

Marina Franco é pesquisadora principal do Conicet e professora titular da Universidad Nacional de San Martín. Doutora en história pela Universidade de Paris 7 e pela Universidad de Buenos Aires. Autora de: *El exilio* (Siglo XXI, 2008); *Un enemigo para la Nación* (FCE, 2012) e *El final del silencio* (FCE, 2018). Como coeditora publicou: *Historia reciente* (Siglo XXI, 2007); *La guerra fría cultural en América Latina* (Biblos, 2012) e *Democracia hora cero. Actores políticas y debates en los inicios de la posdictadura* (FCE, 2015) e *Ditaduras no Cone Sul* (Civilização Brasileira, 2020).

Mateus Henrique de Faria Pereira é professor de história do Brasil República e da pós-graduação da Universidade Federal de Ouro Preto (Ufop). É autor, entre outros, em coautoria, de *Atualismo 1.0: como a ideia de atualização mudou o século XXI* (Ed. Milfontes, 2019) e de *Uma introdução à história da historiografia brasileira* (Ed. FGV, 2018).

Reinaldo Lindolfo Lohn é professor titular de História do Brasil republicano e integrante do Programa de Pós-Graduação em História da Universidade do Estado de Santa Catarina (Udesc). Doutor em história pela Universidade Federal do Rio Grande do Sul (UFRGS, 2002), tendo realizado estágio pós--doutoral junto ao Instituto de História Contemporânea da Universidade Nova de Lisboa. É ainda um dos editores da revista *Tempo e Argumento*, voltada para a história do tempo presente, área na qual tem se dedicado aos estudos sobre a história política, com foco nos processos de transição política, envolvendo temas como autoritarismo, culturas políticas e democratização.

Rodrigo Turin é professor de teoria da história na Universidade Federal do Estado do Rio de Janeiro (Unirio). Obteve o doutorado pela Universidade Federal do Rio de Janeiro (2009), durante o qual realizou um estágio na École des Hautes Études en Sciences Sociales (Ehess), em Paris, sob a supervisão de François Hartog. Desenvolveu pesquisa de pós-doutoramento na Universidade de São Paulo (USP), em 2010, junto ao grupo de pesquisa "Antigos e Modernos: diálogos sobre a escrita da história", liderado por Francisco Murari Pires. Foi pesquisador visitante na Ehess entre 2018 e 2019, junto ao Centre des recherches historiques (CRH). Atualmente é coordenador do Laboratório de Estudos em Teoria, Historicidade e Estética (Lethe), sediado na Escola de História da Unirio.

Silvia Maria Fávero Arend é professora de história do Brasil e integrante do Programa de Pós-Graduação em História da Universidade do Estado de Santa Catarina (Udesc). Doutora em história pela Universidade Federal do Rio Grande do Sul (UFRGS, 2005). Realizou estágio pós-doutoral na Fondation Nationale des Sciences Politiques (2012) e na Universidade Nova de Lisboa (2018). É editora da revista *Tempo e Argumento* que tem como foco a história do tempo presente. Desenvolve estudos no campo das culturas políticas, democratização e populações infantojuvenis.

Thiago Lima Nicodemo é professor de história da historiografia e teoria da história e da pós-graduação da Universidade Estadual de Campinas (Unicamp). É autor, entre outros, em coautoria, de *Uma introdução à história da historiografia brasileira* (Ed. FGV, 2018). Atualmente é diretor do Arquivo do Estado de São Paulo.

Valdei Lopes de Araujo é professor de história da historiografia e teoria da história e da pós-graduação da Universidade Federal de Ouro Preto (Ufop). É autor, entre outros, em coautoria, de *Atualismo 1.0: como a ideia de atualização mudou o século XXI* (Ed. Milfontes, 2019). Atualmente é presidente da Associação Nacional de História (Anpuh).

Este livro foi impresso nas oficinas gráficas da Editora Vozes Ltda.,
Rua Frei Luís, 100 – Petrópolis, RJ.